袁中郎佛学与《西方合论》初探

翁心诚 著

南京大学出版社

图书在版编目（CIP）数据

袁中郎佛学与《西方合论》初探 / 翁心诚著. —南京：南京大学出版社，2018.5
ISBN 978-7-305-19982-0

Ⅰ. ①袁… Ⅱ. ①翁… Ⅲ. ①袁宏道（1568—1610）—佛学—研究 Ⅳ. ①B948

中国版本图书馆 CIP 数据核字（2018）第 044337 号

出版发行 南京大学出版社
社　　址 南京市汉口路 22 号　　　　邮　编 210093
网　　址 http://www.NjupCo.com
出 版 人 金鑫荣
书　　名 **袁中郎佛学与《西方合论》初探**
著　　者 翁心诚
责任编辑 荣卫红　　　　　　　编辑热线 025-83685720
照　　排 南京紫藤制版印务中心
印　　刷 江苏苏中印刷有限公司
开　　本 880×1230 1/32 印张 10 字数 225 千
版　　次 2018 年 5 月第 1 版 2018 年 5 月第 1 次印刷
ISBN 978-7-305-19982-0
定　　价 60.00 元

网　　址 http://www.njupco.com
官方微博 http://weibo.com/njupco
官方微信 njupress
销售咨询 (025)83594756

　　袁中郎 (1568—1610)：名宏道，号石头居士、空空居士，湖北公安人，与兄袁宗道、弟袁中道并称"三袁"，为明代著名文学家，开创"公安派"。中进士后曾任知县、主事、郎中等官，青年时留意禅宗，著《金屑编》，后改宗净土，著《西方合论》10卷，发扬净土法门。另有许多关于佛法的序跋、赞颂、信札。

专家论袁中郎佛学与《西方合论》

在中国古代文学史上留存下佛学文献最多的是袁宏道，受禅宗影响最深的、最能透脱把握的文学家还是袁宏道。他过随缘任运的生活，处处触目菩提，即事而真，能获得解脱，获得精神自由。

袁宏道将自己的著述，定名为《西方合论》，就旗帜鲜明地表明自己提倡西方阿弥陀净土。

——摘自中国社科院文学研究所尹恭弘著《公安派的文化精神》

袁宏道以独抒性灵、不拘格套的诗文风格响贯文坛，同时也是当时最著名的居士之一。读经习禅、修持净土是他精神生活的一部分，也是他赋诗著文、高倡性灵文学的重要思想渊源。《西方合论》、《德山麈谭》等全面体现了他的出入禅净、圆会诸说的佛学思想。

《西方合论》最根本的特色是兼容诸宗之说，又以净土一门为旨归。它最大的特点有二：首先，摄禅归净。其次，以《华严经》为构架。要言之，是华严的方法，净土的立场。它受到了净土学者的高度推崇。

——摘自南京大学教授周群著《袁宏道评传》

《西方合论》既集中地体现了袁宏道的净土归趣，也是显示其佛学造诣的代表作。它采取的是华严与阿弥陀西方净土信仰相结合的义理立场和禅净双修的修行主张。它用华严开十门的论述方式，隐含至极圆融的象征意义，开章即具气魄，风格别开生面，所论有独特不凡之处。在该著中，净土之教被提升到前所未有的高度，使之光耀了一番，袁宏道及其《西方合论》即是其中突出的亮点。

——摘自中科院宗教研究所佛教室研究员
周齐论文《袁宏道净土归趣略析》

禅学对中郎影响主要体现在以禅入诗，包括禅理入诗、禅境入诗、禅悟入诗。

中郎修持净土的一个最大收获是创作了近五万字的《西方合论》，收入蕅益大师选定的《净土十要》，足见这部净土著作的分量与重要。关于其成就与价值，圣严法师说"气势磅礴，涵盖广大，乃明末净土诸书中最具气魄的一种"。袁宏道胸襟开阔，没有门户之见，对当时佛教各派取合理吸收之势，融净土宗、禅宗、华严宗以及天台宗的义理于一体。

——摘自曾纪鑫著《晚明风骨袁宏道传》

目录

序(一)

　　明代万历年间，以袁氏昆仲为主体的公安派，"历诋往哲，遍排时流"，主张抒写一己之性灵，他们以清新自然的诗文风格，一扫文坛摹拟之习，在文学史上写就了色彩斑斓的一页。其中袁宏道又是公安派的中坚。袁宏道既是誉著晚明文坛的文学家，还是当时著名的居士之一，所著的《西方合论》、《德山麈谭》、《珊瑚林》、《金屑编》、《六祖坛经节录》、《宗镜摄录》（已佚）等全面地体现了他的佛学思想，显示了他深湛精微的佛学造诣。如，宏道所撰的《西方合论》即受到了明代四大高僧之一的智旭高度推赞，被智旭选为《净土十要》之一，是《十要》中唯一的居士所作。《十要》甄选甚严，即使是净土宗中影响甚巨的智颛的《观经疏》、四明知礼的《妙宗钞》，以及袾宏的《弥陀疏钞》均未列入，仅此即可见《西方合论》在净土法门中的地位和影响。袁宏道深厚的佛学素养直接影响了文学思想的形成，乃至成为晚明文学思潮兴起的重要机缘。据袁中道《吏部验封司郎中中郎先生行状》记载，万历十九年（1591年），年仅二十四岁的袁宏道"时闻龙湖李子冥会教外之旨，走西陵，质之李子，大相契合"，专程赴麻城拜访时贤李贽。这是一次志同道合者之间的忘年之交，一次代表着时代精神的杰出人物之间的对话，一次对晚明思想、文学界产生重要影响的双雄会。心灵的共鸣使他们彼此忘却了年龄的殊异，李贽长宏道四十一岁，但两人都有相见恨晚之慨。李贽阅读了宏道的《金屑编》，称誉有加，赠之以诗云："诵君《金屑》句，执鞭亦忻慕。早得从君言，不当有老苦。"不难看出，当时被誉为"二大教主"之一的李贽对袁宏道这位尚搏击于科场的无名后辈高度激赏，与宏道所著的《金屑编》不无关系。而《金屑编》就是一部佛学著作。可见，佛学也是他们相知相得的重要机缘。而这次忘年知音间的倾慕，使袁宏道的文学思想发生了重大变化，对此，中道在《吏部验封司郎中中郎先生行状》中有这样形象的表述："先生（宏道）既见龙湖，始知一向掇拾陈言，株守俗见，死于古人语下，一段精光不得披露。至是浩浩焉如鸿毛之遇顺风，巨鱼之纵大壑。能为心师，不师于心；能转古人，不为古转。发为语言，一一从胸襟流出，盖天盖地，如象截急流，雷开蛰户，浸浸乎其未有涯也。"可见，访晤李贽，是宏道倡导文学革新的重要契机。因此，系统地研究袁宏道的佛学思想，是准确了解袁宏道文学思想内涵、成因的重要途径。同时，袁宏道的佛学成就本身理应成为明代佛学史上不可忽视的一部分，只不过袁宏道在佛学思想史上应有的地位被袁宏道文苑的声誉所遮蔽，需要我们重新发现和厘定。因此，对袁宏道佛学思想的"再发现"既是对袁宏道进行全面研究的需要，也是对明代佛学思想史的必要补充与完善。但这是一项很具挑战性的学术研究工作，这既要对袁宏道文学与学术成就有全面的把握，又要对明代佛学思想发展的内在逻辑有必要的了解而后可。同时，袁宏道的佛学思想既体现在《西方合论》、《金屑编》等专论之中，又散见于各类诗文之中，爬梳整理，寻绎或明或晦的佛学观念殊为困难。更何况袁宏道的佛学思想又经历过禅净之变，不同的时期又体现出不同的特点。这种种困难的累加，使很多学者对这一课题心向往之而又不得不为之却步，这也是学界迄今对袁宏道的佛学思想全面研究的成果十分鲜见的原因。但翁心诚先生不惧于此，苦心孤诣，撰成《袁中郎佛学与〈西方合论〉初探》一书，填补了这一学术空白。该书重点突出，兼及全面，以《西方合论》为主，同时广及袁宏道的诗、叙、记、疏、尺牍等各类文体，注重袁宏道佛学思想的历时演变，对学界已有成果作平允论述而又提出诸多新颖之见，融学术性与普及性于一炉。书稿既成之后，邀序于余，余感佩其孜孜于学术的精神，撷取全书精蕴、特色之一二，草成于兹，是为序。

2017 年 4 月于金陵仙林之远山近藤斋

（序作者系南京大学中国思想家研究中心教授，文学院博士生导师）

序(二)

他"更重要的一面"——"禅擘"袁宏道
——从《袁中郎学佛》到《袁中郎佛学与〈西方合论〉初探》之断想
李寿和

一

记得 2014 年初夏某日，快递送来一部书稿：《袁中郎学佛》。这是老家公安一位老友翁心诚君寄来的，顿感眼前一亮、心头一喜：真是无独有偶、好事成双也！

此前的初春某日，一位隔空神交数年的法籍华人学者兼诗人倪平君（现为法兰西学院远东研究所研究员），带着他一部法文版博士论文稿本，不远万里从巴黎来到深圳前海湾畔，专门向我宣讲袁中郎的哲学和佛学思想。我洗耳恭听了三天三夜，大开眼界。倪君近年来在巴黎一边执教，一边以"袁宏道文学与哲学理论的法相唯识学诠释"为方向，攻读并获得法国哲学博士学位。倪君认为：中郎先生在中国文学史和哲学史上的地位有待于重新书写，中郎是中国唯一一位利用佛教大乘唯识认识论，对中国儒释道三家思想的辩证关系进行系统阐释论证的哲学家，他也创造了至今仍被世人忽视的独一无二的唯识现象学文学表现手法。倪君视野如此广阔、立论如此高远，实在可喜可佩。我有冲口而出打油一首记此会见，姑且命名为《凯旋城口号——戏赠倪平君》，或可供读者一笑：“我住深圳凯旋城，君住巴黎凯旋门。东西万里成幸会，只为公安袁先生。”凯旋城即鄙人深圳住处，巧的是倪君曾任教的法国国立东方语言文化学院，校门正好遥对巴黎凯旋门。倪君亦有《凯旋城——缘和李师（李按：称师不当，称学友当之无愧）寿和先生手教》相应，更可供读者一品：“荔枝龙眼葡萄液，塞纳罗湖放浪僧。日饮月酌沧海量，幕天席地凯旋城。”

深圳凯旋城之后倪君又赴上海复旦大学博导黄仁生教授之邀，在复旦光华楼作了一次《重新诠释袁宏道的哲学与文学——以佛家唯识现象学为视角》的演讲，真乃马不停蹄！倪君别去二三月，我还不时抱着他的法文版书稿欣赏——当然只能欣赏其中用汉文表述的引证文献，特别是精选的中郎原文中那些哲思佛理，真有点夫子闻韶三月不知肉味之感。《袁中郎学佛》正是这个时候出现在我手头的，这是一种不谋而合的呼应，一种东西方的、国内外的呼应，而且是三袁故里与外面世界的呼应，孰能不令人眼亮心喜？

二

《袁中郎学佛》是以一位三袁爱好者和一位学佛人的心得为出发点，论述了中郎生平中尚未引起广泛重视的一面——学佛历程和佛学成就，使人感到广为人知的文学大师，还是一位鲜为人知的佛学大师。书稿特别是对中郎佛学杰作《西方合论》作了重点介绍，归纳、阐述、考证、引申，算是一次普及意义的宣传，是该书稿最具价值之处。因作者曾是一位中等师范学校的高级中文讲师，退休后又长期出入寺院，大量涉猎佛典，对《西方合论》文本和涉及的佛理均有一定的理解、体会，能引起读者共鸣，实在是一部可喜可贺之作。而作者在本书自跋中的一段话，更起到了全书画龙点睛的作用，亦是鄙人最认同之处：

> 如果把中郎的著作比喻为一座矿山，他的文学作品不过是一座银矿，而佛学著作则是一座金矿。尽管这两座矿山各有主矿，互相穿融，但其金矿确实深藏，尚待开掘。

心诚君曾是多少年前我在三袁故里孟家溪一步街上的邻居，亦是敝舍一位经常的清谈客。那时好像是"文革"过去不久，我们的谈资多是"文革"旧事。没想到多少年后再走到一起，话题已变成三袁了，真令人感怀。虽然我现在人在他乡，好在有互联网在，我们就《袁中郎学佛》进行了几次视频对话，关山重重却也如在眼前。没想到心诚君对中郎有这样的认知，对佛学又这么通晓，士别三日真当刮目相看。他是由佛学而接触和研究中郎，正好与由哲学而接触和研究中郎的倪平君，有相似的起点。

这次荣幸先睹国外和三袁故里两部书稿，既大受鼓舞，又引发了一种落伍之感。于是在这年暑期过后的中秋之际，我带着两本书稿回乡小住，躲进小楼，搬出自藏的有关三袁与佛的资料，作了一次自习与补课。除与心诚君再次面对面讨论他的书稿，会见刚完成洋洋大著《江盈科研究》的祖籍公安的台湾文化学者张觉明君，尽量杜门不出、关门谢客，如是者两月有余。

三

真是不来都不来，一来全都来。没料到就在回乡小住期间，公安一位学习藏传佛教的圆坛居士又告诉我一个虽然迟到却也正逢其时的消息：袁中郎身后已往生西方极乐世界。圆坛居士是在此前四年的一个晚上听上师视频讲法时讲到袁中郎的，当时恰好在公安县城斗湖堤三袁广场。因是学佛人，又是公安人，所以圆坛居士觉得好巧合、好激动，一直想将这个消息告知于我。原来这是四川藏区色达喇荣五明佛学院汉学院主管大恩上师索达吉堪布在其《藏传净土法》一书中宣讲的，不妨将原文抄录如下与读者分享：

> 汉地有一位叫袁宏道的居士，他生前一直虔诚地修持净土法。袁宏道去世后，有一天晚上他的弟弟袁中道做了一个梦，梦见两个自称是袁宏道侍者的童子带着自己飞到极乐世界，到极乐世界后，两个童子向他一一介绍水池、园林、宫殿，最后带他见哥哥。哥哥对他说："我在世时戒律不是很清净，所以现在没有大菩萨的神通，但因为生前造《西方合论》，广赞如来不可思议度生之力，所以感得飞行自在，凡诸佛说法之处我都能前往听法。你以后要严持净戒，特别是不能杀生，否则很难往生净土。"袁中道醒来后，记下了这段梦中经历。

看来 2014 年于鄙人简直就是个袁中郎年，这个关于中郎的消息又让我兴奋了好些天。其实早知道袁小修这个神奇的梦，来自一篇先后收录在《珂雪斋外集》以及《西方合论》附录的

《纪梦》一文，大约是中郎逝后不久在玉泉山中记下的，我也早就被梦中的意境倾倒过。不过以前只是当作一篇妙文欣赏的，而这次读了这个藏传佛教上师的讲稿，并进而听了视频，才知道佛界是将《纪梦》作为一个往生极乐世界的典型案例看待的，这就更具意义了。

四

不想好事到此还没结束，接下来的事情也真是巧得让人暗暗称奇：就在三袁故里已进入冬寒之时，一位公安籍出家人恰好从遥远的色达喇荣五明佛学院归来，成为敝舍的不速之客，顿使寒室蓬荜生辉。来客见面就说：袁宏道是学习净土宗的。这是一位少见的90后佛徒，法号耀行，虽如此年轻，却佛学功底深厚，且慈眉善目，一副天生僧人像。耀行师傅出生在当年三袁流连过的二圣寺边，又从小受其信佛的外婆影响，十几岁就已出家。不久前在福建福鼎太姥山平兴寺律学院毕业，接着进入藏传佛教的喇荣五明佛学院深造。这是鄙人第一次与一位真正的僧人面对面共话袁中郎——当然这已不是通常所说的文人袁中郎，而是居士袁中郎。

于是到此，我想起了三弟袁小修曾经评价他这位二哥的一段话：

> 先生天纵异才，与世人有仙凡之隔。而学问自参悟中来，出其绪余为文学，实真龙一滴之雨。不得其源，而强学之，宜其不似也。（《〈袁中郎先生全集〉序》）

这段话鄙人曾附录于 1991 出版的拙著《三袁传》，但当年并没有深入理解，直到 2014 年从一连串的关于中郎的好事喜事中，才真正理解了小修此论。看来我辈相当部分人——起码是如鄙人之卑鄙者，真还与中郎有"仙凡之隔"，多年来看到的的确只是"真龙一滴之雨"而已。

其实稍晚于中郎的明末高僧、净土宗第十一代祖师蕅益大师，曾与小修此论不谋而合。蕅益大师在编选佛学净土宗经典《净土十要》时，独具慧眼，破例将《西方合论》选入其中。而选入的其他九要都出自历代佛界高僧大德之手，唯中郎是位居士。隋代高僧智顗大师的《净土十疑论》也正好入选，智顗亦是一位公安人。智顗大师曾创立佛教天台宗，中郎则创立了文学公安派，都是开宗立派之人。因此蕅益大师在《净土十要》序中，对中郎和《西方合论》有了这样一段评语：

> 袁宏道身为横扫千军之儒英，又为跳踉井干之禅擘。乃能百尺竿头，得一退步，合西方言教而论断之。

这不正好与小修"仙凡"之说相印证么？跳踉井干典出《庄子·秋水》，意为跳到最高处看世界。擘，首屈一指之大拇指也。《孟子·滕文公下》曾云"以仲子（子路）为巨擘"。禅擘，即禅之巨擘也，禅之大拇指也。

蕅益大师还在《评点西方合论》序中对《西方合论》有一段评语，也正好印证了中郎思想的渊源：

> 袁中郎少年颖悟，坐断一时禅宿舌头，不知者以为慧业文人也。后复深入法界归心乐国，述为西方合论十卷。字字从真实悟门流出，故绝无一字蹈袭，又无一字杜撰。

而在蕅益大师此段评语之前，大哥袁伯修已在《西方合论》原序中对二弟的《西方合论》有过这样的评语：

> 石头居士，少志参禅，根性猛利。十年之内，洞有所入。机锋迅利，语言圆转。寻常与人论及此事，下笔千言。不踏祖师语句，直从胸臆流出。活虎生龙，无一死语。

还有蕅益大师之后的当代圣严法师，也对《西方合论》有一段评语：

> 气势澎勃，涵盖广大，乃明末净土诸书中，最具气魄的一种。灵峰（李按：即蕅益）收为一要。卷当第十。志殿也。

五

综上所述，使我又想起了20世纪30年代上海那场袁中郎热中，鲁迅先生那段著名的论述：

> 要论袁中郎，当看他趋向之大体。趋向苟正，不妨恕其偶讲空话，作小品文，因为他还有更重要的一面在。
> 中郎正是一个关心世道，佩服"方巾气"人物的人，赞《金瓶梅》，作小品文，并不是他的全部。（《且介亭杂文二集·招贴即址》）

鲁迅先生"更重要的一面"只到此为止，他虽概述了一个

"全部"的袁中郎，但还是凡尘的袁中郎。不过是鲁迅提出了"更重要的一面"这个认知方向，这比他当年对中郎概述的本身更有意义。我们现在正是朝这个方向继续前行，才走近了居士袁宏道、"禅擘"袁宏道。

《袁中郎学佛》的成功之处正在于作了一次走近居士袁中郎的尝试。只是书中对中郎学佛的背景、交游等表述稍逊，同时对中郎全部佛学著作也缺乏整体的论述。不过作者也自知"这本小册子是作者对其金矿尝试性一次小小开掘"。我作为本书第一位读者，已从"对其金矿尝试性一次小小开掘"中受益了——再次激起了对《西方合论》的兴趣：这简直就像一部天书，虽初初一览，但通篇哲思佛理，早已令人浮想联翩；页页妙语连珠，更是令人应接不暇。一时找不出用什么字句来表达对这部大智大慧之作的感受，倒是想起了中郎自己评价老师李贽《焚书》的几句话："床头有《焚书》一部，愁可以破颜，病可以健脾，昏可以醒眼，甚得力。"（《李宏甫》）难怪灵峰大师对《净土十要》第十要《西方合论》称为"志殿"。

以上就是 2014 年《袁中郎学佛》出版之际，我遵心诚君之嘱所写的一篇小序的内容。当时书由南方一家文化公司策划推出，流程快捷，可惜未及推向图书市场，觉得有点惋惜。心诚君自己亦有意犹未尽之感，打算再续写。这时恰恰又是万里之外的倪平君得知该书出版的消息，电话中向我索取，我从深圳给他寄去一本。不久倪君又在电话里有了回应，认为《袁中郎学佛》虽不是学院式的著作，出自民间学者之手，但有自己的视角和独到的见解，值得学院派学者参考。我又将倪君此评用电邮告知已开始新的《袁中郎佛学与〈西方合论〉初探》续写的翁君。再两三年后，又有了这部新著的问世。

六

从《袁中郎学佛》到《袁中郎佛学与〈西方合论〉初探》，是翁君在他认准的"金矿"中的继续掘进。如果说前篇是打开了"金矿"，续篇则是进入"金矿"深处了：这就是在《袁中郎学佛》的基础上，更全面地阐述了中郎的佛学思想，更深入地解读了《西方合论》。在《袁中郎佛学与〈西方合论〉初探》出版之际，我又受嘱再写篇序。考虑到本书是前书的续写，本序也就应当是前序的续写，因此也就抄改了前序于上作为重申。又因为本书的新拓展引起了我一些新的思考，也就补充二三于下，合成本序。

首先要补充的是得知本书定为南京大学出版社出版的消息时，我马上想到了南京大学的一位教授、一部评传和一套丛书。那是十多年前得到南京大学博导周群教授寄赐的一部大著——《袁宏道评传》，十分兴奋。这是我见到的首部从思想家的高度正面切入的中郎传，书中的专章佛学思想，专节《西方合论》，尤令人侧目。于是不久的2006年，我因受邀为公安县第一中学筹办校内三袁纪念馆，又作了一次关于三袁的小考察：从深圳出发，首站上海，第二次拜访了三袁研究的老前辈、《袁宏道集笺校》的作者钱伯城先生，还拜访了《江盈科集》辑校作者黄仁生教授，并会见了他的几位涉足公安派的来自韩国、台湾地区的硕博士研究生。然后追寻小修的足迹到了安徽黄山之麓，踏访了徽州古城，并朝拜了九华山，算是代伯修了了他生前一桩心愿。最后绕道南京，准备瞻仰第二博物馆所藏中郎一幅墨宝和拜访周群教授。不想遇上博物馆装修闭馆，又遇上国庆长假，只好悻悻离开了南京，中郎墨宝未见，也失去了一次面对面聆听专家讲《西方合论》的机会。

<h2 style="text-align:center">七</h2>

　　提起《袁宏道评传》，就应该提到南京大学出版社推出的《中国思想家评传丛书》，该丛书浩浩 200 种，蔚为大观，《袁宏道评传》正是收入其中。中郎同时代影响过他的贤达师友，如张居正、李贽、徐渭、焦竑、汤显祖等；他的前生后世有来龙去脉关联的前者如智颛、郦道元、柳宗元、白居易、苏轼等，后者如王夫之、袁枚、郑燮、金圣叹、龚自珍等，也一一被收入其中，这对研究中郎、三袁、公安派极具参考价值。现在《袁中郎佛学与〈西方合论〉初探》能够在这里被推出，也就特别令人欣慰。

　　记得《袁宏道评传》初出时，曾有研究并推崇三袁的学者对称中郎为思想家还不敢认同。其实这并不奇怪，正如心诚君所说：这是还在"银矿"里而尚未进入"金矿"的缘故。好在近年来已陆续见到一些研究公安派的专著开始涉及中郎和三袁的佛学思想，涉及中郎《西方合论》等佛学著作；而且渐渐出现不少以三袁特别是中郎佛学思想、哲学思想为研究方向的硕博论文，这是一种走近和走进中郎"更重要的一面"的喜人现象。

　　发现和认准一个被研究者"更重要的一面"，是往往要有过程的，即使是大学者也往往要经历这样的过程，这又使我想起了当代著名文学史家和散文史家、北京师范大学老教授郭预衡先生。也就是那次上海徽州南京之行后不久，我又进京去了次国家图书馆及首都图书馆，同时去北师大看望了郭老先生，并请他为三袁纪念馆题写了馆名。因此得以在他一处校门附近的宿舍楼里，连续两次聆听了不少教诲。话题当然离不开公安派和古代散文史之类，最后临别时还谈到鲁迅先生。他说近来正在准备做一个课题：不是作家鲁迅，而是做学者鲁迅。当时我心里叫道：早该有人这样做了，鲁迅不仅写出阿 Q，而且写出《中国小说史略》、《汉文学史纲要》。但这用不着我多言，只是洗耳恭听老先生讲述鲁迅学者的一面。他说现在可以动笔了，还说他身体还行，说着说着竟忽然当着我面蹲下身子，一连做了三个蹲下站起的动作。我心里立刻升起了一种加上了惊异的敬意，是年老先生八十有七！当时我很想问：等您做完了学者鲁迅，是不是会接着再做思想家袁宏道呢？但我同样没有说出口，对于这种大视野大智慧的大学者，难道还用得着我这个后生后学来提醒吗？

可惜，悲矣！那天谈罢学者鲁迅，老先生送我下楼。握别时不知怎么忽然说：我们在你的书里有张合影的吧？是个纪念。我心里一愣：刚才还连做三个蹲下站起动作的怎么又冒出这句话呢？当我默默地走出十数步再回过头去，老先生还站在楼道口向我挥别，没想到这就是最后一别。几年后从新任中国古代散文学会会长、武汉大学博导熊礼汇教授口里得知：他们的老会长郭先生逝世了，学会举行了集体默哀仪式。我闻之默然良久，仰天长叹。唉，难忘老先生曾莅临公安出席过首届全国性公安派文学讨论会，后在他的《中国散文史》中奠定了三袁和公安派的地位。又主编了十卷本的大型套书《中国古代十大散文家精品全集》，将袁宏道集收入其中。他除了为三袁纪念馆题写了馆名，此前还为三袁塑像题写了碑座："明文特点始于三袁，楚天灵气当在公安。"老先生所说的那张照片——拙著《三袁传》插页中他、华中师范大学黄清泉教授及我三人的合影，现在真成了纪念了，因为两位师长都逝去了。

默默的怀想中脑子里忽然冒出一个有趣的发现：原来郭先生的这套《中国古代十大散文家精品全集》，和前面蕅益大师的《净土十要》，正好形成了两个相互辉映的十选集，正好展示了袁中郎"儒英"与"禅擘"的两个方面。这个有趣的"双十"现象，就像是巧合，更像是默契，或者说是历史定论袁中郎迟早要走向的必然。

<h2 style="text-align:center">八</h2>

现在还是回到本书《袁中郎佛学与〈西方合论〉初探》的文本上来。本书是前书《袁中郎学佛》的继续，更是一次较大的提升，这主要表现在对《西方合论》继续深入的解读上。解读中作者继续发挥了他多年学佛的优势，常有切身的和心灵的体会溢于言表，这是本书最大的特色。同时本书大量展示《西方合论》的妙语警句，使中郎的哲思佛理到处闪闪发光，处处给读者以感染和熏陶。另外全书像是一种散文集式的心得体会，不是常见的长篇大论式的学术著作，使这种本来高深的佛学题材给读者没有望而却步之感，这正是向世人展示和普及中郎"更重要的一面"的需要。

鄙人受精力和学力所限，平时研读三袁主要注重在三袁生平和公安派阵容上，对作品的具体解析只好期待于专家学者。如对《西方合论》，还期待着一部更深入的集注释、翻译、赏析于一体的专著出现。因此觉得本书还有继续提升的空间，如书中有些解读之处，或许还值得商酌，或可还有待更靠近读者一点。另外，本书虽对《西方合论》不乏方方面面的解读，但还可加强些整体的和特点的论证。如上伯修所说"不踏祖师语句"，蕅益大师所说"合西方言教而论断之"，圣严法师所说"涵盖广大"，都是可以作更全面更深入论证的。而其中的这个"合"字似乎可以说是《西方合论》最大的特点。因为"合"了"西方言教"，才能融会贯通到"不踏祖师语句"，才达到"涵盖广大"。中郎的一生和一生的诗文，又何尝不是一个合字呢？合儒释道于一身，才有了"儒英"和"禅擘"。好在翁君最后在书名上加了"初探"二字，表明本书并不是终结，他还要继续在中郎"更重要的一面"——也就是他认准的"金矿"里"再探"，会一步步走向完美。

总之，袁中郎，真是叹为观止啊！位尊"仙凡"两界，集"儒英"与"禅擘"于一身，五千年来屈指能几人？中华文人之极致啊！后来好不容易才出了个"长城外古道边"的弘一法师（李叔同），当然也是了不得，亦有"为翩翩之佳公子，为激昂之志士，为多才之艺人，为严肃之教育者，为戒律精严之头陀"的盛誉（民国教育家夏丏尊语），但已迟中郎之后三百有年。因此袁中郎实在是太珍奇了，太值得我们研究和探讨了，因此《袁中郎佛学与〈西方合论〉初探》的出版，也就太值得点赞了。

有意思的是本序的定稿，是在广州一个中国作协主办的习总书记文艺工作座谈会讲话学习会上完成的。一天上午会议分组讨论时，我组召集人、一位广东著名女作家兼文学编辑点将我第二位发言，我没有联系个人创作谈体会，而是联想到袁宏道，讲的是中国现代文学史上由于受袁宏道和公安派的影响，涌现出了一批群峰连绵般的文学大师，如胡适、周作人、郁达夫、林语堂、俞平伯，等等，这不正印证了习总书记关于传统文化血脉重要性的论述吗？这是我南游以来第一次在公开场合宣传三袁，没料仅仅十分钟的即兴发言，立马就有了反响，召集人立马作出点评，说是听了公安派对现代文学史的影响，令人茅塞顿开云云。下午各组召集人作大会发言时，我组召集人又向大会着重介绍了我的发言，又作了一遍"令人茅塞顿开"的点评。这天，还有一位写长诗的广东著名诗人也饶有兴致地向我了解三袁生平和作品。终于在客居的广东文艺界也可谈三袁了，不亦乐乎？是为序也！

> 2015 年元旦前后，一稿于深圳前海湾畔之凯旋城居所
> 2017 年 3 月中旬，二稿于广州珠江滨之广轩大厦旅次

（序作者系原湖北省炎黄文化研究会公安派文学研究会理事长，公安三袁研究院院长，国家一级作家）

一、人生佛乳篇

1. 天恩祖德积善福

袁中郎的先祖于明朝初年定居鄂地公安长安里（现湖北省公安县孟溪村），开垦荒地，耕田纺织。延续到中郎祖父这一代，已经发家致富，方圆百里，显赫有名。袁家致富不忘穷人。祖父袁大化慈悲为怀，喜善乐施，救人困顿，且性格温良恭俭让，人称"退让君子"。明代嘉靖年代，公安因水灾发生饥荒，大化毅然倾其家财，将家里积存的两千石稻谷和白银两千两周济给附近灾民，拯救老小生命。事后，将借据化为灰烬，借债者欢天喜地，感恩不尽，喊"活菩萨降世"。而其祖父心地淡然，安之若素，不图任何回报。此后数十年，中郎在学佛法后，认为"吾家兴盛于此"，意即大布施不图回报而得到了大果报。

中郎之父名袁士瑜，生于明嘉靖二十二年（1543年），从小爱读书。十五岁时，在童子试中，名列榜首，取得禀生资格。他树立理想，立志科举。他的母亲余老夫人全力支持，让他不管家事不务农事，一心苦读。可惜的是，他像范进屡试屡败，范进终于中举，而他没有，到老不过钻研学问的一秀才而已。他曾著有《四书解义海蠡篇》，融汇孔释二家之作，钩玄通悟，心性超良。中郎之父的胸怀、学养、识见对中郎这一代人产生了重大的身教作用。加上他涉猎广泛，既读四书五经，又钻研佛教经典，潜心思考，融会贯通，教导中郎这一辈人时宽严适当，循循善诱，如电开蛰户放光明，如梁香行露有风趣。中郎之父的言教可算卓绝一世。

中郎的母亲龚老太人是一位性格淑贤、教养涵深的女人，她的娘家世耕公安县谷升里。父亲龚大器为嘉靖三十五年（1556 年）进士，曾任刑部主事与河南布政使等高官。回归故里后，德高望重，时有为民请命之举。中郎外祖母姓赵，勤俭持家，教育儿女有规矩有良方。龚大器（中郎外祖父）与中郎祖父袁大化友谊很深。早年，大器家庭一贫如洗，大化接其至家，资助供养。大器奋发苦学，终于考中进士而进仕途。为了对中郎祖父感恩，将闺阁明珠许配给其子，这后来就生下了"三袁"。大器有一子名仲敏，于明万历初年中举，博学多才，性格温良，能说善写，出任过山东、山西等地的县令。大器另有一子名仲庆，明万历八年进士，曾任福建道御史，性格刚正，勤政为民，以爱读书藏书为乐，百姓称为"善人"。

中郎他们年幼时，在其祖其父其母的呵护、教养温怀下，茁壮成长，加之与外公和舅舅接触频繁，潜移默化熏陶感染，其高尚的人品与卓绝的学品给中郎兄弟打下了深深的烙印。

离中郎祖父倾家荡产救济灾民五十年后，中郎一家兴旺发达，繁盛至极，大富大贵，三兄弟先后金榜题名，在京都做高官，成就了"一母三进士，南北两天官"的美名。前面说过，中郎学佛后谈到其祖父的善举义行时说"吾家兴盛于此"。这句话含义非常深刻，不可轻看。佛门认为：善因善果，恶行恶报。佛教人积善断恶，积功累德。《易》曰："积善之家，必有余庆。"您想发财，您就财布施；您想聪明，您就法布施，用自己智慧利人叫内财布施；您想健康长寿，您就无畏布施，即不杀生，并且放生，救人苦难，解人困厄。您布施时内心真诚流露，不图报偿，越不图报偿，您得到报偿越大。这是自然法则，是天道、佛道。袁中郎一家人才辈出，喜事连连，兴盛至极，根因在于其祖父倾其所有救济灾民的壮举。这是中郎用他们家布施的历史向我们揭示的事实真相，证明佛理玄真，佛光普照。那么，您没有能力布施怎么办？佛教育人修善心、善言、善行，只要您真诚至极，您照样可以得到财富、智慧与健康。

心诚引《道德经》（第79章）曰："天道无亲，常与善人。"

2. 佛理善根源至孝

明确了"孝"是中郎的佛悟之根，我们就不会迷惘于一位文学大师为什么多次郑重声明，自己的佛学成就大于文学成就。

"孝"字由"老"与"子"构成，意即父子有亲，上溯父之有父，再父之有父，称为老祖，这是"五伦"中之第一根本（父子、夫妻、兄弟、朋友、君臣），中国传统文化的基石建立在"孝"上。孝也是宇宙人生之天理，我们的身体从何而来，从父母而来，再扩展一下，我们的慧命从何而来，从老师教育而来，故孝亲尊师被列为传统美德第一美德。

中郎，从住胎起，就受到母之胎教，入世后孝道至极，有四事为证：

（1）年刚六岁，其母去世，"先生不数哭，一哭即昏绝"（袁小修《中郎行状》）。

（2）孝之至要在养其心，养其身，施其老，光大门庭，光宗耀祖。中郎谨遵父教，苦学精进，先后过三关大考，取秀才，中举人，入进士，做县令于吴地，做京官于都城。中郎本想去缠解缚，乐享田庄，但父亲说世上岂有二十八岁而辞官的士子，他便秉承父意而行，"父母教，须敬听"（《弟子规》）。

（3）中郎庶祖母詹姑对中郎有养育之恩，他在吴县县令任上从家信得知庶祖母病危，临行前想见他一面后，茶饭不思，昼夜不宁。此时，《二十四孝》中弃官寻母的故事浮现在他脑海：故事情节是宋代一位高官向圣上申请辞官寻母，他母亲是父之"妾"，在三十年前因受父亲的正妻的歧视欺压被迫出走。他在皇帝身边做了几年官，有了点盘缠，才决心弃官寻找母亲下落。皇帝同意后，他走南闯北，历经千辛万苦，终于母子团聚。中郎恨不得腰生双翅脚生云，飞向故里敬庶祖母。接连写了七次辞呈，后经批准返回时，得知庶祖母已转危为安，才延缓了几个月。

（4）中郎购砚北楼于沙市，筑卷雪楼于长江边，稍一安顿，便情真意切接老父去新居敬养，只是因为父习惯于故里，未能成行。即使病魔困扰，也不忘写信问候老父。

中郎的孝道的另一表现是尊师重道。他对自己的启蒙师万莹的态度可证。余三十年前写有《三袁尊师》一稿登载在省级报纸上，后又选录于《公安人物故事》。中郎写有多首小诗表彰万老师的人品与学品、教品，其中一首诗说："白首为儒未厌贫，布袍落落敝风尘"，"楚士从来多寂寞，为君挥袖泪成丝"。（《袁宏道集笺校》，第14页）

孝根与佛根有关系吗？有且太大。孝为百善之首，佛教倡导世人善心、善言、善行。中国传统文化之根与佛之根是一个根。正因为如此，佛教一传入中国，就被朝野上下、黎民百姓所珍爱并笃行。佛学里有三学（戒定慧）、三福、六度、六和敬之说。而三福又称净业三福，净业三福的第一福是"孝敬父母，奉事师长，慈心不杀，修十善业"，这几句被称为"人天法"，是入佛的根；后二福是指"受持三皈，具足众戒，不犯威仪；发菩提心，深信因果，读诵大乘，劝进行者"。佛门认为：第一福有三根，《弟子规》为儒根，《感应篇》为道根，《十善业道》为佛根，三根结合为一主根，这个根扎好了，才有小乘佛法的修身与大乘佛法的修炼，世与出世的大小成就决定于扎根的深浅。

我们看到当今时代，随着传统文化工程的实施，孝道观念逐步被人们重视。但仍有许多人把"孝"忘到九霄云外，甚至父母在其心中的地位不如他们的宠物。他们对己与宠物何等关心，自己一概高档，应有尽有。父母呢？低矮小舍工具房，顶多给几个小钱敷衍了事。媳妇视婆不如邻，儿子视母当路人，没有温和之情，没有关爱之语，没有敬恩之态，这样将给后代做出一个负面的样板。于是人伦大丧，一伦受损，五常（仁义礼智信）败坏，五品（温良恭俭让）俱失，四维（礼义廉耻）尽丧，八德（孝悌忠信，仁爱和平）颠倒，社会扰乱，世界不宁。如果我们的教育不从扎三根切入，我们和谐社会、人民安宁很难做得完善如意。以世界的安宁和平而言，冲突、混乱，何尝不是出在"孝"根教育上。

心诚集句曰："百善孝为先，万恶淫为首。"（《增广贤文》）"净业三福是三世诸佛共同成佛之道。"（录自《遗教经》）

3. 十年成就在大愿

石头居士，少志参禅，根性猛利，十年之内，洞有所入。机锋迅利，语言圆转。寻常与人论及此事，下笔千言。
不踏祖师语句，直从胸臆流出。活虎生龙，无一死语。
（《净土十要》，第445页）

中郎胞兄袁宗道这段话不可轻看，它道出了中郎学佛成功
的两大秘诀："少志参禅"与"十年之内"。"志"是志愿、大
愿，即树理想、下决心。"参"指参究，参悟。孔子教言，吾十
有五而志于学，三十而立。佛祖教弟子，信为道元功德母。意
为信愿是一切功德成就的总根。故无论世与出世，立志立愿、
行持十年是功德成就的秘诀。

为什么？志与愿定了，就有了方向与目标，加上十年以上
的努力，心定了，定可生慧，就一定有可观的成就。如无志向、
无信愿，就没有方向与目标，即便很努力，也不会有成就。这
个现象，人到中年看得一清二楚。韶华易逝，青春难再。如明
此理，即便四十、五十，甚至六十、七十，从头发大愿立大志，
一个目标，一个方向，还是坚持十年努力，还是会取得成就。
原因呢？四十、五十、六十，人生经验愈来愈丰富，阅历与思
维均有厚实的积累，重新发愿立志，或许不要十年。

条件是遇到善知识的指引开导，有一定善根、福德、因缘。
发愿十年成就的状况，历史上大有人在。比较典型的是苏老泉，
二十七，始发愤，读书籍。苏洵的成就给两个儿子做出了榜样，
成就了史上著名的"三苏"文化现象。三国时代的吕蒙听孙权
一次谈话就发愿，三年成就，令鲁肃刮目相看。古代一个凡夫，
发愿立志，三年成就君子，七年成就贤人，十年成就圣人，比
比皆是。故有志有愿太重要了，是成就的前提中的前提、关键
中的关键。仔细考察历史、反观现实，许多人不是不聪明，也

不是没有善根，也不是不努力，而几十年没有成就，庸碌一生，原因出在大志大愿上。有人开始也立志也发愿，但中途退转，志不坚，愿不固，一遇挫折，晕头转向，怨天尤人。

考察袁中郎的学佛经验，有极其宝贵的价值。他所立志愿是大志愿，才能十年根性猛利，不怀疑、不间断，研习佛典千部，"废寝忘食，如醉如痴"。他的参究目的是"长远续佛慧命"，弘法利众，这个志愿宏博高尚，故能勇猛精进，持之恒久。

不少学佛者一学十年甚至二三十年没有成就，为什么？愿发了，没兑现，原因简单，情欲大，烦恼多，看不破，放不下，一遇违缘逆境，就动摇退转。"愿以导因行，慧以照佛道"（《无量寿经》）。故修佛者遇逆遇顺，都要内心坚定，不自怨自艾，也不洋洋得意。心不为境转、心能转境的人容易成功。

十年如何坚持？一门深入，善巧方便。先一经通，再达百经。先通百经，后一通不通。十年要分三阶段，头三年，再四年，再三年。头三年要开好头，根据自己根基，选好主攻方向，以一部经入门，反复吟诵。余曾对《心经》下过功夫，所得法要心妙，不可思议。南怀瑾自言年轻时对《金刚经》下过几年功夫，所得效益无以言说。净空老法师提供了自己的亲历经验。他早年在台中听李炳南老居士讲《佛法十四讲》，听了十一遍；听倓虚法师《香港佛七开示》录音带三十遍；年轻刚出家时，看《了凡四训》（被称为中国古代最优秀的教育学、心理学、伦理学著作）三十八遍。法师说，圣贤的东西至少看十遍，有的要看三十遍，才能获益。几十遍，持戒了，心就定了，定能生慧。一两遍，对于大多数中下根基的人只能得皮毛，心髓、玄旨、密意全滑过去了。念经除上上根人外，要念千遍。古语说：

"读书千遍，其义自见。"佛教史上有典型，唐代无尽藏比丘尼诵《涅槃经》十年，法达禅师诵《法华》十年（三千遍），经六祖一点化，明心见性，大开圆解。宋代开国名相赵普谈辅佐皇帝治国经验时，说"吾以半部论语治天下"，得到历代宰官与学人的肯定和赞扬。可见他把《论语》读得熟透已极，且活学活用。还有一个现代修行人释自了的典型，他研读《印光大师文钞》，达数十遍，谈心得体悟，真心切愿，与现实问题对照，令人折服，净空老法师说他根扎得深，肯定有成就。

第二阶段，因有前些年的底子，心清净了，主要还是诵读，闻思修同时练慧，练空寂之心，妙圆之心。经言熟透，随缘妙用，好事要作，作而不作，无碍无住。遇六尘而不染，眼见色不染于色，耳闻声不染于声，鼻舌身意，亦复如是，内心如如不动，继续练定。前三年练小定，后四年练中定，第三阶段三年练大定。袁中郎在 1597 年居无锡时，对"定"谈了亲身体验，说"少时曾于小中立基，枯寂不堪。后遇至人，稍稍指以大定门户，始得自在度日"。意为善知识（至人）之引导，他才得大定。大定是何境界？"即疾是定，即老亦定，艳舞娇歌，无处非定。"他引经曰："那伽常在定，无有不定时"，"一身入定多身起，多身入定一身起"。（《笺校》，第 500 页）大定之义非常殊胜，无出无入。它有二义：一为圆定，统摄万法，成一定体。所谓"日月经天而不动，江河竞注而不流"。生住异灭、成住坏空，无不究竟坚固。二为妙定，本性自具，不假修成。纵在迷位，其体如故。（参见黄念祖《心声录》，第 125 页）袁中郎从修小定、中定到修大定，智映法界，寂照宇宙，消归自性，达"恰恰用心时，恰恰无心用"。一丝毫迷惑都没有，不想成就而获大成就。中郎在短文《与徐阿卿书》中，议有亲证事，论有真实据，理事无碍，性相不二，能所俱忘。中郎十年获大成就，足以证明一门深入、长期熏修是对佛言祖语达融会纯熟之境的妙法。

心诚集句曰：古言"人皆可以为尧舜"。经上言：众生、心、佛三无差别。谚语说：鸟无翅不飞，人无志不成。其言是真的，不是假的。

4. 宝性六义敬三宝

据介绍，袁中郎十九岁（1586 年）时，其兄宗道当年二十七岁举进士第一（会试），在翰林院做官，与同馆王公图等人，有志于养生之学，得三教要旨，勤而行焉。宗道研习佛教较早，休沐归里，与中郎朝夕商榷，研习华梵诸典，如痴如醉。可谓"上士闻道，勤而行之"（老子）。中郎根性猛利，诵读千部经典，十年之内，洞有所入。其弟中道描绘了他的境界是：参究机用，妙合微言。浩浩焉如鸿毛之遇顺风，巨鱼之纵大壑。一一从胸襟流出，盖天盖地，如象截急流，雷开蛰户，浸浸乎其未有涯也。连当时名满天下的李龙湖也佩服，说"诵君《金屑》句，执鞭亦忻慕"。意为替宏道驾车赶马也高兴。为什么他在十余年时间里就大彻大悟，写出了精光独耀、与佛经齐位的《西方合论》呢？

世与出世之成功有一奥妙，态度真诚恭敬。"恭敬三宝，奉事师长，没有虚伪谄曲之心。"自谦曰恭，尊人之德曰敬。何为三宝？觉而不迷为佛宝（智慧无量，无所不知）；正而不邪为法宝（修行原则、途径、方法，三世诸佛成功之道）；净而不染为僧宝（出家与在家修行人以经教作指导，真干者，六和敬实施者）。净空法师说，看到佛像，无论雕塑、铸造、陶冶、笔画、绣品，只要是佛像，提醒我们赶快觉悟，不迷惑颠倒。看到经本，提醒我们知晓法理，彻悟经论律，哪怕一个经题、经题中一个字，都胜深妙绝，一个词一句话一个故事都值得我们揣摩运用，从四面八方、十方三世理会其俗谛与真谛。至于一部经哪怕几十字、二百字，值得反复推敲、反思，几千卷经，你读诵多少？记忆多少？熟透多少？你能讲出精义"摄全义海、直指心宗"吗？你通融究竟明了一部经吗？经本是佛祖的教学记录，经在佛在，佛是最高慈智，经是最佳教材。看到僧人，提醒我们六根清净，一尘不染。提醒苦行持戒，舍身求法。至于这个具体僧人持戒与否，与我们不相干，我们尊敬的是僧团精神，六和敬境界，和合关系。身体力行，他不与我和，我与他和；他持戒不够，教训我要够。故佛教是教育与教学，最佳最好最重要最尊崇，人人都必须接受，真正接受了就是大享受。教理行果，一样不缺，教指文字，理指理论，行指按教理标准修正思想、心念、言语、行为，果指成就果实。通常指小悟、中悟、大悟、大彻大悟。每个类别里又有三等九级十八层。

　　袁中郎对三宝是什么态度呢？他的示现是一个榜样。他见佛像必礼敬，并写出那种真诚恭敬。从《圣母塔院疏》、《普光寺疏》、《菩提寺疏》及《二圣寺》、《双田寺》、《题承天寺募册》（《笺校》，第1027—1215页），可看到他的礼敬、赞叹的法喜充满心情。他对法宝的学习、钻研令人叹为观止。他坚信"世间妙智佛说尽"。在《西方合论》中，他顺手拈来，据笔者统计，引用经论二百多次，涉及佛名、高僧名二百余人次。他对僧宝的态度至和至敬。粗略统计，在《笺校》著作中，结伴游与经常聚的僧人好友一百多，至交知音也有二十余名，访问的僧人上百。他探询、投宿、观瞻的寺庙达三百座以上。他特别看重唐代庞蕴，据研究，"无论前期论禅还是后期的持净，对庞蕴极为推崇，时间跨度达十一年之久"。必须注意两点：诗中十六次称引；直接以庞公称代禅、以庞公自况，称"白首庞公是我师"（参见周群《袁宏道评传》，第144—146页）。从他对僧宝礼敬至极、赞叹备至，可见他的恭敬。恭敬三宝即恭敬自性三宝，觉、正、净必定自然显露。他这是向内求佛、向自性求法的表现，他没有心外求法走邪道，故他能得佛法三昧，随缘运用于生活实际，无一刻不快乐，无一日愁眉苦脸。

净空老法师在讲述佛教是师道时，说他每日讲经时，听众是老师，他是学生，他在那讲坛上做学习报告体会，是听众督促他用功，听众不督，他就懈怠了。还说他至多只是一个助教，讲《华严》，依清凉国师注疏，清凉是老师；讲《弥陀经》，依莲池注疏，莲池是老师；讲《弥陀要解》，蕅益是老师；讲《无量寿经》，黄念祖是老师。他说七十五岁至今（九十一岁，2018年）还是做学生，为谁呢？为自己，也是为众生。他特别强调，夏莲老的会集本世上稀有，黄念祖的注解是稀有之稀有，是宝中之宝。

在谈到"宝"的法义时，黄念老注解《无量寿经》（第349页）说：据《宝性论》，共有六义：（1）世间稀有；（2）离垢；（3）势力；（4）能庄严世间；（5）最上；（6）不变。概述六义是，宝性纯净纯善，"止于至善"（《大学》）。威力大，能量大，磁场好，感染强。例如，启请一部《大藏经》，供奉在室，可感受柔和、喜悦、清净，烦恼少了，忧患没了。为什么？圣贤与佛菩萨的结晶在这里。如诵读勤持，则感受到佛菩萨的加持，

这不是迷信，是有科学依据的。一部大经书乃至一部经文蕴涵
多少信息？多少微中子（小光子），每秒释放与接受多少佛微
尘、佛光波？就看你心地是否清净、平等，你心纯心净全接受
了，这个加持力无可估量。贤首国师《修华严奥旨妄尽还源观》
讲得多么清楚、透彻：显一体，自性清净圆明体；起二用，海
印森罗常住用，法界圆明自在用；示三遍，一尘周遍法界，一
尘出生不尽，一尘含容空有。

　　以上简述了恭敬三宝，下面谈奉事师长。念老注解道：奉
者，尊崇奉养。事者，承侍，奉事，敬养服侍。师者，教我以
道者。长者，德行、辈分，年龄高于我者。无师长则无礼仪，
如同俗人；不解佛法，如同异类。师长恩重，故应奉事。一切
供养功德中，供养上师为最胜。奉事师长含摄孝养父母（黄念
老《无量寿经注解》，第 349 页），念老这个注解十分透辟全面。
我们先看净空师的示范。他说自己讲法，上供奉西方三圣，旁
供奉自己三位恩师画像，章嘉、方东美、李炳南（代表一切老
师）。在每日早课诵时，有十一句礼敬语，其中有"和南"老师
两句。法语中不断流露父母给予身命，老师给予慧命，慧命重
于身命。我们再看袁中郎做得如何？他对启蒙师万莹写诗写文
赞叹，不忘恩德。他对李贽恭敬与奉事，真诚以极，三次拜访
求教。他把僧人、居士中有学问者视为老师，比如平倩居士、
愚庵和尚，前面提到的当年已不在世的庞蕴，诗文中多次赞叹
乡人圣者智者大师等。

　　净空法师说：恭敬三宝，事奉师长是学佛成就的奥妙。

　　心诚集句曰：质直无谄之心，乃万行之本。何为质直？无
虚无伪，大智照真，大悲照物。恭敬三宝，奉事师长，方可质
直，真诚清净可达质直。此语易说，知难行易。"知之一字，要

妙之门"(《净土十要》，第 610 页)。智者大师说：能说又能行，国之宝也。修无法师临终往生曰：能说不能行，不是真智慧。

5. 华山履险诵"六如"

中郎的陕中主考官事结束时，已是 1609 年的夏天，趁官事闲暇，他带了随从四人前去游览天下奇险华山。

他们在攀登险峰中，越绝壁，过溪沟，度苍龙岭，岭尽峰足，地稍平缓，百步一休。同行问："如何前行敏捷后行迟涩呢？"中郎说："踏险地靠豪气，喜心一分，畏心十分，绝处在险；履平地畏心一分，喜心十分，绝处在奇。度险履夷，我不同于一般旅人。"他们行进到华山南峰，天色已晚，与同行爬峰头，待月赏月。不一会，月光浩荡如雪如银，中郎彷徨不能眠，又呼唤同游再登峰顶，一路松影扫石，回忆白天登峰感受，暗自欣慰。当时，他衣不蔽腰，下穿短裤，攀时如猴，侧身如蟹，伏石如蛇，折体如鹰，体态百出。此时忽想到兄长伯修下世十年，好友也去世多人，不禁慨叹：同侣游山能有几人？旁有道人知中郎心意，朗声吟诵"金刚六如"偈语，中郎倚松沉缓相和。（《笺校》，第 1473 页）

一般读者必看不懂"六如"之意，"六如"指《金刚经》一个名偈：

> 一切有为法，
> 如梦幻泡影，
> 如露亦如电，
> 应作如是观。

袁中郎华山履险（小惠插图）

这里所言法，指非法，非非法，故名为法。法指的是"相"、法相后隐藏的是法性，又称相显性隐，事显理隐。人们所见树木、山峰、旅行、饮食等，都是法相，乃至人的生命活动、动物的生存死亡等，一般用十二个字表示世间一切法，即生老病死（动物与人类）、生住异灭（植物）、成住坏空（自然、天体、矿物）。佛理认为："凡所有相，皆是虚妄。"一切法相都是暂时的，不是永恒的。暂时的，虚妄的，又称为假；永恒的，长久的，称为真。

"六如"用来比喻法相，即如梦，如幻，如泡，如影，如露，如电。以梦作例，梦中时，人不知什么时候做，做什么梦？为什么会造梦？难以捉摸，无法解释。梦具有虚幻性、时空幻一性。水泡、影子、露、电光都是一样。古人有言：

　　人生如梦。（苏东坡）
　　茫茫大梦中，唯我独先觉。（李白）

禅门里有"昨天得一梦，梦中一团空，朝来拟说梦，举头又见空"的偈子，还有"梦里明明有六趣，觉后空空无大千"、"百年世事三更梦，万里江山一局棋"等说法。

中郎是熟读《金刚经》的信佛居士，他为什么在登华山赏月时，诵读《金刚经》偈语"六如"呢？这里有深湛的潜意识。一是他笃信"人生难得，人生无常"的佛理教言。他的哥哥去世，知己好友去世，他们都曾相约游华山，而今只有他和几个随从，他深刻感到世事、人事变幻难料。二是他已意识到自己生命机体的胁迫，游华山时他说过一句话，"游此险山，死亦无憾"，谁知"一语成谶"，此后不到两年，他便仙逝。究竟如何对待生死？他胸有成竹，心存坦然。佛乳法雨的滋润使他灵明洞彻，寂照透脱。人生也不过是一个过程，生老病死是一个经历。在佛门看来，人生有八苦：爱别离苦；求不得苦；怨憎会苦；五阴炽盛（色受想行识）苦。与生老病死合起来是八苦。因八苦没有尽头，活着时受苦，如不行善断恶，死后灵魂转世，轮回更苦。故修炼家活着时，看透名色财食睡的本体、本性，他们不贪不嗔不痴，不两舌、不绮语、不妄语、不恶语，不杀不盗不淫，用佛法武装头脑，活得洒脱自在，幸福美满，原因是心好一切好。印光大师说真正注意心性修炼的人，他在死时毫无痛苦的感受，他已勘破生死，死得很潇洒很自在。在佛家看来，人的肉身不是真我，所谓真我是能主宰、能大自在的自性，又称灵性。人的肉身如同衣服，衣服坏了换一件，因而无忧无虑，无牵无挂，决不怨天尤人、耿耿于怀。外国人将肉身比喻为汽车，灵性比喻为驾车的人，肉身亡不过是旧车换新车而已，因而坦然淡然安然欣然。如果执着肉身，如孔子讲的"意"、"必"、"固"、"我"，势必愚昧无知，痛苦万分，所以"君子坦荡荡，小人长戚戚"！毛泽东有诗句："牢骚太盛防肠断，风物长宜放眼量。"

心诚曰：袁中郎登华山念"六如"的密意远不止这些。

6. 坐化坐脱非虚言

关于袁中郎之离世往生有两种记载。先摘录其弟袁小修《游居柿录卷五》所记：

九月初一日，中郎病稍可。初四日，中郎第二男生。

初五日，中郎病不见痊，大小便血不止。强起握笔作报，慰大人。初六日，忽中郎室中老妪呼予入内云："夜中便三四次皆血，几昏去，得不便则可望活。"予私自哭泣，安慰之，急呼李医至，切脉曰：脉脱矣。自云三分生七分死矣。已复起便，自云我略睡睡。此外绝无一语，遂坐脱去。

袁小修在《中郎行状》一文中说：八月中秋后，微动火，九月五日晚，尚与侄祈年谈时艺。至初六早，以血下注不起矣。去若坐化者。此前二十天，中郎言及养生事，云："四十以后，甘淡泊，屏声色，便是长生消息"，"谋置粉黛，求繁华，便是夭促消息，我亲见前辈早夭人，个个以粉骷髅送死"。（《游居柿录》卷五第22则）此引文证明中郎已敏感地觉知自己身体状态了。

明史等典《袁宏道》与《袁中郎传》的记载大致相同，只是简略地说"入荆州城，宿于僧寺，无疾而卒"（《净土十要》，第561页、659页）。比较这些记载，不难看出中郎离世前的特点：一预知时至，头脑清醒；二坐化、脱化。即走得自在潇洒，没有痛苦与糊涂表现。这个本事是往生极乐世界的高僧大德本事，是了生死、出三界、脱轮回的功德。这也是明末清初净宗十一祖蕅益、当代黄念祖居士、藏传佛教传人索达吉仁波切等高度赞扬袁中郎《西方合论》与深信净土的原因之一。

我们从《西方合论》近三十次谈净宗念佛法门极其殊胜微妙，可以断定中郎不仅自己说了、写了念佛法门，还自己实证了念佛法门，以文字般若、观照般若劝转世人，然后，又示现实证般若，进入极乐世界实报庄严土，做了法身大士。从尔后中郎弟及其舅的记载看得清楚，从中郎《与方子论净土》一文看得明白。他既然用忆佛念佛度救众生，饶益有情，也就必定以此妙法度救自己，利乐本人。有人会提出疑问：文献上怎么没有明确记载呢？我的回答是记载明确，只是我们粗心而已。《珂雪斋游居柿录》卷七第 17 则（《珂雪斋集》，第 1251 页）中，说夹山龚舅（岚县令）往生前告其子曰：急念佛，吾去矣。四弟、小修及中郎精勤若此，何忧净土耶？取笔来，我自书一纸示之，使知念佛之灵验也。夹山舅即龚仲敏，号惟学，龚大器次子，中郎二舅父，于 1600 年逝于山西岚县任上。小修记录此话时，乃中郎卒后两年。同时，我们应知，念佛之形式数十种，分四大类：观想、观相、实相、持号念佛。在实施上，分有声、无声，有念、无念等，而无念而念则是最妙之念。"无念为宗，无相为体，无住为本"（《六祖坛经》）。下面，我摘引袁中郎对念佛一法的解证：

> 净念者，念佛之法，名一行三昧，惟在决定。一、摄心念，谓一切处，摄念不忘，纵令昏寐，亦系念而寝，不隔念，不异念；二、勇猛念，如好色人，闻淫女所在，高岩深涧，磷途虎窟，必往不怯故；三、深心念，如大海深广，必穷其底，觉路遥遥，不竟不休故；四、观想念，谓念念中，见三十二相，八十随形好故；五、息心念，谓息一切名心、官心、愍心、世间心、贪恋心、贡高心、遮护心、人我是非心、念佛故；六、悲啼念，每一想佛，身毛皆竖，五内若裂，如忆少背之慈母，及多慧之亡儿故；七、发愤念，如落地孤寒，负才寂寞，每一念及，殆不欲生故；八、一切念，谓见闻觉知，及与毛孔骨髓，无一处不念佛故；九、参究念，谓念佛一声，便念此声落处故；十，实

相念，谓不以有心念，不以无心念，不以非有无心念故。是谓上品念佛门。若如是念佛者，现生必得见佛。（《西方合论》卷九第四章）

于此，我们看到袁中郎对念佛法门的深研与透知，在了生死、入涅槃的一大事上，他不会忘记或背叛自己坚固的信念。

心诚集句曰："唯大彻大悟人，始可与谈念佛三昧。""谁能以悟道为先锋、以念佛为后劲，稳趋无上觉路者耶？""合论出于净宗弊积之年，阐教救时，于今为烈。从此谛信念佛法门至圆至顿，高超一切禅教律。"（以上为灵峰大师评点，《净土十要》，第433—435页）

7. 天才还须惜天才

袁中郎"天纵异才"，十分可惜的是这位大才俗世生活仅四十三年，实如其弟袁小修所言，如再活三十年不知为天下开多少心胸，为宇宙辟多少乾坤，为人间开多少耳目，为江山点缀多少烟波。

探讨其俗世生活之状态，对于后世的人才是有参考价值的。

一、中郎之名之文成于兴趣浓厚，身体之磨损积于兴趣之浓烈。中郎一生有四大喜好，即喜文，喜酒，喜山水，喜美色。喜文，一旦兴致勃勃，彻夜而读，提笔挥毫，不可阻遏。往往连夜而写，整日于思，滔滔不绝如千里江流。爱山水则是不知疲倦，凡奇山异水必梦寐以求，爬攀登翻，履险不畏。

若从23岁末算起至43岁卒，仅20年，存诗1600余首，存文700余篇，文集55卷。如此高产岂不劳心劳力。爱山水，爱寺庙，爱景观。从记载看短短二十年间，游历名山大川、深山古刹、江海河湖、泉池崖险共计数百处，足迹遍布现今大半个中国。有些险山恶水，则是一游再游，游后必有记必有诗。一吟再吟，不知疲惫。

二、先生痼疾缠身，未能静养本体。曾在《告病疏》中写道："火病大作，胸膈烦闷，嗽喘弥月，肌肉尽销，仅余皮骨剑戟支床，动转不得，日进数匕，呕吐者半。"可见先生患肺结核病，此病难诊，尤须养气少言。然先生是憋不住话头止不住笔头之人，一遇亲朋好友，必成主讲。加上先生豪爽慷慨，旷达放逸。交天下文才，达官贵人，穷途才子，民间隐士，寺庙高僧甚多，远道拜访求教者络绎不绝。先生每遇友至，欣喜若狂，谈吐谆谆。这种交往状况于病于修性养生均不利。

三、先生二十岁时便学佛修禅，持戒悟道，根慧猛利。然持戒方面早期欠缺严谨，与数十名上人相知相交，与数百名僧人相交共游。但僧人多是求教聆听，对于先生文名文才佩服至极，于先生之弱处不曾分析指点。加上当时医治肺病并无特效之药，仍有治好者大都靠自身调治，或遇神医而治。

四、先生三十岁已勘破生死大事，认为生即是死，死即是生，看五欲六尘之世，黑暗毒焰，自觉没有回天之力，然愤懑难平。有"旁人道我昏瞆瞆，口不能言指山翠"之语，看众生受苦自己亦无求活之念。这种对本身的漠视心态亦是先生英年早逝之根因。

五、先生起先浸润天台、重视参禅而后转入摄禅归净而深信净土，其后以净摄禅观禅，达禅净融会、以净总摄之境界，笃信忆佛念佛必定见佛，通晓透知念佛法门之最妙在于无念而念，念而不念，深信因果，即念佛是因，成佛是果。先后著

《金屑编》、《西方合论》、《坛经录》、《宗镜摄录》、《珊瑚林》（节本为《德山塵谭》）等专题佛著，在诗、论、叙、策、疏、尺牍等文体中，随缘妙用佛理，达理事无碍之境。长年呕心沥血，挥洒本具灵气，磨损了自身元气，这也是先生住世未能较久之因。

按佛法原理，生命本是因缘和合，不可拘泥某一因，也不可执着于某一果。中郎早逝，后人可吸取某一点，不可偏执某一点。

心诚曰：按星云法师教言，寿命多义，有命寿、德寿、言寿、功寿、慧寿，中郎生命之寿虽不长，然功德、妙言、智慧之寿不可穷尽。

8. 珂雪纪梦实在妙

《珂雪斋纪梦》是中郎弟袁小修写的一部重要作品，当代藏传索达吉仁波切与北京黄念祖老居士都高度赞赏过。他们把它看作袁中郎往生极乐世界的一个范例。

本文略写《珂雪斋纪梦》的玄妙，以加深读者理解。

一、《纪梦》所谈西方极乐世界的庄严与夏莲老《无量寿经》会集本记载完全一致，为袁小修神识亲眼所见。常乐，妙乐，大乐为极乐，非世俗之外在刺激之乐可比。极乐世界永离三苦，五苦，八苦，是阿弥陀佛累世累劫以四十八大宏愿之力而建造。一切天上人间，三千大千世界没有此殊胜庄严之境界。此境界有三种庄严功德，分环境庄严、佛庄严、菩萨庄严。环境庄严介绍国土清净，是依报内容；佛庄严介绍本师阿弥陀佛伟力，是正报内容；菩萨庄严介绍往生后的学员，他们在那里学习回归自性成佛。环境清净是第一功德，根本功德，包括空气、光明、七宝池、宝树、妙鸟、花草。"无四时寒暑雨冥之异，复无大小江海，丘陵坑坎，荆棘沙砾铁围须弥土石等山。唯一自然七宝，黄金为地，宽广平正，不可限极，微妙奇丽，清净庄严超越十方一切世界。"（《无量寿经》第十一）其中宝树或纯金树、纯白银树、琉璃树、水晶树、琥珀树、美玉树、玛瑙树，唯一宝成，不夹余宝。或有二宝三宝乃至七宝总共合成根茎枝干。此宝所成花叶果实，他宝化作。或有宝树，黄金为根，白银为身，琉璃为枝，水晶为梢，琥珀为叶，美玉为花，玛瑙为果。诸宝树，周遍其国，清风时发，五音微妙，自然相和。极乐世界的本师是阿弥陀佛，最中心的特点是心清净，一尘不染到极处，诸佛赞叹，是佛中之王，光中极尊，被号为无量寿，无量光，无边光，无等光佛，亦号智慧光，常照光，清净光，欢喜光，解脱光，安稳光，超日月光，不可思议，普照十方，威德无量。去那里的学员都是菩萨，他们在那里接受佛法，还可以游步十方，行权方便，度化有缘众生。可以这样说，古今中外任何文学作品所歌颂所描绘的美好，与《无量寿经》描绘相比，均为天渊之别。

二、《纪梦》记载的袁中郎往生极乐世界后，其神通威力本事，境界与寿经及《华严经》等记载完全一致。中郎生前歌颂佛的不可思议的功德，加之修善积德，故往生后，超越十圣法界，进了实报庄严土，成为法身大士。佛在《金刚经》上说："若复有人于此经中受持，乃至四句偈等，为他人说，其福胜彼。"意思是有人虔诚受持经义，如理践行，讲解弘通，所得福德与功德比有人以大千世界七宝布施所得的福德与功德多。中郎生前对佛法的贡献大，自然福德功德无量大。

三、《纪梦》明确提出了净土法门为佛法第一殊胜法门，信佛念佛为第一殊胜妙法。这在明末，狂禅风行，是一个伟大而明智的创举。这一点，四百年后的今天，被当代佛门大法师净空老和尚所肯定。他在弘扬讲解黄念祖老居士大经注解时说，这个净土法门三根普被，利钝全收，都摄六根，净念相继，专修专弘，发菩提心，求生净土。实为"如来称性之极谈，众生本具之化仪，一乘之了义，万善之总门，群经之纲领"。依《无量寿经》而修是一乘，"大乘"妙法妙门，不可动摇。"大乘"指古代七宝马车皇上所坐，是运载到达的意思。这里的"大乘"比喻众生依此法修行，是智慧的选择，极圆极顿极简极要。

四、《纪梦》强调持戒严谨，与大乘佛法经义相应。灵和先生告诫小修，持戒不严，可畏可怖。戒律精神是佛法的要妙，"戒为无上菩提本"。佛祖当年日中一食，树下一宿，三衣一钵是全部的家当，居无定所，不设道场，坚持苦行，以苦为乐，为修行人做出了榜样。这是因为戒可生定，定可生慧，佛学又叫"戒定慧"三学。如不持戒则从根性上没有学佛，尽管佛理讲得天花乱坠，并没入门。只有严持戒律，才能了达真如自性，也才能克服贪嗔痴"三毒"。中郎生前做了很大的努力，比如"断荤腥"，修柳浪馆建放生池，戒杀，不断忏悔犯戒行为。在心性修炼上，以少欲知足对治贪嗔痴，对治见思烦恼，为官十九年，不置尺寸之田地。一心敬仰佛师，调柔自己心性，保持清净不染，以自己俸禄供养多名僧人等，取得了殊胜的成就。灵和先生以自己俗世的经历体验，在对小修的谈话中，重点谈戒律，这是履行佛门的真知，以戒为师，以苦为师，这是世人与出世共同忽略的问题，是对世人的宣示教引。

《纪梦》巧妙地将俗世与出世、情识与般若、性与相、事与理、解与行、正与依、染与净、迷与觉结合起来，展演了修佛的基本原理与方法，因而借鉴意义无边无际。

心诚曰：小修纪梦，玄妙还不仅仅在此。

袁中郎著《西方合论》（小惠插图）

二、《西方合论》篇

（一）摘录

9. 故事摘要说玄真

（1）

从前，有个道士夜行坟冢间，被鬼所缠，恐惧万分。宛转其间，昏厥于地。第二日清晨，被当地一农民所见，扶背至家，以热茶灌，以热水敷才慢慢醒来，调养一天。临别对农人说：我没有什么感恩于您的救护之德，仅有驱鬼符两张，赠送于您以自保。家人听此言语，笑而不纳。心想，手执驱鬼符竟被鬼所绕，此符何用？

中郎说这故事的寓意是：信奉大乘教言者，应悟修并重，参戒同举，方可破执相之迷，解五欲之缠，达明心见性之境。如有修行者，呵斥净戒，贪恋世缘，而狂言传法利众，弘道开悟，言行不一，心口不一，则如那个道士夜行，所持驱鬼符咒，别无一用。

（2）

从前，波罗奈城有个优婆夷（比丘尼），患病数十天，请求诸僧人施以医药。此时，有一名比丘，下身重病，名医诊断，当须以肉为药，若不用人肉，病不可愈，危及生命。当时此优婆夷听说此事，于是自找一把刀，从大腿上割下一块肉，切成块膳，比丘服吞，病即得愈。因此,优婆夷腿患疮苦痛不已,不堪忍受。随即发出呻吟之语:"南无佛陀,南无佛陀。"佛当时在舍卫城,闻听此音声,对这个优婆夷起大慈大悲之心,寻见这个女人,持良药涂疮,一会儿便还合如初。此时,佛为其说法,她甚是欢喜,得无上正等正觉。佛说:"善男子呀,你们要知道,佛当时并没有到波罗奈城,也没有持药去涂那女尼的疮,你们要知道,这是慈善之根力所感召,使那女尼亲历亲见善因善果之功德。"

另外,一个恶念恶行重重的人,他贪多不知足,以多吃酥饼乳酪,头痛腹胀,受大苦恼。他口中呻吟:"南无佛陀,南无佛陀!"佛当时住优禅尼城,闻其音声,即生慈悲之心,来调治于他。佛前往其住所,用手摩了一下,弄了盐水,命他服下,一会儿平复。善男子,佛实在没有去调伏他,也没有持盐水令服,你们当知,这是慈善根力所感知。

还有一事:从前,骄萨罗国有五百名盗贼,结党作恶,又偷又抢,波斯匿王派遣军人,伺机抓捕,对他们挑眼示警不杀,驱放在黑暗丛林之中,受大痛苦。每人都在疼痛难忍中念叨:"南无佛陀!南无佛陀!"啼哭号唤。佛当时住只桓精舍,闻其音声,即生慈悲,时有凉风吹拂香山,种种香药满其眼眶。不会儿,人人得眼如初,诸贼开眼,即见如来伫立其前为之说法,贼闻佛法,得无上正等正觉。善男子呀,你们当知,佛于当时,并没有作风吹香,香药去拂其眼,也没有往其众前为之说法。你们当知,这是慈善根力,令他们亲历亲见。当知佛善根力因缘和合,得知此果报,不可思议。

(3)

一切都是自心,非他所作。

从前，毗耶梨国有个淫荡女人，名庵罗婆利；舍卫国也有一个名须曼那；王舍城也有一个名优钵罗槃那。有三个男人听说三个女人端正无比，仪态美极，日夜思念，心执不舍，各人便于梦中与其交合甚欢。醒来历历分明。心想，美丽女人并没有来，我也没有去呀，但淫荡之事得以完成。因此事，三人开了小悟。他们将此事告知菩萨。菩萨说："诸法如是，皆从念生。"于是菩萨为此三人说法，三人皆得不退转地果位。

（4）

从前，有一善巧画师，选取种种彩色，取白作白，取赤作赤，取黄作黄。取鸽色则为鸽色，取黑色则作黑色。他在天人中作画，缘白色取白色，没有漏垢，没有染污，一片洁白，故天人皆白。又在天人中，取赤色，爱声味触香，均皆赤色，所画之对象皆成赤色。又在畜生界，缘取黄色，何以多黄，彼此饮血啖肉，贪欲嗔痴，递相杀害，故多黄色，所画皆黄。画师又取鸽灰色，原来他入饿鬼道，所见皆垢灰色，个个如火烧林间，饥渴所恼，苦逼种种，所画不得不已。此画师又进入一道，原来漆黑一团，如黑铁壁，被燃被缚，所见皆黑，取黑色而画，全是黑身。此画师进入禅道，所缘明净，取彩色艳朗，所画皆明丽光亮。于是又进纯净一地，所遇所见皆纯善纯净，光亮剔透，取其色所画，皆净土净人。得三昧禅悦，一看个个菩萨庄严，清净无比，三十二相，八十种好，妙不可言！

此画师何名：心业，原来色彩皆是各自心业，非画师所为。故以心见佛，以心作佛，心即是佛；心外见佛，即成魔境。何也？心外无一法可得。

（5）

从前有个人远行，独宿空房。夜里有一前鬼，背一死人来到他前面。随即有一后鬼追逐嗔骂："这是我的。"前鬼说："这是我搬来,怎么是你的?"后鬼说:"实实在在是我搬来。"各执死人一手,争论不下。前鬼说:"此中有个活人,可以问他。"后鬼便问:"是谁搬来?"这个活人想,两鬼力气大,说谎话也是死,不如实话实说:"这是前面来的鬼搬来的。"后鬼大加愤慨,抓着这个人活手臂,用力一扯,撕断一臂,甩向地面,前鬼随即取搬来死人一臂附着其肩。如是两臂、两脚、头部、胸腹都被两鬼用死人交接,二鬼共同食取所交换的活人血肉,揩干口血,扬长而走。那个活人就想:亲眼所见,我之肉身被两鬼吃尽,现在我之肉身,已不是我,是二鬼用那个不认识的死人交换的。于是便于一切时间、地点作他身之想,于五欲六尘一点也不贪著。既是他身,也不重视供养,乃至遇美妻娇妾在旁,也不染指,既是他身,何必沾染?于是遇到种种呵斥责骂,垢辱相逼,也能逆来顺受。对人对事也不骄慢。后来又算计起来,我这肉身是别人,则不应有我呀,若不是他,他这肉身又在呀,这是非他非非他呀,又是非我非非我呀,我不可得,他亦不可得。从本始已来,恒常就是。一切法是我非我,皆是虚妄。

中郎这故事的寓意是:菩萨有不可思议的观察力,见佛见相,非自非他,一切法从心想生。

10.《西方合论》形象语

余读《西方合论》,为其甚深微妙法义折服,亦为其绝奇佳美之词所感染,特从各卷中,摘录理事圆融之语,供读者赏析、诵读,既可受佛智之教,又可知自性之灵。

自序:

1. 灭火者水,水过即有沉溺之灾。生物者日,日盛翻为枯焦之本。(喻如来教法。)

2. 今之学者,贪、嗔、邪见,炽然如火,而欲为人解缚,何其惑也。

第一卷:刹土门

3. 一月千江,波波具涵净月;万灯一室,光光各显全灯。(喻理即一谛,事有千差。)

4. 饿鬼渴死于海边,贫人数钱于金窟。

5. 众生执海难清,识绳易缚,言业本空,恣情作业;言行无体,则肆意冥行。(喻邪见。)

6. 我今卢舍那,方坐莲花台。周匝千花上,复现千释迦。一花百亿国,一国一释迦。

7. 阿弥生中无众生者,阿弥不现。如石女求生儿,必不可得,以非应得故。(喻阿弥身中无量众生,众生身中无量阿弥。)

8. 如天鼓鸣,远近齐闻,非去非来故。如水中月,东行则东,西行则西,非去来故。(喻佛无去无来,只有隐与显,不可思议。)

9. 如澄潭山影,如春阳百草,如众生业力,如日月光相,如胎中根,如身中我,如齿尖舌柔,如眉横发长。(喻净土不可思议不思议。)

第二卷:缘起门

10. 生死臭秽,愈于鲍肆。众生贪嗜,倍彼蝇蚋。(喻阿弥导师广开香严之肆,释迦慈父,确指净域之门。)

11. 尽大地无非贫儿,一佛号便为资本。(喻欲验诚言,莫离十念。)

12. 众生以烦恼为家,以生死为园观,系心衣冠之因长,适情金玉之桁杨。(喻众生处五浊恶世,如囚处狱。)

13. 众生种种,反恋毛头许事,以小易大,甘心瘐死。(因以饥寒死曰痖,喻如来出世为一大事救度众生。)

14. 如万象依空,山川依地,谷依种子,花果依仁。(喻正因,三世诸佛与诸有情,自清净体,无此因,不成佛果。)

15. 根深果茂,源远流长。(喻宿因既深,教起亦大。)

16. 旷野沙碛之中,有大树王,若根得水,枝叶花果悉皆繁茂。(喻生死旷野菩提如树。)

17. 譬一精金,冶为钗钏及溺器等,金性是一。(喻众生与佛,净性同一。)

18. 镜中之光,不从磨得。念行如炉锤,但能销金,无别有金生故。(喻众生本净。)

19. 乐儿童者当以饼果,乐妇女者必用绮罗。(喻恒顺众生。)

20. 如人少时悦色,壮岁营官,老年嗜利。如梦中人唤之即醒。(喻众生所著非实,易为训化。)

21. 如万窍怒号,力在扶摇,因窍显故;如幽谷洞明,功在晨曦,因谷现故;如一线之蚁孔,能穿连山之堤,是水之力,非蚁力故;又如一叶之苇席,能运万斛之舟,是风之力,非苇力故。(喻十念功成,顿超多劫,是捷中之捷,径中之径。)

22. 如人乘船,中途坏败,欲度他人,反自没水;又如少汤投大冰池,虽消少处,反更成冰。(喻自不能度,岂能度人。)

23. 如象没泥,非象不能出。(喻诸佛一切种智,能教导菩萨。)

24. 譬如婴儿,不应离母;又如行道,不离粮食,如大热时,不离冷风凉水,如大寒时,不欲离火;如度深水,不应离船;譬如病人,不离良医。(喻菩萨不离诸佛,过于上事。)

25. 净土之趋,万牛莫挽。(喻悟达之士,正愿求生。)

26. 譬如婴儿,常不离母;又如弱羽,只可附枝。(喻未得无生法忍,仅处生忍、法忍位,不得离佛。)

27. 当入一切微尘芥子门。(喻念佛三昧,即念而净,净非是无,即净而念,念非是有。)

第三卷:部类门

28. 如高峦之峙平原,跃空而出;类金星之晃沙碛,映日即明。(喻念佛一门,频形赞叹。)

29. 登葱山而樵玉,首采羊脂;泛溟海而斫香,忍舍牛头(宝香名)?(喻念佛之威力无比。)

30. 如天中之天,人中之王。(喻《阿弥陀经》等三经)

31. 如母忆子,若子忆母,忆佛念佛,现前当来,必定见佛。

32. 如持大石置于船上,因得不没。其小石没者,如人作恶,不知念佛,便入泥犁中。(喻念佛威力)

33. 教海义无量,瓮观拾少许。一胾遍鼎味,是中有全藏。

第四卷:教相门

34. 药无定方,定方以病。玉屑珊瑚,无上妙药,概以治四百四病哉?病除药贵,便溺即是醍醐;异症同方,参苓化为鸩毒。(喻一大藏教,是无上医王。)

35. 悟达之士,勿轻戒律,勿贪虚名,猛省永嘉(著《证道歌》)豁达之言,早寻白社(喻清净莲社)不请之友,莲邦(喻极乐净土)不远,请即加鞭。

36. 如顽石浊滓,岂能透月?如日能显空,空非因日。(喻自性不思议功德。)

37. 菩提心者,犹如种子,犹如良田,犹如大地,犹如净水,犹如大风,犹如盛火,犹如铁炮中利药,念佛是药线。

38. 锅汤波底,岂贮寒冰;烈火焰中,讵容寸草?(喻一声阿弥,是非俱划,是心作佛,是心是佛。)

39. 如月在川,川川皆有全月,乃至瓶池寸水亦是全月,无分月故。如风在树,树树皆有全风,乃至片叶茎草,亦是全风,无分风故。(喻圆极教义,无全无分。)

40. 如一夫妻,共生一子,不应言谁生谁不生。发毛爪齿,亦是无情,与我俱佛耶?抑与我不俱佛耶?(喻一无一切无,一有一切有。)

41. 梦中见山见水见木见石,亦是无情,是情想摄耶?抑非情想摄耶?(喻无是我非我,云何更计有情无情。)

第五卷:理谛门

42. 言无,如水月镜花,不同龟毛兔角;言有,似风起云行,不同金坚石碍。(喻即性即相,非有非空。)

43. 说真说相,似完肤之加疮;道有道无,类红炉之点雪。

44. 如面镜像,似梦施为。镜中之形,非内非外;梦里之质,非有非无。(喻虽见他佛,即是自佛。)

45. 福德之者,执砾成金;业贫之人,变金成砾。砾非金而金现,金非砾而砾生。金生但是心生,砾现唯以心现。转变是我,金砾何从?

46. 黠慧善巧画师,取种种彩色。取白作白,取赤作赤,取黄作黄,若取鸽色,则为鸽色,取黑作黑。心业画师,亦复如是。(喻六道轮回,全由自心,即一切法由心想生。)

47. 心业画师,善治禅彩,攀缘明净。如彼画师,善治彩色,画作好色,皆是自心,非他所作。是故当知,心业画师,以纯净色,化作净土。

48. 有三男人闻人赞三女人端正无比,昼夜专念,心著不舍,便于梦中,梦与从事,觉已心念,彼女不来,我亦不往,而淫事得办,因是而悟。(喻诸法实尔,皆从念生。)

49. 譬如人远出到他郡国,念本乡里,家室、亲属、财产,其人于梦中归到故乡里,见家室、亲属,喜共言语,于梦中见已,觉为知识说之,我归到故乡里,见我家室、亲属。(喻菩萨念佛见佛。)

50. 譬如比丘观死人骨前,有观青时,有观白时,有观赤时,有观黑时,其骨无有持来者,亦无有是骨,亦无所从来,是意所作。(喻菩萨念力见佛。)

51. 譬如年少之人,端正姝好,以持净器盛好麻油,及盛净水,或新磨镜或无瑕水精,于是自照,悉自见影。(喻以善净心,随意悉见诸佛,以心见佛,以心作佛,心即是佛,心即我身。)

52. 譬如有人造立宫室,若依空地,随意无碍,若依虚空,终不能成。(喻修福筑基。)

53. 无声声中,风枝水响;非色色里,宝树栏杆。(喻无所念故,是为念佛。随无所有,无觉无观,无生无灭,无贪无著,无逆无顺,无名无想,无想无语,无净无讼,无念无分别,通达是者,名为念佛。)

54. 譬如阿迦叔树,女人摩触,花为之出。(喻大菩萨不思议念触。)

55. 又如象齿,因雷生花,是齿非耳,云何有闻?(喻大菩萨不思议声触。)

56. 勇士疑石为虎,箭至没镞,箭非刻石,石非受矢。(喻大菩萨不思议精进力。)

57. 如贫人信富者言,入火不烧,入水不溺,投高不折,乃至随诸诳语,皆得实宝物。而是贫人,无他术故。(喻大菩萨不思议贪欲,获佛宝王。)

58. 又如空谷随声发响,此响不从空来,不从谷来,不从声来。(喻大菩萨不思议声相。)

59. 如幻长者所爱马入小瓶中，瓶不加大，而马跳如常。长者为设食已，马系柱如故。（喻大菩萨不思议幻法，变现佛刹，亦复如是。）

60. 又如无能胜香，若以涂鼓，其声发时，一切敌军皆自退散。又转轮王有香，名海藏，若烧一丸，王及四军，皆腾虚空，大菩萨不思议正念香，伏诸魔军，超越三界，亦复如是。

61. 又如某药，人或得之，以其一两变千两铜悉成真金，非千两铜能变此药。（喻大菩萨不思议大丹，点秽成净，亦复如是。上述各喻，指念佛三昧，不可思议。即一切心境，有相无相，念佛皆悉不可思议。）

第六卷：称性门

62. 飞空鸟迹，辨地位之分齐；泪日风花，明过现之影像。无胫而走，舍阿弥以何之？不疾而速，识西方之非远。譬诸五色，至玄而亡，万流以海为极者也。（喻法性无边，行海巨量。一刹那中，行满三祇；或恒河沙劫，未成一念。）

63. 谷子堕地，迫于成实，不异初种；如稚笋参天，暨至丛叶，本是原竿。（喻信为道元功德母，我与如来同一自体清净性。）

64. 如拈一微尘，变大地作黄金。（喻三身、三德、三观，法界圆融，不可思议。三身指法身、报身、应身；三德指解脱德、般若德、法身德；三观指空、假、中观。另有一说，三观为色、空、心观。此卷中指前者，喻一心三观，即念佛因，净彼四土。如梵书新伊字，三点成字，上一下二，缺一不成。）

65. 如小儿以土为金银，长者则不见是金银，便随便与，竟无所与。（喻布施空无所有，一切法，毕竟空。佛说一切法无施无受，非戒非犯，不智不愚。）

66. 菩萨观于众生，如呼声响，如水聚沫，如芭蕉坚，如电久住,如无色界色,如焦谷芽,如烦恼习,如梦所见已寤。(喻佛及众生,本无所有。)

67. 如痴儿见人指门前竿,云在天半。即计量曰:"从地至天,只两竿许。"(喻行海无边,非丈竿尺木所能探其底里。)

68. 如虚空著彩,粉墨徒劳。(喻法界无方,辙迹安用。)

69. 如登场傀儡,悲笑宛然,唯一土泥,空无所有。(喻称法行海)

70. 如倩女离魂,逐所欢去,乃至生子,而身常在父母前。

71. 如猛虎起尸,跪拜作舞,唯虎所欲,而尸本无知。(喻自身入定,他身起定。)

72. 如天帝乐人,逃入一小女子鼻孔,遍索不得,而此女子不觉不知。

73. 如小儿看灯中走马,计其多寡首尾,了不可得。(喻智寂照,非情量猜度,以自性超一切量。)

第七卷:往生门

74. 自杀杀他,何异鸩毒。(喻劣根浅解,大海一滴逞狂慧。)

75. 如鹅入水,水不令湿。(喻大菩萨入人中火宅,则无染累。)

76. 如飞行仙人,以手触王夫人,神通顿夫。(喻起心动念生妄想,退回小乘。)

77. 岂有欲饮而入焦石之乡,避溺而沉大海之底。(喻小菩萨执著五欲。)

78. 甲头土多,地上土多? 地上甚多,不可为喻。(喻天上命终还生人中者如甲头土,入地狱者如地上土。说明最初发心求生净土直至不退之重要。)

79. 凡夫往生,以佛力故,如六神通之菩萨。(喻念力不可思议，念念具六神通。）

80. 如人远行，以后步为到。（喻取最后念，名一念成佛。）

81. 如小儿见水中月，心生爱著，欲取而不可得。（喻时相是可眼见，不可手捉。）

82. 譬如远行，或有乘羊而去，或有乘马而去，或有神通去者。乘羊者，久久乃到；乘马者，差远；乘神通者，发意顷便到。（喻渐修顿悟，各各不同，欲取佛位，无骤至者。）

83. 如众川入海，才入一滴，即称周大海，无始无终。（喻初发心时，便成正觉。）

第八卷：见网门

84. 一切迷情，依诸见起，履之则为稠林，溺之则为热海。

85. 如蚕作茧，住处为受缚之因；似蛾赴灯，依光明作丧生之本。（喻行起解绝。）

86. 抛家荡子，惯怜羁旅之人；落第寒生，倍识穷途之苦。（喻幸顺佛言。）

87. 如小儿生时，或啼或笑，先习忧喜，今无人教，忧喜续生。又如犊子牛，知趣乳。猪羊之属，其生未几，便知有牝牡之合。子同父母，好丑贫富，聪明暗钝，各各不同。（喻先世因缘。）

88. 如乳中著毒，乳变为酪，酪变为酥，乳酪虽变，而皆有毒。（喻身情意造业，受后世果报。）

89. 如冬木虽无花叶果实，得时节会，则次第而出。（喻行业相续，受后世果报。）

90. 如日月度数，五星往来，非人所经历也，天不来此，人亦不往彼，何以推测皆验？又天何为高，地何为卑，风何为起，云何为行，春何为生，秋何为杀，此有何道理可凭？

91. 胎中之根，无知而转，字母之乳，无因而出。（喻不应以不见而疑往生。)

92. 如以刀斫空,则无所伤。(喻佛法不著有,不著无,有无亦不著,非有无亦不著,不著亦不著。)

93. 如黑云障空,风至则灭,若云实者,吹亦不去。(虚空喻性,黑云喻业,念佛喻风。)

94. 如浊水中清,非从外来。(喻迷成则处胎狱,念成即入莲胞,念力是行业根,一切事业,非念不成。)

95. 如人无记时,流俗鄙事、耳提面嘱亦复不记;若心在者,种种难记之事,一入耳根,终身忆持不忘,以念力坚故。

96. 如水之必赴海,火之必炎上,如利刃之必伤,如毒药之必杀。(喻念佛之念力。)

97. 如人在长安思乡,或闽或滇,随念即至,岂有程途。(喻万亿刹极乐,顷刻即至,盖自心本妙。)

98. 如人欲出门,而自闩其籥,是自不欲出,非无门过。(喻念力轻微,十万程远。)

99. 犹醉象无钩,痴猿得树,奔波乍拥,生鸟破笼。(喻带习尚被境牵,现行岂逃缘缚。)

100. 乘戒二法,如车二轮。(喻乘悟第一义,戒,止一切黑业。)

101. 破戒之人,如清凉池而有毒蛇,不可澡浴。其家如冢,人所不到。譬如枯树,如田被雹,不可依仰。如大病人,人不欲近。譬如吐食,不可更噉。(喻千日学解,不如一日持戒。)

102. 饥儿过屠门大嚼,只益馋心,无救枵腹。(喻贡高我慢,得少为足,支离解义。)

103. 何必惩噎废食、见蹶停骖哉。(喻义解高流,因参教典,自利利他,转益未来。)

104. 如铁无金，虽经锻炼，不成金用。（喻即心是佛，须借修行。）

105.乃至如灯，虽念念灭，而有光明破除暗冥。如众生食，虽念念灭，亦能令饥者而得饱满。譬如上药，虽念念灭，亦能愈病。日月光明，虽念念灭，亦能增长草木树林。（喻众生有道心，虽念念灭，犹故相似相续不断，故名修道。）

106. 岂有智者劝诸人以兔角为梯，而可登陟乎？（喻虽有漏修习，是实是正。）

107. 引汝入厕室中，能久住否？入死尸场，秽气熏灼，不掩鼻否？与疥癞脓血之人，能同应器及床褥否？（喻忻厌炽然，何谓平等？喻居住尚须净室，同游尚须净侣，此相忻净土相。）

108. 如遭重病，病亦全空，何求医人，遍服药饵？（喻将虚空之心，合虚空之理，亦无虚空之量。）

109. 漏卮勺海，萤火焚山，徒益疲劳。（喻有智者不应分别。）

第九卷：修持门

110. 似蚀剑之苔华，若吞珠之泥锈，无砺不吐，去垢方明。（喻欲得心净，除非秽灭。）

111. 如人入暗，当燃灯炬；如人行远，当识邮程；如人冲坚，当随将帅。（喻悟是迷途导师，净国图引，诸行领首。）

112. 牛皮未柔，不可屈折。如人有手，入宝山自在能取。（喻净信可入佛法。）

113. 如蚁子身、蜉蝣岁、萤火光，不可思议。（喻妙信，信佛无量身、寿、光不可思议。）

114. 如无羽之鸟，决定不得飞。（喻深信之力，举足下足，无非念佛。）

115.如油入面，似金在矿。（喻种种观行，磨练习气，为白法垣坛,往生津梁。)

116. 如积木为屋,积土为垒,积杂彩为画,无有实体。(喻和合观。)

117. 如一美色,淫人观之为乐,妒妇观之为苦,观行人观之,种种恶露,异类观之,如土木故。(喻一切法无定无常。)

118. 如轻冷苦涩药草饮食等,于热病中为药,于余病非药。轻辛甘热药草饮食等,于冷病中为药,于余病非药。(喻自身何结为重,当用何法对治。)

119. 如石中觅珠,若不破石,无缘得珠。(喻行诸观以第一净观为主)

120. 如好色人,闻淫女所在,高岩深涧,磷途虎窟,必往不怯。(喻勇猛念佛。)

121. 如云覆空,如炬破暗。(喻前心起罪,后心灭罪。)

122. 百年垢衣,可于一日浣令鲜洁。(喻当勤忏悔。)

123. 譬如销金,随师而作,金无定也。(喻愿为导御。)

124. 譬如牛力虽能挽车,要须御者,能有所至。(喻愿如御者,福德如牛。)

125. 愿为苦海之舟航,导极乐之导师。

126. 如人作舍,先求平地。如画师画诸山水,先治光明素练,然后著彩。(喻一切净法,以戒为址。)

127. 如恶陋敝女,欲事帝释,无有是处。(喻戒为善法之首,入净国之初门。)

128. 如人持满油钵,行悬绳上,不得左右顾视。(喻持戒不生二念。)

129. 如护风灯,如防生鸟。(喻守护诸根,息诸缘影。)

130. 如作务人,常借日光,若是长夜,诸作皆废。又如登览,当用开目,若是盲人,及与睡眠,诸山河大地,与无等故。(喻以智破迷。)

131. 如大地上尘,如镜面上垢,不应以此垢骄彼垢。(喻骄慢戒。)

132. 如日中逃影,波中逃湿,沙中逃尘。(喻诸佛神明不可覆藏。)

133. 如缚足欲行,系翅求飞。(喻居小适意,不能求生佛土。)

134. 如车二轮,去一则蹶。(喻净侣止恶法、发悟机。)

135. 如风性虽空,由旃檀林葡萄林吹香而来,风有妙香。若经粪秽臭尸而来,其风便臭。又如净衣出之香箧,出衣衣香,若置臭处,衣亦随臭。(喻行道求友,严别秽净。)

136. 如入园中,虽无佳花,不植臭草。(喻无净侣,屏人独处。)

137. 如人夜中,独趋远道,不得生疑。(喻自作障难,影响道成。)

第十卷:释异门

138. 真照夜途之长炬,截苦海之轻舟。(喻净土诸论,抉发幽微,举扬宗趣。)

139. 如滇人言燕地远,是从滇计;齐人言燕地近,是从齐计。又如十步之地,蚁子即远,大象即近。(喻刹土远近而无定。)

140. 如日光随隙分大分小,而是日光,无大小故。(喻身城大小。)

141. 如虚空分齐,非有分齐,非无分齐,以不思议智,照之可得。(喻佛寿量。)

142. 如此土中,刹利贵种,飞楼杰阁,遍满城邑。寒微茕子,敝茅土窟,乃至不得。(喻花轮大小,是自福德所招。)

143. 譬如二人，同官郎署，一人官止于此，一人将迁，止郎署者，可以称郎，以无后官故；将迁官者，不定是郎，以郎毕竟改故。（喻二乘有无。）

144. 如旱苗得雨，萌芽顿发故。（喻多劫种植善根，发大菩提心。）

145. 如种焦谷，岂有芽出？如世间弈棋小事，有无知贱流，顿学顿精者；有志士习之，终身居末品者。（喻大法成而有因。）

146. 如水无所不容，但不容火，以火自不能容故；如风无所不入，但不入石，以石自不堪入。

147. 烧正法如猛焰，障佛智如铁壁，法海慧风，向内而求。

148. 张无尽初诋佛书，欲著无佛论，后观《净名经》大有省发，卒为宗门龙象。

从上述所摘近一百五十则形象生动喻比中，可见中郎《西方合论》的一大特色：俗谛与真谛结合而说理弘法。有俗谛则方便，契合众生接受根基。有真谛则善巧，契合佛法大旨玄奥。二者理事圆融，读来法味不尽。不明心见性、大彻大悟，不会将此原则运用得淋漓尽致、挥洒自如。

心诚集句曰：佛祖依二谛而说法，契机而契理。根浅者受小益，根深者受大益。受益大小由法器大小、净纯层次而定。

11. 《西方合论》真实语

《西方合论》为袁中郎明心见性后所作，真语实语，法界宝鉴。被历代高僧赞誉为"大慈大悲大智慧"，采金口之所宣扬，菩萨之所阐明，诸大善知识之所发挥，述古大德大圣要语，附以己见。揭净土之心灯，照尘劫而无尽；破千古之群疑，与《智度论》、《往生论》等而无异。后学者只要细心披阅，必能方便初心。以余之中下钝根，读过十余遍后，方知其智深宏，譬如巨海，菩提高广，犹如须弥。所得快乐，无以言状。故不嫌繁琐，将其中法句以义理为序，一一录出。学习者尽管只吟诵其中一二句，反复理会运用，宜可受益无穷。原论五万余字，而摘语八千余字，节省了读者阅读时间。再者，因以义理为序，分门分条分缕，也可方便读者利用零星时间记诵。《学记》云："虽有佳肴，弗食不知其旨也；虽有至道，弗学不知其善也。"

原序（袁宗道，法名香光子）：

1. 毫发有差，天地悬隔。

2. 成则为佛，败则为魔。王庤分于弹指，卿烹别于丝毫。

3. 念佛一门，于居士尤为吃紧。业力虽重，仰借佛力，免于沉沦。

4. 借念佛之警切，可以提醒参禅之心。借参门之洞察，可以坚固净土之信。适两相资，最为稳实。

5. 其论以不思议第一义为宗，以悟为导。

6. 虚心诵习，自当有入。生死事大，莫久迟疑。

7. 病夫知医，浪子怜客。

8. 一门千悟，得大总持。

9. 法见尚舍，何况非法。

10. 眼前一念嗔相，即是怪蟒之形；眼前一念贪相，即是饿鬼之种。

11. 即心是土，莲邦不在心外。

12. 不以阿弥作子，却以阎罗为因。不与净业为朋，却以阿旁为伍。弃宝林而行剑树，舍梵音而听叫号。

第一卷:刹土门

13. 滞相迷心,有为过出。著空破有,莽荡祸生。

14. 理即一谛,相有千差。佛及众生,无二无别。

15. 如一人之身,当自自时,不妨为一切人之他。当他他时,不妨为一切人之自。以是义故,自他不成。自他不成,即自亦遍一切处,他亦遍一切处。

16. 唯心净土者,直下自证,当体无心,即是净土。

17. 心净土净,法尔如是。心本含土,莲邦岂在心外。

18. 西方净土,所有大功德海,大悲智海,大愿力海。若具说者,假使尽十方世界诸佛、菩萨、声闻、辟支、天人、鬼畜,下至蚑飞蠕动及一切无情草木、瓦砾、邻虚、微尘之类,一一具无量口,口中一一具无量舌,舌中一一出无量音声。常说、倍说、炽然说、无间说,经亿万尘沙阿僧祇劫,亦不能尽。

19. 阿弥身中有无量众生,众生身中有无量阿弥。国土亦然。是故一众生念阿弥,一阿弥现;众众生念阿弥,众阿弥现。

20. 身中含身,身中含身身。土中含土,土中含土土。身土交含,重重无尽。

21. 即性即相,非性非相,存非非亡,存即即坏。

22. 佛无所从来,我亦无所至。生则决定生,去则实不去。

23. 无量法门,一以贯之矣。(指念佛见佛之效不可思议不思议)

第二卷:缘起门

24. 乐鲍肆者,不念旃檀。非实不念,以不厌故。

25. 尽大地无非贫儿,一佛号便为资本。欲验诚言,莫离十念。塞鼻膻腥,久当自厌。

26. 烛三界之长夜,揭亿生之覆盆。如来为一大事出现于世。

27. 正因者,即是三世诸佛与诸有情,自清净体。若无此因,佛果不成。

28. 自性行持,自性精进,非是有作、有为功德。

29. 我无众生,即不成我。众生是依,我即是正。众生是正,我即是依。人我平等,依正无碍。

30. 众生所著非实,则易为训化故。

31. 缘自性海中,具有如是自在功德,一切现成。是故一句圣号,无复烦词。十念功成,顿超多劫。总之,皆是法界性海,无作无为不思议力所现。非自非他,一切具足。故有如是殊胜方便。是谓捷中之捷,径中之径。舍此不修,是真愚痴。

32. 若远离诸佛,便坏诸善根,没在烦恼,自不能度,安能度人。

33. 乃佛乃祖,在教在禅,皆修净业,同归一源。入得此门,无量法门,悉皆能入。

34. 当知禅宗密修,不离净土。初心顿悟,未出童贞。

35. 唯此念佛三昧,即念而净,净非是无。即净而念,念非是有。达净无依,即是念体;了念本离,即是净用。

第三卷:部类门

36. 唯念佛一门,频形赞叹。

37. 然三种经(指《清净平等觉经》、《无量寿经》、《阿弥陀经》),皆专为西方起教,如天中之天,人中之王,不必自相排抑。

38. 若众生心,忆佛念佛,现前当来,必定见佛,去佛不远。

39. 若人称念弥陀佛,号曰无上深妙禅。至心想像见佛时,即是不生不灭法。

40. 此念有十种:所谓寂静念、清净念、不浊念、明彻念、离尘念、离种种念、离垢念、光耀念、可爱乐念、无能障碍念。

41. 念一佛功德与念无量佛功德无二。

42. 奉劝悟达士,趁时歇狂解。一心念阿弥,莲花念念生。

第四卷:教相门

43. 一大藏教,如器含空。空无相体,器有方圆。器尽空除,缘亡教灭。是故随缘普应,则涅槃真如,一器也;称智自在,则名相专持,一空也。

44. 先德约教,或一或多,名相虽别,理趣是同。

45. 得前前者,不得后后,得后后者,必得前前。

46. 积集善根、成就、增长、思维、系念、分别、爱乐、修习、安住善根,以此善根所得依果,修菩萨行。

47. 奉劝悟达之士,勿轻戒律,勿贪虚名。莲邦不远,请即加鞭。

48. 乃至五逆十恶,具足十念者,见金莲花犹如日轮,一刹那顷,皆得往生。此是自性不思议功德,仗不思议佛力,得显现故。

49. 菩提心者,犹如种子,能生一切诸佛法;犹如良田,能长众生白净法故;犹如大地,能持一切世间故;犹如净水,能洗一切烦恼垢故;犹如大风,普于世间无所碍故;犹如盛火,能烧一切诸见薪故。

50. 阿弥一声,是非俱划。锅汤波底,岂贮寒冰;烈火焰中,讵容寸草。

51. 圆极义者,无全无分。如月在川,川川皆有全月,乃至瓶池寸水亦是全月,无分月故。如风在树,树树皆有全风。乃至片叶茎草,亦是全风、无分风故。

52. 经中道场宝树,能净诸根。风枝水响,咸宣妙法。无一物非佛身,无一物不转金轮。岂是情见妄知所能计度。

53. 无一身非佛刹,身身皆然。众生妄计佛身,即有去来,而实佛身无去无来,亦无不去不来。譬如鸟飞空中,一日千里,空非随鸟,鸟不离空。

54. 总之皆是一真法界,不得言是自心感现,亦不得言心佛和合。以佛地中离自离他,离和合故。

55. 十方世界,唯一智境,无别佛故。

第五卷:理谛门

56. 即性即相,非有非空。理事之门不碍,遮表之诠互用。

57. 极乐国土,宝树、宝地、宝池、弥陀海众正报之身,三十二相等,皆是我心本具,皆是我心造作,不从他得,不向外来。能了此者,方可论于即心观佛。

58. 自心感现,佛身来迎。佛身常寂,没有去来。众生识心,托本佛功德胜力,有来有去。如面镜像,如梦施为。镜中之形,非内非外,梦里之质,非有非无。

59. 净业纯熟,目睹佛身。恶果将成,心现地狱。

60. 持佛威神力,持佛三昧力,持本功德力,用是三事,故得见佛。

61. 以心见佛,以心作佛,心即是佛,心即我身。心不自知,亦不自见。

62. 心外见佛,即成魔境。心外无一法可得。以心性无外故,以一切十方三世诸法,皆不在心外故。若达心外无法,则魔界即佛界。

63. 性能现相,无生即生。相由性现,生即无生。

64. 不著色法二身。不贪著色身,法身亦不著。善知一切法,永寂如虚空。

65. 诸法自性空,自性空则无所念,无所念故,是为念佛。

66. 见诸法实相,名为见佛。何等名为诸法实相?所谓诸法毕竟空无所有。诸想不生,心无分别,无名字,无障碍,无欲无得,不起觉观。

67. 一切诸想,皆是邪见。随无所有,无觉无观,无生无灭,通达是者,名为念佛。如是念中,无贪无著,无逆无顺,无名无想,无想无语,乃名念佛。

68. 乃至无微细小念,何况粗身口意业。无身口意业处,无取无舍,无净无讼,无念无分别。空寂无性,灭诸觉观,是名念佛。

69. 佛色已尽,乃至识已尽。佛所说尽者,是痴人不知,智者晓了。不用声口得佛,不用智慧得佛。何故? 智慧索不可得,自索我,了不可得,亦无所见。一切法,本无所有,坏本,绝本。若如是念者,是名实相念佛,亦名绝待门。

70. 当知佛力难思,玄通罕测。

71. 一切法皆不可思议故。若有一毛头许可思议者,即非法界性海。如上言心、言境、言有相无相者,皆是思议法。若入此不思议解脱,即知一切分别念佛,皆为戏论。

第六卷:称性门

72. 一切贤圣,称性而行。法性无边,行海巨量。

73. 信为道元功德母。一切诸行,无不以信为正因。是故莲宗门下,全仗此信为根本。

74. 念佛一门,能该诸行(指六度行,包括布施、忍辱、持戒、禅定、精进、般若),何以故? 念佛是一心法门,心外无诸行故。然亦不废诸行,若废诸行,即是废心故。

75. 净土五念门,以礼拜、赞叹、作愿、观察,前四种,为成就入功德门,回向一切烦恼众生,拔世间苦,为成就出功德门。

76. 未居究竟位,全是自利门。

77. 法界海中,无量无边,菩萨行海,亦无量无边。虚空著彩,粉墨徒劳;法界无方,辙迹安用。是故菩萨自性行者,非有非无,非行非不行。

78. 菩萨自身入定,他身起定;一身入定,多身起定。从有情身入定,从无情身起定。

79. 一念之中,三世诸佛净土摄入无余,是谓菩萨庄严净土之行。以无思智照之可见,非是情量所能猜度。何以故?以自性超一切量故。

第七卷:往生门

80. (凡夫)劣根浅解,大海一滴,辄逞狂慧,断无后有。以恣情为游戏,以修行为缠缚,自杀杀他,何异鸩毒。

81. 菩萨常当近佛,以近佛根利,疾得般若故。

82. 菩萨具六神通,方得生彼甚为希有,凡夫往生者,以佛力故,又则念力不可思议,以念念中具六神通故。

83. 大乘明一念成佛有二:一会缘以入实,性无多少,故明一念成佛;二行行才满,取最后念,名一念成佛。

84. 普贤菩萨为十大愿王导归极乐,此是一切如来入道榜样。(被灵峰称为"教眼"。)

85. 是经不信,即真阐提(指善根不足),虽使释迦赞叹,普贤劝进,弥勒作证,亦未如之何也已矣!

86. 如人眼耳鼻舌身现在,说六根本无,不是废却六根言无也。譬如小儿见水中月,心生爱著,欲取而不可得。智者教言,是可眼见,不可手捉。但破可取,不破可见。

87. 悟达之士,决当求生净土,如法修行,免致退堕。

第八卷:见网门

88. 先达云:行起解绝。将趋圣室,先入普贤之门;欲修正因,首割邪见之网。

89. 因缘更生，受后世果报。

90. 一切圣人内外经书，皆说后世。

91. 若生善法，净信善因缘，心清净，得如实智慧，心则欢悦，身则轻软，颜色和悦，以有苦乐因缘故，有善不善。今定有善不善，当知必有后世。但众生肉眼不见，智慧薄故，而生邪疑。

92. 不应以不见故而疑往生。

93. 如以刀斫空，则无所伤。是为毕竟空相。毕竟空不遮生死业因缘，是故说往生。此疑甚浅，少有知者，皆能断之。以世间人作此见最多，故首破之，为是求往生者第一障难故。

94. 凡夫但知业力，不知业性空故。

95. 迷成则处胎狱，念成即入莲胞。以胎性即是化性，非从外来。如浊水中清，非外来故。

96. 众生愚昧，信有形之行业大，不信无形之念力尤大。何故？念力是行业根，一切事业，非念不成。

97. 苏子瞻曰："佛以大圆觉，充满十方界；我以颠倒想，出没生死中。云何以一念，得往生净土？我造无始业，本从一念生。既从一念生，还从一念灭。生灭灭尽处，则我与佛同。如投水海中，如风中鼓橐，虽有大圣智，亦不能分别。"

98. 人之念头，所系最急。当知念力是一切法中之王。

99. 念佛之人，应当遣此三疑（指疑结习浓厚、疑念力轻微、疑万亿刹远）。若不遣者，果真结习浓厚，是真念力轻微，是真十万程远。如人欲出门，而自扃其篇，是自不欲出，非无门过。

100. 魔民专逞狂慧，不肯持戒修行，妄引经中相似语言，如烦恼即菩提，淫怒痴即梵行之类，随语生解，随解发毒。

101. 千日学解，不如一日持戒。何得贪悟道之虚名，受泥犁之实祸。欺己诳人，枉遭王难。夫狂慧之人，无所不破，今独言戒者，以邪见恶火，首烧戒宝故。又则戒是净业之基，一切白法（即净法）由戒生故。

102. 若无真实功行，唯添业债，何若一声阿弥，直登不退，事一功百。

103. 有义解高流，因参教典，悟此西方不思议大事，以此自利利他，转益未来，燃长夜炬，功德无量。

104. 圆顿行人，语默动静，皆遵圣教，尽合佛心。若以念佛生心动念成妄想者，则息心无念，亦成妄想。

105. 若以念佛著有为患，则执空之人，其患尤甚。

106. 若以执有修证为权说者，执无修证，堕落外道，其祸尤甚。

107. 执空破相，皆是魔属。

108. 长沙云："学道之人不识真，只为从来认识神。无量劫来生死本，痴人唤作本来人。"

109. 诸佛以唯心故，忻厌出生，以唯心故，说名平等，以唯心故，庄严佛土。若不唯心，岂能随念？若不平等，凡夫无分。秽尚不舍，何独舍净？舍既是心，取亦何乖？皆由不了佛旨，致斯妄执，但识唯心，疑义斯遣。

110. 若所言如行，所行如言，量穷法界之边，心合虚空之理，八风（指利、衰、毁、誉、称、讥、苦、乐八种对境）不动，三受（措正定受、邪受、非正定受；亦有乐、苦、非苦非乐一说）寂然。

111. 体即无生，了本无速。盖兢兢业业，念兹在兹，方得无碍自在。

112. 理智无边，名之为普。智随根益，称之曰贤。

第九卷：修持门

113. 悟者常须觉观，迷人勤加折服。其或爱锁贪枷，亦当恓年惜月。

114. 孔子曰："困而不学，民斯为下。"今欲一生超僧祇之果，十念摄亿万之程，岂是粗见浮思、结心尘口所能超越？不拌一忍，空累多生，如法而修，免堕魔罥。

115. 净悟、净信、净观、净念、净忏、净愿、净戒、净处、净侣、不定净(指修持门分小十门)。

116. 信金口诚言；信自心广大；信因果如形影；信此身形识及一切世界建立，如阳焰空花，无所有故；信五浊恶世(指劫、见、烦恼、众生、命等五种浊秽不净)寒热苦恼，秽相熏炙，不容一刻居住故；信一切法唯心，如忆梅舌酸故；信念力不可思议，如业力故；信莲胞不可思议，如胞胎故；信佛无量身，无量寿，无量光，不可思议，如蚁子身，蜉蝣岁，萤火光，同一不思议故；信此身决定当死。

117. 若人具有如是信根，举足下足，无非念佛。

118. 信之一字，通上中下，但信有大小，若无甚深信力，如无羽之鸟，决定不得飞故。

119. 平等观，谓观一切色一色，无好丑故；一切声一声，无誉毁故；一切受一受，无恩仇故；一切义一义，无浅深故。

120. 微细观，谓观佛念法念，起于何来，去于何往故。

121. 谓观一毛、一尘、一草、一木，皆具有无量净佛国土故。行者若行诸观时，以第一净观为主，余九为伴。如石中觅珠，如不破石，无缘得珠故。

122. 念佛之法，名一行三昧，唯在决定。若不得念，即有散漫，三昧不成。

123. 息心念，谓息一切名心、宦心、欲心、世间心、贪恋心、贡高心、遮护心、人我是非心,念佛故。

124. 发愤念,如落第孤寒,负才寂寞,每一念及,殆不欲生。

125. 实相念,谓不以有心念,不以无心念,不以有无心念,不以非有无心念故,是为上品念佛门。若如是念佛者,现身必得见佛。

126. 一切念,谓见闻觉知,及与毛孔骨髓,无一处不念佛故。

127. 欲除重障,当勤忏悔。(含内忏、外忏、事忏、理忏、过去忏、未来忏、现在忏、刹那忏、究竟忏、法界忏。)

128. 刹那忏,谓一念中有九十刹那,一刹那有九百生灭,一生灭一忏故。

129. 法界忏,谓法性中,无我无人,普为十方过现未来一切众生忏故。若能如是真实忏者,一切障碍,悉得消灭,不离道场,得见诸佛。

130. 作福无愿,无所标立。愿为导御,能有所成。譬如销金,随师而作,金无定也。庄严佛界事大,独行功德不能成。故要须愿力,譬如牛力虽能挽车,要须御者,能有所至。净世界愿,亦复如是。

131. 发大愿者,最后刹那,决定当如普贤愿中所说,是故当知,愿为截苦海之舟航,导极乐之明师故。

132. 一切净法,以戒为址。如人作舍,先求平地。如画师画诸山水,先治光明素练,然后著彩。戒亦如是。是故,戒为诸善法之首,入净国之初门,若不持戒,如恶陋敝女,欲事帝释,无有是处。(含悭贪戒、毁禁戒、嗔恚戒、放逸戒、愚痴戒、散乱戒、骄慢戒、覆藏戒、无益戒、不住戒。)

133. 一切众生,虽至冥顽,莫不钦仰戒德故。

134. 学道之人,既有志出尘,应当舍诸恶处。如缚足欲行,系翅求飞,去住皆累,两心虚萦。(含繁华喧阗、歌楼酒肆、热焰熏灼、论除目及朝事、恩爱缠缚及熟游历处、诗坛文社斗章摘句、讥刺古今较长竞短、讲无义味道学、义解斗名相矜小智、宗乘狂解,妄谈顿悟等恶处境。)

135. 一切悟机,非友不发。一切恶法,非友不止。如车二轮,去一则蹶。是故世间文字,诸戏论法,尚须同心印正,何况志求无上大道因缘。

136. 山林闲适之友当近,能止躁心故。严持戒律之友当近,能淡诸欲故。智慧广大之友当近,能出迷津故。总持文字之友当近,能决疑难故。寂寞枯槁之友当近,能恬进取故。谦卑忍让之友当近,能销我慢故。直心忠告之友当近,能抑诸过故。勇猛精进之友当近,能速道果故。轻财好施之友当近,能破大悭故。仁慈覆物,不惜身命之友当近,能摧人我等执故。

137. 若无如是净侣,即当屏人独处,自办道业,以像设为师,以经论为侣,其他嬉戏之徒,宁绝勿通。

138. 如上诸法(指未全伏惑、一切喧场不能卒离但生厌离心、于世法不能即断但不顺随等上中下三等九级修习),但能至心受持一法者,皆得往生。唯不得疑信相参。若有疑者,一切诸行不得成就。

第十卷:释异门

139. (阿弥陀佛与西方极乐)去此十万亿刹,亦去此不远,谁说正?以远近无定故,故言亦远亦近。如日虽非东西出没,亦可言东出西没故。

140. 佛身随所被机大小,如日光随隙分大分小,而是日光,无大小故。

141. 众生同一肉眼,所见尚异(指阿育王舍利塔),何况菩萨声闻乃至人天等,功用悬绝,所感花轮,焉得不殊。

142. 彼佛光明,无量无数不可思议,映蔽日月。彼化国众生,色空见未尽,现有如是日月相故,而实佛土,没有日月。

143. 小技无因,尚不得入,何况大法？是故若有信是希有难信之法者,是人即是大心菩萨故。

144. 是故未悟而修,终隔疑胎,胎以裹蔽为义。

145. 入净土以信为导师,诽谤是信之贼。

146. 儒林英特,或有谬德先入,误谤佛法,但速图改悔,即是盛事。不应以谤为障难故。

（第十卷摘录结束）

147. 幸宿生智慧猛利,又曾作《西方论》,赞叹如来不可思议度生之力。感得飞行自在,游诸刹土,诸佛说法,皆得往听,此实为胜。

148. 吾不图乐之至此极也。使吾生时,严持戒律,尚不止此。大都乘戒俱急,生品最高。次戒急,生最稳,若有乘无戒,多为业力所牵,流入八部鬼神众去。

149. 悟理亦不能生戒定,亦狂慧也。

150. 归五浊,趁强健,实悟实修兼净愿,勤行方便,怜悯一切,不久自有良晤（中郎对小修语,摘自《珂雪斋纪梦》）。

心诚曰：真语实语形象语,佛言祖语中郎语。

12. "十门" 前言义无量

中郎之《西方合论》越读越有味,越读越觉得"高山仰止,景行行止"。何以故？他大彻大悟,光明彻照。我等连小悟也还难说,因而不能透彻理解。既不能理会,就应老实诵读,以此为窗口,契入佛理境界。对于中郎故乡公安县现辈与后世的文人学士言,这未必不是一个最佳角度。我们如果也像中郎那样,彻照十方而开悟,境界必与中郎同,也就与三世诸佛相同。这是一件何等可喜可贺之事?余仅以合论十门(卷)开头之前言为例,作些浅说。

先说"门"之二义。一者类别,二者趣入。法有种种差别,即是有种种门。"门者以能通为义。佛教所诠,通行人至真性实相之理。故名为门。唯有成就净国,普摄群生之净土法门,故曰通达善趣门。"(黄念祖《无量寿经解》,第 322 页)

第一刹土门。中郎提出众生行业有殊,诸佛化现亦异。于是,有权有实,有偏有圆,有暂有常,有渐有顿,表现千差万别,道理一以贯之。好比一月千江,波波具涵净月,万灯一室,光光各显全灯。于是,净土有层次,有差别。虽都是净土,与秽土不同,但净土与净土不同。这就是同中有异,异中有同。在这个总原则下,十种净土是有差别的。中郎高度赞扬道:所有大功德海、大悲智海、大愿力海,尽十方世界诸佛,菩萨声闻,天人鬼畜,无情草木,一一无量口,一一无量舌,出一一无量音声,常说、倍说、炽然说、无间说,经百亿尘沙阿僧祇劫,亦不能尽。接着,中郎讲了五种不可思议,侧重谈第五种不可思议,名毕竟不可思议不思议义。比喻如澄潭山影,如春旸百草,如众生业力,如日月光相,如胎中根,如身中我,如眉横发长,如齿坚舌柔。

以我的理解,净土无量无数,重重不尽,所言十种,方便善巧之说。而不思议之不思议义、净土是净土中之净土,无以言说,说之不尽。中郎在刹土门中所赞所宣说,目的在于要求学佛者深信此难信之净土。引孔子语,正体现中郎作文之主旨:以儒作佛事,借孔续瞿昙。

第二缘起门。中郎比喻道,众生身处臭秽,逾于鲍肆,如同蝇蚋。诸佛见此,以大悲之心,做鬻香长者。阿弥导师,广开香严之肆,释迦慈父,确指净域之门。尽大地无非贫儿,一佛号即为资本。欲验诚言,莫离十念。如来为一大事出现于世。一句圣号,无复烦词。十念功成,顿超多劫。如万窍怒号,如幽谷洞明,如蚁孔穿堤,如苇席运舟,不可思议。念力一切具足,殊胜方便,是捷中捷,径中径,舍此不修,是真愚痴。如何能得念佛三昧呢?达净无依,即是念体,了念本离,即是净用。一声阿弥,皆可入诸大法门,皆悉证入。一门即是普门,广学在于深入。

第三部类门。如来对念佛三昧频形赞叹。如高峦之峙平原,金星之晃砂碛。法门殊胜,未逾此门。中郎将卷帙浩繁的佛经分为四个部类,前无古人,后无来者。这四部类是经中之经,经中之纬,纬中之经,纬中之纬。好比葱山樵玉,首选羊脂;滇海斫香,岂舍牛头(宝香名)?引孔子教言,尔所不知,人其舍诸。指出《无量寿经》、《阿弥陀经》、《观无量寿经》等,如天中之天,人中之王。特别强调子若忆母,如母忆时,众生忆佛念佛,现前当来,必定见佛。若人称念弥陀佛,号曰无上深妙禅。念一佛功德与念无量佛功德无二。

第四教相门。中郎指出,名相虽别,理趣是同。中郎比喻道:药无定方,定方以病。岂能认为玉屑珊瑚无上妙药,能治四百四十种病哉?病除药贵,便溺即是醍醐,异症同方,参苓化为鸩毒。况无上大医王,治三乘出世之药,疗人天声闻凡夫等疮者哉?道人分别诸句,用彰一乘,使观者知净土法门,摄一代时教,毋为笼统禅宗轻狂义虎所诳惑。中郎认为,教相差异,因众生福德、根因、缘起而定。总之达一真法界,无自无他,不同凡夫,分别计度。十方世界,佛境唯一。

第五理谛门。中郎概括,真谛之门(与俗谛相对)可以分四:

即相即心门,即心即相门,非心非相门,离即离非门。中郎认为,理事之门无碍,遮表之诠互用。言无如水月镜花,与龟毛兔角不同。言有如风起云行,与金坚石碍不同。如果滞名著相,是有漏(指烦恼)凡夫,如果拔果排因,是空见外道。说真说相是完肤之加疮,道有道无类红炉之点雪。他继续强调以心见佛以心作佛,心即是佛,心即我身。心外见佛,即成魔境。

第六称性门。一切贤圣,称性而行。法性无边,行海叵测。一刹那中,行满三祇;或恒河沙劫,未成一念。好比五色至玄而亡,万流以海为极。大乘诸行,可以略示五门:信心行;止观行;六度行;悲愿行;称法行。中郎再次叙说,我与阿弥同一自性清净体,信阿弥不去不来,我亦不去不来。信西方此土,不隔毫端欲见即见。念佛是一心法门,念佛一门,能该诸行。念什么? 念自性。自性超一切量。

第七往生门。在此门中,中郎开宗明义,批判邪思邪见。破有执空,增长无明。大海一滴,辄逞狂慧。以恣情为游戏,以修行为缠缚,自杀杀他,何异鸩毒。接着讲了一个故事,佛在世时,一比丘得四禅,生增上慢,临终生邪恶谤佛,生地狱。一念妄证,遂沉恶道。而今禅人得少为足,荡心逸轨,不遵戒律,其堕恶趣无疑。古言:不生净土,何土可生? 这些良言,被灵峰大师称之为"真实语、天鼓音"。以故古今圣流,都主张此往生门。悟达之士,决当求生净土,如法修行,免致退堕。待忍力坚固,入世利生,方为究竟圆满佛果。文中,进一步提出:念力不可思议,念念中具六神通。强调一念阿弥,三昧疾现。

第八见网门。迷情皆依邪见起,履之为棘溺热海。蚕之住处受缚因,蛾依光明丧生本。故先入贤门进圣室,欲修正因割邪网。抛家荡子,惯怜羁旅人,落第寒生,倍识穷途苦。故古贤圣曰:行起解绝。幸顺佛言,莫依魔教。中郎将邪见网分为十种,其后唯心、顿悟、圆实三种,本是常理,却也名为堕网之类,不是真见真谛,何来如此胆识。中郎论断中,提出了若干精辟观点:(1)一切圣人内外经书,皆说后世。(2)佛法五不执着(有,无,有无,非有无,不执着)。(3)怯劣三疑(结习浓,念力轻,万亿刹远)。(4)戒是净业之基,一切白法由戒生。(5)一声阿弥,事一功百,直登不退。(6)执空破相,皆是魔论。(7)有而不住,作而不作。一切众生皆有念心、定心、勤精进心、慧心,如是等法,虽念念灭,犹相似相续不断,故名修道。(8)舍亦是心,取亦何乖。(9)念兹在兹,方得无碍自在。(10)理智无边,名之为普;知随根益,称之曰贤。

第九修持门。孔子曰:困而不学,民斯为下。欲得心净,除非秽灭。悟者常须觉观,迷者勤加折服。中郎说:今欲一生超僧祇之果,十念摄亿万之程,岂是粗见浮思、结心尘口所能超越。不拌一忍,空累多生。如法而修,免堕魔罥。中郎阐明的修持之门,分十小门,即净悟、净信、净观、净念、净忏、净愿、净戒、净处、净侣、不定净等。他又强调:(1)悟为第一义;(2)信根深厚,举足下足,莫非念佛;(3)行者第一净观为主,加种种观行,磨炼习气,是白法之垣坛,往生之津梁;(4)念佛之法,一心三昧,唯在决定。不以有心念,不以无心念,不以有无心念,不以非有非无心念,是上品念佛门,如是念佛,必得见佛;(5)真实忏悔,消灭一切障碍,不离道场,得见诸佛;(6)发大愿者,拔一切世界、一切众生苦,愿为截苦海之舟航,导极乐之明师;(7)一切净法,以戒为址。行于净戒,摄众生生于净土,众生冥顽,钦仰戒德;(8)学道之人,有志出尘,应舍离恶处,远离污染之境;(9)志求无上大道因缘,须同心印正。故行道求友,明白净秽,须近十友(山林闲适、严持戒律、智慧广大、总持文字、寂寞枯槁、谦卑忍辱、直心忠告、勇猛精进、轻财好施、仁慈覆物），如无此净侣，则自办道业；(10) 众生根器，利钝不同，故如来有异方便，开九品门，分上中下，只要至心修持，没有疑信，皆得往生。

第十释异门。西方大旨，经中自明。净土要门，诸论具释。诸师所发，已无余蕴。中郎特别提了云栖和尚的《小本疏钞》，条分缕析，精宏渊博，真照夜途之长炬，截苦海之轻舟。同时认为，诸经随时立教，逗根说义，时有差别，使初学疑畏。为消除这一隐障，中郎分十方面予以拈出，博采众论，含刹土远近、身城大小、寿量多少、华轮大小、日月有无、二乘有无、妇女有无、发心大小、疑城胎生、五逆往生等，附己管见，以便参考。

细观十门前言，不妨得出如下结论：(1) 中郎大慈悲，为度众生写此合论，"方便初心"，"略稽往哲"；(2) 归心净土，大彻大悟，度人度己，如一不二；(3) 述古德要语，广引灵文，证大智大慧；(4) 观照透彻，广大精微，思择力高，摄受力强。中郎的五万字合论，将佛祖四十九年说法之精华，全部浓缩与统摄，以十门予以概括，门下分小门，小门分更小门，示现重重无尽，圆明具德，一多相即，广狭自在，延促同时，依正庄严等华严十玄，全是自性流淌。在概述中，照顾学人不同根器，采取俗谛真谛结合方式，方便妙用。将至理名言融入日常生活与可感之物象，使众生读后个个得益。如道士遇鬼、蚕茧自缚、飞蛾扑火、蚀剑泥锈、水火益害等，难记难解之法义与易记易会之事象，巧妙结合，读后有觉解，有冷察，有引智。指法有显密，立意有广略，乘时有先后，当机有深浅，非上根圆智者孰能大通之？我们不得不佩服中郎高德睿智与广才，为一般文人学士、普通小才所望尘莫及。

心诚感言：对《西方合论》，必须反复吟诵，信解行证，闻思修行，方可得大味大益。

（二）点评

灵峰对十门均有点评，这里选录六门予以介绍。根据于海波点校本选录，凡灵峰有圈有点的，以括号标出，另用黑体；有评语的，则以"灵评"指出，其弟子评语，则以"奇评"标示。

13. 佛号一声为资本
——灵峰点评缘起门

夫乐鲍肆，不念旃檀。非实不念，以不厌故。乍使引之晤室，蓺栴炙沉，不终日悲其昔之秽，厌离之不早也。夫生死臭秽，逾于鲍肆。众生贪嗜，倍彼蝇蚋。诸佛为爇香长者，见一辈人天没溺浊海，能不恻然？是故阿弥导师，广开香严之肆。释迦慈父，确指净域之门。**（尽大地无非贫儿，一佛号便为资本。欲验诚言，莫离十念。）**塞鼻膻腥，久当自厌。今约西方起教，略分十义：一、一大事故；二、宿因深故；三、显果德故；四、依因性故；五、顺众生故；六、秽相空故；七、胜方便故；八、导二乘故；九、坚忍力故；十、示真法故。

一、一大事者，众生处五浊世，如囚处狱。但以罪之轻重受等不等罚，或干小法，或投极网。罪虽不同，至于缧绁之苦、笞杖之罚，未一人得免。何也？以入狱者皆罪人。处人天者，皆是业报分段之身故也。然罪人一入狱，未有时刻不求出离者，则以知狱之煎苦难忍难堪，棘墙之外更有许大安乐世界故也。今众生以烦恼为家，以生死为园观，系心衣冠之囚长，适情金玉之桁杨。岂知大铁围山，是我棘墙，三界法场之外，各各自有家乡田地也。诸佛悯此，酸心痛骨。是故为分别净秽，指以脱归路程。而岁久抛业之人，了无归处，诸佛又大建宅舍以安之。一则往来狱门，为治道途；一则长伺狱外，修饰旅馆。（**如是之恩，何身可报？**）嗟夫！烛三界之长夜，揭亿生之覆盆。诸佛既不惜垂手，众生何苦恋恋也？经曰："如来为一大事出现于世。"（**大事者，即此事也。**）众生种种，反恋此毛头许事，以小易大，甘心瘐死，何哉？（**奇曰："囚以饥寒死，曰瘐。"**）

　　二、宿因深者，有三：一者正因，二者正愿，三者正行。一正因者（**即是三世诸佛与诸有情，自清净体**）。如万象依空，山川依地，谷依种子，花果依仁。（**若无此因，佛果不成。**）何以故？（**一切悲智，纯因此而建立故。**）长者《合论》曰："如来藏身，即法身也，诸佛智海，莫不居中，故称为藏。若不见法身，一切福智，大慈大悲悉皆不办，总属生灭。"（**法身者，即正因是。**）二正愿者，即本经法藏比丘于世自在王如来所，发四十八大愿，一愿不成，不取菩提。（**此是依自性无量悲智，发如是不可思议愿力。**）非是心外见有众生，发愿欲度（**以众生非心外故**）。三正行者，如本经言发是愿已，如是安住种种功德，修习如是菩萨行，经于无量无数亿那由他百千劫。又如《一向出生菩萨经》云："阿弥陀佛昔为太子，闻此微妙法门，奉持精进。七千岁中，胁不至席。不恋爱欲财宝，不问他事。常独处止，意不倾动。复教化八千亿万那由他人，得不退转。"（**此是自性行持，自性精进，非是有作、有为功德。虽历亿劫，不离一念。**）以微妙法门（**离一切行、一切劫故**）。是谓正因、正愿、正行，如伊三点，缺一不成。（**非是作得，非不作得。**）故先德云："根深果茂，源远流长，宿因既深，教起亦大。"诚然乎哉！

　　三、显果德者，（**奇曰："此对下依因性非对上宿因深。"**）如《华严经普贤行愿品》云："诸佛如来因众生而起大悲；因于大悲生菩提心；因菩提心成等正觉。譬如旷野沙碛之中，有大树王，若根得水，枝叶花果悉皆繁茂。生死旷野菩提树王，亦复如是。一切众生，而为树根，诸佛菩萨而为花果。以大悲水饶益众生，则能成就诸佛菩萨智慧花果。"是故当知（**一切诸佛取佛果者，依于众生，若无众生，佛果不成**）。譬如汉王以救民故而有百战，以百战故，登大宝位。登宝位故，百姓乐业。……凡行一德一事一利一名者（**若无众生，皆悉不成。是故我无众生，即不成我**）。众生是依，我即是正。众生是正，我即是依。（**人我平等，依正无碍，是法尔故。**）法尔者即自然果德故，若向外建立，即不成果义。（**灵评："纵迷心性，向外建立，亦不在心性外，以心性无外故。"**）

四、依因性者，一切众生，皆有如是净性。譬如精金冶为钗钏及溺器等，金性是一。溺器者，是器具秽（**非金秽故**）。若加销冶为种种玩好等物，金亦不易。生佛亦然，同一净性。但以钗钏、溺器而有差别（**非是性异**）。是故博地凡夫，十念即生者（**以本净故**）。阿弥陀佛欲摄受是众生即摄受者，（**以众生本净故**）。如镜中之光，不从磨得。生净土者，非是行愿及与念力所能成就。何以故？念行（**如炉锤等，但能销金，无别有金生故**）。

五、顺众生者，谓乐儿童当以饼果，乐妇女必用绮罗。一切众生所重，惟宝玉衣食。是故有自然七宝，及与楼阁妙丽、衣服、饮食等事。譬诸火宅诸儿，非羊鹿等车，决不肯出。出已，纯与大车。今释迦如来顺众生情见说阿弥陀七宝净土，只为众生见境如是，合如是说。众生生已，（**各各自见细妙净相，无可比喻。**）方知琉璃、砗磲、玛瑙，犹如瓦砾。如达官贵人向田舍儿说王宫精严，姑就彼人所极珍异者为比。向非情量所及，如对生盲说色，亦无所用其方比矣！

六、秽相空者，如《智论》曰："譬如人有一子，喜在不净中戏。聚土为谷，以草木为鸟兽，而生爱著。人有所夺，嗔恚啼哭。其父知已,思惟此子今虽爱著,此事易离,儿大自休。何以故?此物非真故。菩萨亦如是,观众生爱著不净臭身,及种种五欲,若信等五根成就时,即能舍离。……"如来为众生说净土亦尔,以众生所著非实,即易为训化故。如人少时悦色,壮年营官,老年嗜利,若是实可好者,不应年变月易。以变易故说净土时,亦悦、亦营、亦嗜,如梦中人,唤之即醒,若梦实者,虽唤无益。以俱非实,是故诸佛为众生说如是法门。

七、胜方便者,为此方便,非是自力,亦非他力。缘自性海中,具有如是自在功德。一切现成(**是故一句圣号,无须烦词,十念功成,顿超多劫**)。如万窍怒号,力在扶摇,以窍显故;如幽谷洞明,功在晨曦,因谷现故;如一线之蚁孔,能穿连山之堤,是水之力,非蚁力故;如一叶之苇席,能运万斛之舟,是风之力,非苇力故。(**总之皆是法界性海,无作无为不思议力所现。非自非他,一切具足。**)故有如是殊胜方便,是谓捷中之捷,径中之径,舍此不修,是真愚痴。(灵评:"**千古不易之论。**")

八、导二乘者,二乘避境趋寂,证假涅槃,不得如来法身,受业惑苦。一无明住地,不得至见烦恼、垢浊、习气、臭秽,究竟灭尽净波罗蜜果;二因无明住地,有虚妄行未除灭故,不得至见无作无行我波罗蜜果;三因微细虚妄,起无漏业,意生诸阴未除尽故,不得至见极灭远离乐波罗蜜果;四变易生死,断续流注,不得至见极无变易常波罗蜜果。以是四种业惑,未证真理。如来悯之(**教令回断灭心,修净土行**)。令知即空不断,即有不常,乘大乘智,入涅槃海。

九、坚忍力者,龙树菩萨曰:"童子过四岁以上,未满二十,名为鸠摩罗伽地。若菩萨初生菩萨家者,如婴儿。得无生法忍,乃至十住地,离诸恶事,名为鸠摩罗伽地。欲得如是地,当学般若波罗蜜(**常欲不离诸佛**)。"问:"菩萨当化众生,何故常欲不离诸佛?"
答曰:"有菩萨,未入菩萨位,未得阿鞞跋致受记莂故,若远离诸
佛,便坏诸善根,没在烦恼,自不能度,安能度人?如人乘船,中流
坏败,欲度他人,反自没水;又如少汤投大冰池,虽消少处,反更成
冰。菩萨未入法位,若远离诸佛,以少功德,无方便力,欲化众生,
虽少利益,反更堕落。以是故新学菩萨,不应远离诸佛。"问曰:
"若尔者,何以不说不离声闻、辟支佛?声闻、辟支佛亦能利益菩
萨。"答曰:"菩萨大心,声闻、辟支佛虽有涅槃利益,无一切智故,
不能教导菩萨。诸佛一切种智故,能教导菩萨。如象没泥,非象
不能出,菩萨亦如是。若入非道中,唯佛能救,同大道故。故说菩
萨,常欲不离诸佛。复次菩萨作是念:我未得佛眼故,如盲无异;
若不为佛所引导,则无所趣,错入余道。设闻佛法,异处行者,未
知教化时节,行法多少。复次菩萨见佛,得种种利益。或眼见,心
清净。若闻所说,心则乐法,得大智慧,随法修行,而得解脱。(**如
是等值佛无量益利,岂不一心常欲见佛。**)譬如婴儿,不应离母;又
如行道,不离粮食;如大热时,不离冷风凉水;如大寒时,不欲离
火;如度深水,不应离船;譬如病人,不离(**良医。菩萨不离诸佛,
过于上事**)。何以故?父母、亲属、知识、人天王等,皆不能如佛益
利。佛益利诸菩萨,离诸苦处,住世尊之地。以是因缘故,菩萨常
不离佛。"问曰:"有为之法,欺诳不真,皆不可信。云何得如愿不
离诸佛?"答曰:"福德智慧具足故,乃应得佛,何况不离诸佛。众
生有无量劫罪因缘故,不得如愿。虽行福德,而智慧薄少;虽行智
慧,而福德薄少,故所愿不成。菩萨求佛道故,要行二忍:生忍,法
忍。行生忍故,(**奇曰:'于一切不循理事,耐不与较。'**)一切众生
中发慈悲心,灭无量劫罪,得无量福德。行法忍故,(**奇曰:'于境
缘难堪难禁处,忍耐不行。'**)破诸法无明,得无量智慧。二行合

和故,何愿不得? 以是故(**菩萨世世常不离诸佛。**)(**复次**)(**菩萨,
常爱乐念佛故,舍身受身,恒得值佛**)。譬如众生习欲心重,受淫
鸟身,所谓孔雀鸳鸯等;习嗔恚颇多,生毒虫中,所谓恶龙、罗刹、
蜈蚣、毒蛇等。是菩萨心,不贵转轮圣王、人天福乐,但念诸佛,是
故随心所重而受身形。复次(**菩萨常善修念佛三昧因缘故,所生
常值诸佛。**)"天如或问曰:"禅宗悟达之士,既曰见性成佛,焉肯复
求净土?"答曰:("**悟达之士,政愿求生。汝但未悟,使汝既悟,净
土之趋,万牛莫挽。**")问曰:"学者但患大事不明。大事既明,当行
佛教,随类化身,入泥入水,不避生死,广度生灵。何故求生净土,
厌苦趋乐?"答曰:"汝将谓一悟之后,习漏永除,便得不退转耶?
将谓一悟之后,更无遍学佛法、修行证果等事耶? 将谓一悟之后,
便可上齐诸佛,入生死不受障缘之所挠耶? 审如是,则诸大菩萨,
修六度万行,动经恒河沙数劫者,是皆愧汝! 古教有云:声闻尚有
出胎之昧,菩萨亦有隔阴之昏。**况近时薄解浅悟自救不了者。**纵
有悟处深远,见地高明,行解相应,志在度人者,奈何未登不退,力
用未充,居此浊恶,化此刚强,(**此亦先圣之所未许。**)如以未完不
固之舟,济多人于恶海,(**自他俱溺,其理必然**)。故《往生论》云:
'欲游戏地狱行者,必生彼土,得无生忍已,还入生死,救苦众生。
以此因缘,求生净土。'又先圣云:'未得不退转位,不可混俗度生;
未得无生法忍,要须常不离佛。譬如婴儿,常不离母;又如弱羽,
只可傅枝。'今此国中,释迦已灭,弥勒未生;四恶趣苦,因果牵缠;
外道邪魔,是非扇乱;美色淫声之相惑,恶缘秽触之交侵,既无现
佛可依,又被境缘所挠,(**初心悟达之人,少有不遭其退败者。所
以世尊殷勤指归极乐,良有以也**)。盖彼弥陀,现在说法,乐土境
缘,种种清净,倘依彼佛,忍力易成,高证佛阶,亲蒙授记,然后出
化众生,去来无碍。多见今之禅者,(**不究如来之了义,灵评:'灼**

然今时禅病'）。（不知达摩之玄机，空腹高心，习为狂妄）。见修净土，笑曰愚夫愚妇。余尝论其非鄙愚夫愚妇，（乃鄙文殊、普贤、龙树、马鸣等也）。非特自述正道，自失善根，自丧慧身，自亡佛种，（且成谤法之业，又招鄙圣之殃），佛祖视为可哀怜者。于是永明和尚，深怜痛哀，剖出心肝，主张净土。既以自修，又以化世，故其临终有种种殊胜相现，舍利鳞砌，径升极乐上品。……（以此解禅者之执情，以此为末法之劝信，是真大有功于宗教者。）岂特永明为然，如死心新禅师作劝修净土之文。又如真歇了禅师作《净土说》有云：'……乃佛乃祖，在教在禅，皆修净业，同归一源。入得此行，无量法门，悉皆能入。'至如天衣怀等禅师，皆是禅门宗匠，究其密修显化、发扬净土之旨，则不约而同。广如彼文，不能尽录。是故当知，（禅宗密修，不离净土）。初心顿悟，未出童贞。入此门者，方为坚固不退之门。"

十、示真法者，一切修行法门，言空即断，言有即常，未为究竟。唯此念佛三昧，即念而净，（净非是无）。即净而念，（念非是有）。达净无依，即是念体；了念本离，即是净用。是故非净外有念，能念于净。若净外有念，念即有所，所非净故。非念外有净，能入诸念。若念外有净，净即有二，二非净故。当知诸佛顺寂灭心而严净土，是故念净土者，当入一切寂灭门；诸佛顺常乐我净心而严净土，是故念净土者，当入一切常乐我净门；诸佛顺平等众生心而严净土，是故念净土者，当入一切平等众生门；诸佛顺大悲智业而严净土，是故念净土者，当入一切大悲智业门；诸佛顺无作无为不可思议业而严净土，是故念净土者，当入一切无作无为不可思议门；诸佛顺尘劳烦恼性而严净土，是故念净土者，当入一切尘劳烦恼门；诸佛顺微尘芥子相而严净土，是故念净土者，当入一切微尘芥子门。以上诸大法门，（但一声阿弥陀佛皆悉证入。灵评：

"单传直指,如是如是。"亦无能证所证之相。)若不尔者,则是有余之净,念佛三昧,即不如是。

从灵峰大师对第二卷的圈点与开示结语看,这位大德在中郎提出"一句圣号,无须烦词,十念功成,顿超多劫"及"谓捷中之捷、径中之径"后,指明"千古不易之论",这与首卷"舍此不修真愚痴"的观念一脉相承。即永嘉证道所唱"日可冷,月可热,众魔不能坏真说"。最后在念净土真法"当入一切"法门后,点明"单传直指,如是如是",用现代语讲,是肯定中郎禅净合论以归净并直截了当指出,实在恰当,实在正确。

心诚集句曰:如来所以兴于世,唯说弥陀本愿海。果德彰显依因性,识秽相空顺众生。胜方便故导二乘,持坚忍力示法真。西方缘起分十义,一句佛号坚固门。

14. 法门殊胜未逾此
——灵峰点评部类门

夫如来说教,广有多门。……唯念佛一门,频形赞叹。如高峦之峙平原,跃空而出;类金星之晃沙碛,映日即明。(**故知法门殊胜,未有逾此一门者也。**)今约诸经,但言西方大事者,一概收入,分经纬二义。《说文》曰:"织有经,集丝为之,经常而纬变。"是故以经则非专谈安养者不收,以纬则凡泛举念佛者亦入。登葱山而樵玉,首采羊脂;泛溟海而斫香,忍舍牛头?孔子曰:"尔所不知,人其舍诸。"至于闻所未闻,不无望于来哲。一、经中之经;二、经中之纬;三、纬中之经;四、纬中之纬。

一、经中之经者:(1)《无量清净平等觉经》,(2)《无量寿经》,(3)《阿弥陀经》,(4)《无量寿庄严经》,(5)《无量寿如来会》,(6)《大阿弥陀经》,龙舒居士将前四译和会者。……《佛说阿弥陀经》、《称赞净土佛摄受经》、《观无量寿佛经》,以上三种经,皆专为西方起教,如天中之天,人中之王,**(不必自相排抑)**。譬如太虚空,一尚不得,岂有二哉?

二、经中之纬者:(1)《鼓音声王经》,中云"受持阿弥陀佛名,临命终时,佛与圣众,接引往生"。(2)《后出阿弥陀佛偈经》。二经专言净土。

三、纬中之经者:《华严经》,普贤菩萨劝进善财童子、海会大众,发十大愿,至临命终,一切诸根,悉皆散坏,一切威势,悉皆退失。唯此愿王,不相舍离。于一切时,引导其前,一刹那间,得往生极乐世界。其人自见生莲花中,蒙佛授记,经无数劫,普于十方不可说不可说世界,以智慧力,随众生心而为利益。乃至能于烦恼大苦海中,拔济众生,令其出离,皆得生于极乐世界。解脱长者云:"我若欲见安乐世界,无量寿如来,随意即见。如是十方一切世界所有如来,我若欲见,随意即见。我能了知如来国土庄严神通等事,无所从来,亦无所去,无有行处,亦无住处。亦如己身,无来无去,无行住处。"《法华经》云:"闻是经典,如说修行。于此命终,即往安乐世界阿弥陀佛,大菩萨众,围绕住处,生莲花中宝座之上,得菩萨神通,无生法忍。得是忍已,眼根清净,以是清净眼根,见七百万二千亿那由他恒河沙等诸佛如来。"《楞严经》大势至白佛:"十方如来,怜念众生,如母忆子。若子逃逝,虽忆何为? 子若忆母,如母忆时,母子历生,不相违远。若众生心,忆佛念佛,现前当来,必定见佛,去佛不远,不假方便,自得心开。如染香人,身有香气,此则名曰香光庄严。我本因地,以念佛心,入无生忍。今于此界,摄念佛人,归于净土。佛问圆通,我无选择。**(都摄六根,**

净念相继）。得三摩地，斯为第一。"《宝积经》，佛告父王："一切众生，皆即是佛。汝今当念西方世界阿弥陀佛。当勤精进，当得佛道。"王言："一切众生，云何是佛？"佛言："一切法无生，无动摇，无取舍，无相貌，无自性。可于此佛法中，安住其心，勿信于他。"尔时父王与七万释种，闻说是法，信解欢喜，悟无生忍。佛现微笑，而说偈曰："释种决定智，是故于佛法，决信心安往，人中命终已，得生安乐国。面奉阿弥陀，无畏成菩提。"佛告弥勒："发十种心，往生极乐。何者为十？一者、于诸众生，起于大慈，无损害心；二者、于诸众生，起于大悲，无逼恼心；三者、于佛正法，不惜身命，乐守护心；四者、于一切法，发生胜忍，无执著心；五者、不贪利养，恭敬尊重，净意乐心；六者、求佛种智，于一切时，无忘失心；七者、于诸众生，尊重恭敬，无下劣心；八者、不著世论，于菩提分，生决定心；九者、种诸善根，无有杂染，清净之心；十者、于诸如来，舍离诸相，起随念心。由是心故，当得往生。若人于此十心随成一心，乐欲往生彼佛世界，若不得生，无有是处。"

《大集经贤护品》云："求无上菩提者，应修念佛禅三昧。"偈云："若人称念弥陀佛，号曰无上深妙禅。至心想像见佛时，即是不生不灭法。"

四、纬中之纬者：《光明觉品》云："一切威仪中，常念佛功德。昼夜无暂断，如是业应作。"《十无尽藏品》第八云："此念有十种，所谓寂静念、清净念、不浊念、明彻念、离尘念、离种种念、离垢念、光耀念、可爱乐念、能无障碍念。"又《兜率偈赞品离垢幢菩萨》云："以佛为境界，专念而不舍。此人得见佛，其数与心等。"《十地品》从中至末，地地皆云："一切所作，不离念佛。"《佛不思议法品》云："如来十种佛事：若有众生专心忆念，则得现前；众生心不调适，则为说法等。"《入法界品》云："德云比丘告善财云：常念一切诸佛如来,总持一切诸佛正法,常见一切诸佛。令一切众生念佛门,随众生心之所乐,皆令见佛得清净。故令安住力念佛门,令入如来十力中故。令安住法念佛门,见无量佛,听闻法故。照耀诸方念佛门,悉见一切诸世界中,等无差别诸佛海故。入不可见处念佛门,悉见一切微细境中,诸佛自在神通故。住于诸劫念佛门,一切劫中,常见如来诸所施为,无暂舍故。住一切时念佛门,于一切时,常见如来,亲近同住,不舍离故。住一切刹念佛门,一切国土咸见佛身,超过一切,无与等故。住一切世念佛门,随于自心之所欲乐,普见三世诸佛如来故。住一切境念佛门,普于一切诸境界中,见诸如来次第现故。住寂寞念佛门,于一念中,见一切刹一切诸佛,示涅槃故。住远离念佛门,于一念中,见一切佛,从其所住,而出去故。住广大念佛门,心常观察,一一佛身,充遍一切诸法界故。住微细念佛门,于一毛端有不可说如来出现,悉至其所而承事故。住庄严念佛门,于一念中见一切刹皆有诸佛成等正觉,现神变故。住能事念佛门,见一切佛出现世间,放智慧光,转法轮故。住自在心念佛门,知随自心所有欲乐,一切诸佛现其像故。住自业念佛门,知随众生所积集业,现其影像,令觉悟故。住神变念佛门,见佛所坐广大莲花,周遍法界而开敷故。住虚空念佛门,观察如来所有身云,庄严法界虚空界故。”《法华经》云:“若有因缘,独入他家,一心念佛;乞食无侣,一心念佛。”又云:“若人散乱心,入于塔庙中,一称南无佛,皆已成佛道。”《净名经》曰:“直心是菩萨净土,菩萨成佛时,不谄众生,来生其国;深心、大乘心是菩萨净土;布施、持戒、忍辱、精进、禅定、智慧是菩萨净土;四无量心、四摄法、方便、三十七品、回向心、说除八难、自守戒行不讥彼缺、十善是菩萨净土,菩萨成佛时,命不中夭,大富梵行,所言诚谛,常以软语,眷属不离,善和诤讼,言必饶益,不嫉不恚,正见众生来生其国。如是菩萨随其直心,则能发行;随其发行,则得深心;随其深心,则意调伏;随意调伏,则如说行;随如说行,则能回向;随其回向,则能方便;随其方便,则成就众生;随成就众生,则佛土净;随佛土净,则说法净;随说法净,则智慧净;随智慧净,则其心净;随其心净,则一切功德净。是故随其心净,则佛土净。"又云:"菩萨成就八法,于此世界,则无疮疣,生于净土。何等为八?饶益众生,而不望报;代一切众生,受诸苦恼;所作功德,尽以施之;等心众生,谦下无阂;于诸菩萨,视之如佛;所未闻经,闻之不疑;不与声闻,而相违背;不嫉彼供,不高己利。而于其中,调伏其心,常省已过,不讼彼短,恒以一心求诸功德。是为八。"《涅槃经》云:"菩萨六念,念佛第一。"又云:"系念思维因缘力故得断烦恼。"《大悲经》云:"一称佛名,以是善根,入涅槃界,不可穷尽。"《坐禅三昧经》云:"菩萨坐禅,不念一切,唯念一佛,即得三昧。"《增一阿含经》云:"四事供养阎浮提一切众生,若有称佛名号,功德过上,不可思议。"《文殊般若经》云:"佛告文殊:欲入一行三昧者,应处空闲,舍诸乱意,不取相貌,系心一佛,专称名字。随彼方所,端身正向。能于一佛,念念相续,即是念中,能见过去未来现在诸佛。念一佛功德与念无量佛功德无二。阿难所闻佛法,犹住量数。若得一行三昧,诸经法门,一一分别,皆悉了知。昼夜宣说,智慧辩才,终不断绝。阿难多闻辩才,百千等分,不及其一。"《大集经》云:"若人专念一方佛,或行或坐,至七七日,现身见佛,即得往生。"《法华三昧观经》云:"十方众生,一称南无佛者,皆当作佛。唯一大乘,没有二三。一切诸法,一相一门,所谓无生无灭,毕竟空相。习如是观,五欲自断,五盖自除,五根增长,即得禅定。"《那先经》云:"王问那先,造恶念佛而生佛国,我不信。那先答:持大石置于船而不没,人虽本恶,因念佛不入泥犁。小石没者,如人作恶不知念佛入泥犁中。"颂曰：

如来金口言，赞叹西方土。如入长安城，东西南北入，入已即一城，无别天子都。普贤佛长子，文殊七佛师，授记及回向，是果位往生。释种得法忍，善财证佛果。面奉阿弥陀，是菩萨往生。龙树破有无，祈婆最胜根，皆得佛授记，是禅师往生。闻佛心信乐，诵念与持讽，大石置船上，是下劣往生。阿难世多闻，佛子中第一，不如念一佛，顿了诸经法。（**云何义解家，得轻易念佛**）。诸正念法门，经中皆悉载。但一大乘法，无二亦无三。奉劝悟达士，趁时歇狂解。一心念阿弥，莲花念念生。此是常寂光，非报非方便。作是观为正，勿妄生分别。禅教律三乘（**同归净土海。一切法皆入，是无上普门**）。教海义无量，瓮观拾少许。一胾遍鼎味，是中有全藏。

本卷基本保持原作面貌，只是限于篇幅，省去了少量重复性文句（下同），欲深研者可对照原文阅读。

这一卷很有特点，全卷约五千字，摘引佛经五十三种，这使人不得不佩服中郎诵经之勤且记忆之强旺，非再来人绝无此智慧。全卷将浩如烟海的经书，分为四类，确定经中之经、经中之纬与纬中之经、纬中之纬。四百余年来的今天，当我聆听净空老法师专弘专讲《无量寿经》会集本已达十余年十余次时，我们不得不佩服中郎的胆识与目光。灵峰大师圈点的重点定在"禅教律三乘，同归净土海，一切法皆入，是无上普门"，意即念阿弥佛功德等同于念一切诸佛功德。

中郎在本卷尾，有带统摄性、寂照性颂词四十八句，这是《西方合论》的总纲领、总教眼，是论中之论，读者不可轻易放过。如果你没有时间通读五万字合论，你把此四十八句（240 字）搞通搞懂,转疑为信,转苦为乐,转迷为悟,转凡为圣,所获得真实利益与智慧不可思议。

有先生问:如选佛经十部,怎么选? 余言,袁中郎部类门所选可为依据。十部是:(1)《无量寿经》;(2)《阿弥陀经》;(3)《鼓音声王经》;(4)《般若经》;(5)《华严经》;(6)《楞严经》;(7)《法华经》;(8)《宝积经》;(9)《坛经》;(10)《圆觉经》。另,依笔者意见,加十论:(1)《起信论》;(2)《智度论》;(3)《修华严奥旨妄尽还源观》;(4)《弥陀要解》;(5)《西方合论》;(6)《楞严正脉》;(7)《宝王三昧论》;(8)《净土往生无生论》;(9)《永嘉证道歌》;(10)《印光念佛论》。

心诚集句曰:以佛为境界,专念而不舍。此人得见佛,其数与心等。菩萨能正修,相庄严三昧,即疾证菩提。若是修行者,应远离喧杂,不思众生相,专心系念佛。(《净土十要》)

15. 爱约真谛分四门
——灵峰点评理谛门

即性即相,非有非空,理事之门不碍,遮表之诠互用。言无者如水月镜华,不同龟毛兔角;言有者,似风起云行,不同金坚石碍。故若滞名著相,即有漏凡夫;若拨果排因,即空见外道。梦中佛国,咸愿往生;泡影圣贤,誓同瞻仰。说真说相,似完肤之加疮;道有道无,类红炉之点雪。爱约真谛,分别四门:一、即相即心门;二、即心即相门;三、非心非相门;四、离即离非门。

一、即相即心。《净土境观要门》曰:“心包太虚,量周沙界。心如工画师,造种种五阴。一切世间中,莫不从心造。是故极乐国土,宝树宝地宝池,弥陀海众正报之身,三十二相等,皆是我心本具,皆是我心造作,不从他得,不向外来。能了此者,方可论于即心观佛。(**灵评:我心谓现前一念全真起妄全妄即真之心,非肉团亦非缘影**。)《观经》云:诸佛如来是法界身,入一切众生心想中。天台大师作二义释:感应道交释与解行相应释。若无初释,则观非观佛;若无次释,则心外有佛。至释是心作佛,是心是佛。从修观边说,名为心作;从本具边说,名为心是。义遍初后,例合云:是心作日,是心是日。乃至是心作势至,是心是势至。以至九品之中,随境作观,莫不咸然。"又曰:"观心观佛,(**皆属妄境,意在了妄即真,不须破妄,然后显真**)。故《荆溪》云:唯心之言,(**岂唯真心,须知烦恼心遍**),子尚不知烦恼心遍,安能了知生死色遍。色何以遍?(**色即心故**。)若尔,(**不须摄佛归心,方名约心观佛**)。如此明之,非但深得佛意,亦乃迥出常情。"《宗镜录》曰:"(**自心遍一切处,若见他佛,即是自佛**)。(**灵评:性相双明,足破两家界畔**),(**不坏自他之境,唯是一心**)。众生如像上之模,(**若除模,即见自佛,亦见他佛**)。何者?虽见他佛,(**即是自佛,以自铸出故。亦不坏他佛,以于彼本质上,虽变起他佛之形,即是自相分故**)。"又曰:"自心感现,佛身来迎。佛身常寂,无有去来。众生识心,托本佛功德胜力,有来有去。如面镜像,似梦施为。镜中之形,(**非内非外**);梦里之质,(**非有非无**)。但是自心,非关佛化。故知,净业纯熟,目睹佛身;恶果将成,心现地狱。如福德之者,执砾成金;业贫之人,变金成砾。砾非金而金现,金非砾而砾生。(**金生但是心生,砾现唯从心现**),转变是我,金砾何从?"

《正法念处经》云:"黠慧善巧画师,取种种彩色。取白作白,取赤作赤,取黄作黄,若取鸽色,则为鸽色,取黑作黑。心业画师,亦复如是。缘白取白,于天人中成白色。(**奇曰:缘想白业则能取白。**)何义名白?欲等漏垢所不染污,故名白色。心业画师,取赤彩色,于天人中,能作赤色,何义名赤? 所谓爱声味触香色。又复如是,心业画师,取黄彩色,于畜生道能作黄色。何义谓黄? 彼此递互饮血噉肉,贪欲嗔痴,更相杀害,故名黄色。又复如是,心业画师,取鸽彩色,攀缘观察,于饿鬼道作垢鸽色,何义名鸽? 彼身犹如火烧林树,饥渴所恼,种种苦逼。又复如是,心业画师,取黑彩色,于地狱中画作黑色,何义名黑? 以黑业故,生地狱中,有黑铁壁,被燃被缚,得黑色身。如是乃至心业画师,善治禅彩,攀缘明净。善治彩色,画作好色,皆是自心,非他所作。是故当知,(**心业画师,以纯净色,画作净土,亦复如是**)。"《般舟三昧经》中说:"菩萨得三昧,便于是间坐,见阿弥陀佛。譬如有人闻某国某某地有淫美女三人,有三男闻人赞叹其端正无比,昼夜专念,心著不舍,便于梦中,梦与从事。觉已心念,彼女不来,我亦不往,淫事得办,因是而悟:一切诸法皆如是耶? 往告菩萨,菩萨答言:诸法实尔,皆从念生。如是种种为三人说,即得不退转地。菩萨于世间国土,闻阿弥陀佛,数数念,用是念故,见阿弥陀佛。譬如旅人远行,念本乡里,于梦中归乡里,见家室亲属财产,喜共言语,觉醒说之。菩萨如是,常念所向方,欲见佛一切见佛。譬如比丘观死人骨著前,有观青时,有观白时,有观赤时,有观黑时,其骨没有持来者,亦无有是骨,亦无所从来,是意所作。菩萨如是,欲见何方佛即见。何以故? 持佛威神力、三昧力、本功德力,用是三事,故得见佛。譬如年少之人端正姝好,以持净器盛好麻油,及盛清水,或新磨镜,或无瑕水精,于是自照,悉自见影,何以故? 以明净故,自见其影,其影亦不从中出,亦不从外入。菩萨以善清净心,随意悉见诸佛,佛无所从来,我亦无所去。复作是念:三界所有,皆心所作。何以故? 随心所念,悉皆得见。以心见佛,以心作佛,心即是佛,心即我身。心不自知,亦不自见。"若取心相,悉皆无智,心亦虚诳，皆从无明出。因是心相，即入诸法实相。当知心外见佛，即成魔境。何以故？（**以心外无一法可得故。以心性无外故**）。以一切十方三世诸佛，（**皆不在心外故**）。若达心外无法，则魔界即佛界。以一如无二如故。

二、即心即相门者，谓（**诸法毕竟空故，则有诸法。若诸法有决定性者，则一切不立**）。《般若经》曰："若诸法不空，即无道无果。"《法句经》曰："菩萨于毕竟空中，炽然建立。"《华严经》曰："大菩萨了达自身及众生，本来寂灭，而勤修福智，无有厌足。于诸境界，永离贪欲，而常乐瞻奉诸佛色。知佛国土，皆如虚空，而常庄严佛刹。"以是义故，菩萨乐修净土。《群疑论》问曰："诸佛国土亦复皆空，观众生如第五大，何得取著有相，舍此生彼？"答："诸佛说法，不离二谛。经云成就一切法，而离诸法相。成就一切法者，世谛诸法也；离诸法者，第一义谛无相也。又云：虽知诸佛国，及与众生空。而常修净土，教化于群生。汝但见说圆成实相之教，破遍计所执毕竟空无之文，不信说依他起性因缘之教，即是不信因果之人。说于诸法断灭相者，是为邪见外道。"《十疑论》曰："不生不灭者，（**于生缘中**）诸法和合，不守自性。求于生体，亦不可得。此生生时，无所从来，故名不生；诸法散时，不守自性，此散灭时，去无所至，故言不灭。（**非因缘生灭外，别有不生不灭，亦非不求生净土，唤作无生**）。偈曰：因缘所生法，我说即是空，亦名为假名，亦名中道义。又云：诸法不自生，亦不从他生。不共不无因，是故说无生。又云：譬如有人造立宫室，若依空地，随意无碍，若依虚空，终不能成。诸佛说法，常依二谛，不坏假名，而说诸法实相。（**智者炽然求生净土，达生体不可得，即是真无生，此谓心净故佛土净**）。愚者（**为生所缚**），闻生即作生解，闻无生即作无生解。不知生即无生，无生即生，不达此理，横相是非。嗔他求生净土，几许误哉。"长芦曰："以生为生者，常见之所失也；以无生为无生，断见之所惑也。生而无生，无生而生者，第一义谛也。"永明曰："即相之性，用不离体；即性之相，体不离用。**（若欲赞性，即是赞相；若欲毁相，只是毁性）**。"天如曰："性能现相，**（无生即生）**，相由性现，**（生即无生）**。"是则无声声中，风枝水响；非色色里，宝树栏杆。**（岂同灰飞烟灭之顽空，与拨无因果之魔属哉）**！

三、非心非相门者，《婆沙论》明新发意菩萨，先念佛色相，相体相业相果相用，得下势力；次念佛四十不共法心，得中势力；次念实相佛，得上势力。不著色法二身。偈云："不贪著色身，法身亦不著。善知一切法，永寂如虚空。"《宝性论》曰："佛告阿难言，如来者非可见法。是故眼识不得见。依法义故，经云所言法者，非可说事。是故非耳识所闻故。依僧义故，经云所言僧者，名无为。是故不可身心供养、礼拜、赞叹故。"《摩诃般若经》曰："大菩萨念佛，不以色念，不以受、想、行、识念，以诸法自性空故；不应以三十二相、八十随形好念；不应以戒定慧、解脱、解脱知见而念；不以十力、四无所畏、四无碍智、十八不共法而念。何以故？是诸法自性空故。自性空，则无所念，无所念故，是谓念佛。"《智度论》曰："若菩萨于过去诸佛，取相分别回向，是不名回向。何以故？有相是一边，无相是一边，离是二边行中道，是诸佛实相。是故说诸过去佛，堕相数中，若不取相数回向，是为不颠倒。"《佛藏经》曰："见诸法实相，名为见佛。何谓诸法实相？毕竟空，无所有。以是毕竟空无所有法念佛，乃至又念佛者，离诸想。诸想不生，心无分别，无名字，无障碍，无欲无得，不起觉观。何以故？随所念起，一切诸想，皆是邪见。舍利弗，随无所有，无觉无观，无生无灭，通达是者，名为念佛。如是念中，无贪无著，无逆无顺，无名无想，无想无语，乃名念佛。是中乃至无微细小念，何况粗身口意业。无身口意业处，无取无舍，无净无讼，无念无分别。空寂无性，灭诸觉观，是名念佛。舍利弗，若人成就如是念者，欲转四天下地，随意能转，亦能降伏百千亿魔，况弊无明，从虚诳缘起，无决定相。是法如是无想无戏论，无生无灭，不可说，不可分别，无暗无明，魔若魔民，所不能测。但以世俗言说，有所教化，而作是言：汝念佛时，莫取小想，莫生戏论，莫有分别。何以故？是法皆空，无有体性，不可念一相。所谓无相，是名真实念佛。"佛不用心得，不用身得，不用心得佛色，不用色得佛心（**灵评：用者以也**）。何以故？心者佛无心，色者佛无色，故不用色心，得三菩提。佛色已尽，乃至识已尽，佛所说尽者，痴人不知，智者晓了。不用身口得佛，不用智慧得佛，何故？智慧索不可得，自索我，了不可得，亦无所见。一切法本无所有，坏本，绝本。若如是念者，是名实相念佛之门，亦名绝待门。

四、离即离非门者，永明曰："若执言内力，即是自性；若言他力，即成他性；若云机感相投，即是共性；若云非因非缘，即无因性。皆滞阂执，未入圆成。"当知佛力难思，玄通罕测。譬如阿迦叔树，女人摩触，华为之出。（**是树无觉触，非无觉触。菩萨不思议念触，亦复如是**）。又如象齿，因雷生华，是齿非耳，云何有闻？若无闻者，华云何生？又若雷能生花者，诸物应有。（**大菩萨不思议声尘，亦复如是**）。又如勇士疑石为虎，箭至没簇，箭非克石，石非受矢。（**大菩萨不思议精进，亦复如是**）。又如有人远行，独宿空舍。夜中有鬼，担一死人，来著其前。复有一鬼，随逐嗔骂云：是我物。先鬼言：我自持来。后鬼言：实我担来。二鬼各执一手争之。前鬼言，此中有人可问。后鬼即问："是谁担来？"是人思维，二鬼力大，妄语亦死，何若实语，即言："前鬼担来。"后鬼大嗔，捉此人手，拨断著地。前鬼取死人一臂附之，即著。如是两臂两脚头胁，举身皆易。于是二鬼共食所易人身，拭口而去。其人思维："眼见我身，被鬼食尽，今此我身，尽是他肉。"即于一切时，作他身想。乃至五欲，亦不贪著，是他身故，不应供养；乃至妻子，亦不生染，是他身故，不应有染；乃至种种诃斥苦辱，亦皆顺受，无复骄慢。后复自计："若是他者，不应有我；若非他者，他身现在（灵评：真疑情）。（是中非他，非非他；非我，非非我。〈灵评：真悟〉。我亦不可得，他亦不可得，从本已来，恒自如是）。"即时得知，一切法，是我非我，皆为妄计。（大菩萨不思议观力，见佛自他，亦复如是）。又如贫人商丘开，（信富者言），入火不烧，入水不溺，投高不折，随诸诳语，得实宝物。而是贫人，（无他术故。大菩萨不思议贪欲，获佛宝王，亦复如是）。又如空谷随声发响，此响不从空来，不从谷来，不从声来。若从空来者，空应有响；若从谷来者，应时时响；若从声来者，呼平地时，此响亦得。乃至非和合来，非因缘来，非自然来。（大菩萨不思议声相，非来非去，亦复如是）。又如幻人，幻长者所爱马，入小瓶中，瓶不加大，而马跳跃如常，长者为设食已，马系柱如故。（大菩萨不思议幻法，变现佛刹，亦复如是）。又如妙药，人或得之，以其一两变千两铜悉成真金。非千两铜能变此药，（大菩萨不思议大丹，点秽成净，亦复如是）。又如有人得一奇药，以涂其目，虽行人中，人所不见。（大菩萨不思议药力，于念念生中，得无生身，亦复如是）。又如无能胜香，若以涂鼓，其声发时，一切敌军，皆自退散。又转轮王有香，名海藏，若烧一丸，王及四军皆腾虚空。（大菩萨不思议正念香，伏诸魔军，超越三界，亦复如是）。是故当知，（念佛三昧，不可思议）。如普贤毛孔、摩耶夫人腹、净名丈室、具足优婆夷小器等不可思议。何以故？（一切法不可思议故）。若有一毛头许可思议者，即非法界性海。如上言心、境、有相无相者，皆思议法。若入此不思议解脱，即知一切分别念佛，皆为戏论。（灵评：即知一切心境，有相无相，念佛皆悉不可思议）。

　　纵读中郎"理谛四论"，再细读灵峰大师评点，不难看出："念佛三昧，不可思议"是本卷的要核精魂。此理谛四门之议，会集经书 26 种，运用世相、故事比喻过 40 次。仅以非心非相门言，"念佛"出现近 50 次，"无"字出现 32 次。以离即离非门言，"不可思议"与"亦复如是"短语出现 15 次。净空老法师说，经教里凡是多次重复多次出现的语词，都是世尊特别强调的，要深解其真实义，不可忽略。从这一原则出发，我们得知中郎于本卷合论了佛学大的概念，统摄全宗，契合义海。即性与相、理与事、因与果、依与正、自与他、俗谛与真谛、是与非与非非等，侧重谈心相一如，非心非相，离即离非，所旁涉、所观照的是全部经教义理。有最生动、形象的类比、譬喻，有最精辟、最警彻的概括，字字珠玑，句句妙奥。所写全从胸臆流淌，如飓风卷羽，春雷惊蛰。以第四"离即离非"门言，有永明之解，佛祖之论，有女人触树生花、象牙闻雷生华、勇士射石没镞、鬼使活人换身、鼓风谷应、幻术小瓶进马、妙药隐身、奇香退敌、熏香四军腾跃等不可思议故事，论述念佛不可思议威德。达理事圆融四无碍。您不得不佩服中郎读经之融会贯通，表述之善巧方便。您读一两遍甚至五六遍，或许连皮毛也沾不上，哪里谈读懂而获益？

　　心诚集句曰：好书不厌百回读，熟读深思子自知。书读千遍，其义自见。净空法师说，如读千遍，心就定了不动摇，定则生慧开悟，不懂也就懂了。

16. 总入一行示五门
——灵峰点评称性门

文前笔者小语：

何为"释迦牟尼"，此四字是名号，齐具万德。"万"表圆满，佛在经里用七或九或十或百表圆满，"万"是大圆满。释迦表仁慈大悲，是度人，仁者爱人，爱人者必自爱，度自者可度人。观音菩萨大慈大悲，救苦救难，即行"释迦"。"牟尼"指究竟寂静（寂默），幽深玄远，微妙寂绝，处常寂之土，不可言说，世界寂然，大灭度也。即度己，即阿弥陀佛，即无余涅槃，即行极寂静行，一念不生，一切障除，全放下了，全看破了，总提起了。故名号功德无量，含摄一切善根、功德、因缘，无量无边无穷无尽法门，全在一句名号中。或有三昧，能除贪不能尽除嗔，能除嗔不能尽除痴；或有三昧，能除现在障，不能尽除过去障，能除过去障，不能尽除未来障；而念佛名号，所行念佛三昧，三昧之王，能除一切障，十方三世障除，不留一丝一尘痕迹，显示此法门称心称性，无比殊胜，忆佛念佛，当前现佛，见佛成佛。何以故？自性圆满，无迷无悟，无染无净，无生无灭，无增无减，无自无他，无大无小，无先无后，功德无量，不可思议，故称难信之法。佛说三世十方一切如来成佛皆是念佛成就圆满。我们一念波动，乃有无明，胡思乱想，执着妄念，即使八地果位以下菩萨尚有微细波动，尚有起心动念的薄习余习未尽，何况博地内外凡夫。我们作为凡夫，总不离一个"想"字，我爱且贪嗔痴慢疑，我见身见、戒取见、见取见、邪见。何为想？古人造此会意字，想者心上有相，见境生心，男女差别，万物分别，不离"相"，且执著"相"，于是想占有，想剔去，造种种业，受种种果报，六道轮回，没完没了，冤冤相报。如何解脱，佛教以妙法，极圆极顿，至简至捷，念佛三昧，三昧之王，大乘诸行，总入一行，三世诸佛，即此一行，这个经验至尊至宝，希有难逢，无量劫来难信难知难解难行，而一点拨，所行极易。佛不开示，我们怎知？

下面我们看袁中郎怎么合论此称性门，灵峰大师又怎么点评的。

一切贤圣，称心而行。法性无边，行海巨量。是故一刹那中，行满三祇；或恒河沙劫，未成一念。飞空鸟迹，辨地位之分齐；泪日风华，明过现之影像。无胫而走，舍阿弥以何之？不疾而速，识西方之非远。譬之五色至玄而亡，万流以海为极者也。今约大乘诸行总入一行，略示五门：分别为信心行、止观行、六度行、悲愿行、称法行。

一、信心行。经曰"信为道元功德母"。一切诸行，无不以信为正因。乃至菩提果满，亦只完成信根。如谷子堕地，迨于成实，不异初种；如稚笋参天，及至丛叶，本是原竿。初心菩萨无不依信心成就。莲宗门下，全仗此信为根本。

一信阿弥陀佛，根本智、不动智（**与己无异**）。如一太虚空，日映则明，云来则翳，（**虚空本无是故**）。又则（**云与日，皆即虚空故**）。二信阿弥陀佛，从发愿来，那由他劫内，一切难行难忍种种修习之事，（**我亦能行**）。何以故？自忆无始劫中，漂溺三途，生苦、死苦、披毛戴角苦、铁床铜柱苦，一切无益之苦，（**皆能受之，何况如今菩萨万行济众生事，岂不能为**）？三信阿弥陀佛，无量智慧、神通，及成就无量愿力等事，（**我亦当得**）。何以故？如来自性方便，具有如是不思议事，（**我与如来同一自体清净性故**）。四信阿弥陀佛，不去不来，我亦不去不来，西方此土，不隔毫端，欲见即见,何以故?**(一切诸佛皆以法性为身土故)**。五信阿弥陀佛,修行历劫,直至证果,**(不移刹那,我今亦不移刹那,位齐诸佛)**,何以故? 时分者是业收,**(法界海中,业不可得故)**。如是信解,**(是谓入道初心,信一切诸佛净土之行)**。

二、止观行者,如《圆觉》、《楞严》、《华严》诸方等经,古今学者,广设观门。**(唯台宗三观,最为直捷)**。示一心之筌蹄,摄诸法之要领。修行径路,无逾于此。西方宗旨,自有十六正观,然一一观中,具含此三义。故天台诠经,直以三谛摄彼十六。《妙宗钞》曰:"性中三德,体是诸佛三身,即此三德三身,**(是我一心三观)**。若不然者,则观外有佛,境不即心,何名圆宗绝待之观。亦可弥陀三身以为法身,我之三观以为般若,观成见佛,即是解脱。**(举一具三,如新伊字①)**。观佛既尔,**(观诸依正,理非异途)**。"温陵禅师则纯以**(念佛一声,入三观门)**。言念成三观者,如一声佛,遂了此能念体空,所念无相,即念成空观。所念之佛即应身,即心破见思惑也。虽能念体空,所念无相,不妨能念分明,所念显然,即念成假观。所念之佛即报身,即心破尘沙惑也。正当能念所念空时,即能念所念显然,正当能念所念显时,即是能念所念寂然,空假互存,即念成中观。所念之佛即法身,即心破无明惑也。是又**(即念佛因,究竟三谛,净彼四土)**。如拈一微尘,变大地作黄金,是谓法界圆融,不可思议观门。

三、六度行者,《起信论》曰:"菩萨从初正信已来,于第一阿僧祇将欲满故,于真如法中,深解现前,所修离相。知法性体,离悭贪故,随顺修行檀波罗蜜;法性无染,离五欲故,随顺修行戒波罗蜜;法性无苦,离嗔恼故,随顺修行忍波罗蜜;法性无身心相,离

---

　　①　梵书新伊字为上圆下三角形,即∴。

懈怠故，随顺修行精进波罗蜜；法性常定，体无乱故，随顺修行禅波罗蜜；法性体明，离无明故，随顺修行般若波罗蜜。"故《智度论》曰："菩萨观一切法，毕竟空，不生悭贪心。何以故？毕竟空中，无有悭贪，**(悭贪根本断故)**。"乃至"般若波罗蜜毕竟空故，常不生痴心。所以者何？佛说一切法无施无受，非戒非犯，乃致不智不愚故。"又云："菩萨虽不见布施、以清净空心布施。作是念：是布施空无所有，众生须故施与。如小儿以土为金银，长者则不见是金银，便随意与，竟无所与。其余五法，亦复如是。"菩萨行于六度，修净土者，即无如是差别名相，**(然亦不越一行，具此六义)**：一者舍诸杂念，是行于施；又则系佛，不住舍念，是性施故。二者，念念中净，是行于戒；又则系佛，不求灭念，是性戒故。三者世念静寂，是行于忍；又则系佛，非关摧念，是性忍故。四者毕念不退，是行精进；又则一念即是，不著苦行，是性精进故。五者得念三昧，是行于定；又则念念是佛，不贪禅味，是大定故。六者了念佛因，即念而佛，是行于智；又则念本非有，佛本非无，不落断常，是一切种智故。是故，**(念佛一门，能该诸行)**。何以故？念佛是一心法门，**(心外无诸行故)**。然亦不废诸行，**(若废诸行，即是废心故)**。

　　四、悲愿行者，诸佛菩萨，性海无尽，供养无尽，戒施无尽，乃至饶益无尽。如普贤发十大愿：虚空界众生界，无有尽时，而我此愿，亦无有尽。身语意业，无有疲厌，名为愿王。一切诸佛，无不成就如是愿王，证涅槃果。故天亲菩萨净土五念门，以礼拜、赞叹、作愿、观察，前四种为成就入功德门。回向一切烦恼众生，拔世间苦，为成就出功德门。菩萨修五念门，速得阿耨多罗三藐三菩提。难曰："佛及众生，本无所有。如《净名经》曰：菩萨观于众生，如呼声响，如水聚沫，如芭蕉坚，如电久住，如无色界色，如焦谷芽，如得忍菩萨贪恚毁禁，如佛烦恼习，如梦所见已寤。菩萨观众生若此。是则众生本空,菩萨种种发愿利生,将无眼见空花耶?"答曰:"《智度论》中,佛说此中言无佛者,破著佛想,**(不言取无佛相)**。是故当言无众生者,破众生想,**(不言取无众生相)**。如《净名》言,菩萨作如是观已,自言我当为众生说如是法,即真实慈。即知菩萨不取无众生相。又则说是法者,真实利生,真实悲愿,无别度众生事也。又如《般若经》,菩萨深入大悲,如慈父见子为无所值物故死。**(奇曰:犹云无是物。)** 父甚怜之,此儿但为虚诳故死。诸佛亦如是,知诸法空,毕竟不可得,而众生不知。众生不知故,于空法中染著,著因缘故,堕大地狱,是故深入大悲。是则诸佛兴慈运悲,正以众生空故。众生诳入生死故,岂有反息悲愿之理。故知,菩萨**(种种度生者,是深达无众生义)**。何故?若见有众生,故即有我,慈悲心劣,岂能行如是饶益之行?又先德云:未居究竟位,全是自利门;从十信初心,历十住、十行、十回向、十地,直至等觉,佛前普贤,犹是自利利他门者。登妙觉位,佛前普贤,方是利他之行。如佛告比丘:功德果报甚深,无有如我知恩分者。**(奇曰:因功德受胜报,故功德曰恩分。)** 我虽复尽其边底,我本以欲心无厌足故得佛。是故今犹不息,虽更无功德可得,我欲心亦不休。当知行海无边,**(非丈竿尺木所能探其底里)**。如痴儿见人指门前竿,云在天半。即计量言:从地至天,只两竿许。**(佛法戏论,亦复如是)**。"

五、称法行者,法界海中,无量无边,菩萨行海,亦无量无边。虚空著彩,粉墨徒劳。法界无方,辙迹安用。是故菩萨自性行者,非有非无,非行非不行,唯是称法自在之行。一者,菩萨度一切众生究竟无余涅槃,而众生界不灭。如登场傀儡,悲笑宛然,唯一土泥,空无所有,是称法行。二者,菩萨行五无闲,而无恼恚;至于地狱,无诸罪垢;至于畜生没有无明、骄、慢等过。如倩女离魂,逐所欢去，乃至生子，而身在父母前，是称法行。三者，菩萨自身入定，他身起定；一身入定，多身起定；从有情身入定，从无情身起定。如猛虎起尸，跪拜作舞，唯虎所欲，而尸本无知，是称法行。四者，菩萨于一小众生身中，转大法轮，燃大法炬，震大法雷，魔宫摧毁，大地震动，度无量无边众生，而此小众生不觉不知。如天帝乐人，逃入一小女子鼻孔，遍索不得，而此女子不觉不知，是称法行。五者，菩萨欲久住世，即以念顷衍作无量无数百千亿那由他劫；欲少住世，即以无量无数百千亿那由他劫缩为念顷。如小儿看灯中走马，计其多寡首尾，了不可得，是称法行。是故，若证如是不思议行者，一念之中，三世诸佛净土摄入无余，是谓菩萨庄严净土之行。以无思智照之可见，非是情量所能猜度。何以故？**（以自性超一切量故。）**

以上摘录了中郎关于称性门的论述。中郎所言称性，简释为与自性契合，与真心契合，与法性契合，与法身契合，与佛性契合，与实相契合，与智慧契合。中郎对称性门又略示了五门，即信心行、止观行、六度行、悲愿行、称法行。每一行门都互相关涉，各有侧重。故无大小之别，只有广略之异。法性无有边际，行海不可测量。本卷引经书十余种，涉猎古今事象喻比二十余次。

灵峰大师重点圈点了：（一）一切诸佛以法性为身土，入道初心，信一切诸佛净土之行。（二）念佛一声，入三观门（空、假、中），即念佛因，究竟三谛。（三）念佛一门，能该诸行。心外无诸行，若废诸行，即是废心。（四）菩萨种种度生，深达无众生义。（五）自性超一切量。可见灵峰大师深解中郎所写。

心诚集句曰：（一）念佛法门，总一切法，持一切义。念佛忆佛，是过去、现在、未来所有佛菩萨成佛之道。（二）名号功德，具万功德,是第一善根,第一福德,第一因缘,第一智慧,第一殊妙。

17. 法界宝鉴门内门
——灵峰点评修持门

读读灵峰大师在该卷的首评"真实商量,可谓法界宝鉴"即可明白此卷之重要。且看中郎的论述:

夫积劫情尘,多生爱海,似蚀剑之苔华,若吞珠之泥锈,无砺不吐,去垢乃明。(**欲得心净,除非秽灭**。)(**灵评:真实商量,可谓法界宝鉴**。)(**悟者常须觉观,迷人勤加折伏。其或爱锁贪枷,亦当恼年惜月**。)孔子曰:"困而不学,民斯为下。"今欲一生超僧祇劫之果,十念摄亿万之程,岂是粗见浮思,结心尘口所能超越?(**不拌一忍,空累多生,如法而修,免堕魔胃**。)一、净悟门;二、净信门;三、净观门;四、净念门;五、净忏门;六、净愿门;七、净戒门;八、净处门;九、净侣门;十、不定净门。

一、净悟者,行者欲生实净土,当真实参究,如法了悟。何故?悟是迷途导师,如人入暗,当燃灯炬;悟是净国图引,如人行远,当识邮程;悟是诸行领首,如人冲坚,当随将帅。一者、悟能了知即秽恒净,(**不舍净故**);二者、闻净佛国土不可思议,(**不怯弱故**);三者、知毕竟空中,因果不失,(**止一切恶法,不更作故**);四者、知彼土不去不来,此亦不去不来故;五者、悟佛身量遍满虚空,众生身量亦遍满虚空,如地狱业力,一人亦满,多人亦满故;六者、闻阿僧祇劫无量诸行,如人说弹指顷事,(**不惊怖故**);七者、(**修十善三福,不住人天故**);八者、如觉后忆梦中事,(**不作有无解故**);九者、如眼见故乡,(**信不信不可得故**);十者、(**知法无我,顺性利生,直至成佛,无疲厌故**)。菩萨入此门已,(**成就白法,随意得**

生）。是故《观经》上品云："深解义趣，于第一义，心不惊动。"疏云："第一义者，谓诸法实相。言语道断，心行处灭。"又上品六念义云："安心不动，名之为念。"钞曰："第一义理，（**悉不为二边所动，通名为念**）。"故西方，如韦提希、善财、龙树等，（**以入地往生**）；此方，如远公、智者、永明等，（**以证悟往生**）。一切经论中广载，不能具录。论中或有言生彼求悟者，为中下人说；至言悟自己佛，不必求生，此则为十地菩萨以上说。若云悟第一义，诸结使未断，皆不求生。则如龙树、永明等，亦为捏目生花，无事多事矣！

二、净信者，《智度论》曰："若人心中，有信清净，是人能入佛法；若无信，是人不能入。譬如牛皮未柔，不可屈折，无信人亦如是。又经中说信为手，如人有手，入宝山中，自在能取；若无手，不能取，信亦如是。"昔王仲回问无为子曰："如何念佛得无间断？"无为子曰："（**一信之后，更不再疑，即是不间断也。**）"仲回欣跃而去。未几得生，还来致谢。是故若人修行，未能顿悟，（**当深植信根，不惊不动**）。一信金口诚言，（**决定当生故**）；二信自心广大（**具有如是清净功德故**）；三信因果如形影，（**决定相随故**）；四信此身形识，及一切世界建立，（**如阳焰空花，无所有故**）；五信五浊恶世，寒热苦恼，秽相熏炙，（**不容一刻居住故**）；六信（**一切法唯心**），如忆梅舌酸故；七信念力不可思议，（**如业力故**）；八信莲胞不可思议，（**如胞胎故**）；九信佛无量身，无量寿，无量光，不可思议，（**如蚁子身，蜉蝣岁，萤火光，同一不思议故**）；（**灵评：妙信必须如此。**）十信（**此身决定当死故。若人具有如是信根，举足下足，无非念佛**）。故知信之一字，通上中下。但信有大小，若无甚深信力，如无羽之鸟，决定不得飞故。

三、净观者，众生无始垢秽，遍一切法，如油入面，似金在矿。修净业者，（**当加种种观行，磨炼习气**），为白法之垣坛，作往生之津梁(**灵评：真正宗通说通。**)一净观,谓观佛相好,如《十六观经》所说故;二不净观,谓观身心不净,器世界不净,(**生厌离故**);三无常观,谓观一切法无定,如一美色,淫人观之为乐,妒妇观之为苦,观行人观之,种种恶露,异类观之,如土木故;四和合观,谓观是身,是世界,是见闻觉知,如积木为屋,积土为垒,积杂彩为画,(**无实体故**);五对治观,谓观自身何结最重,当用何法对治,如轻冷苦涩药草饮食等,于热病为药,于余病非药。轻辛甘热药草饮食等,于冷病为药,于余病非药。(**如是观察对治故**);六惭悔观,谓观一切众生,无量劫来,与我互为父母,兄弟姊妹男女,递相淫毒,曾不觉知,如枭獍杀父母,牛羊鸽雀配其亲属,彼不自知,而人观之,惭愧讥笑,诸佛菩萨见于我等,亦复如是,(**是故,当生大悔恨故**);七念念观,谓(**观一切时中,几许忆念佛心**),几许利生心,几许垢净沉掉心故;八平等观,谓观一切色一色,(**无好丑故**),一切声一声,(**无誉毁故**),一切受一受,(**无恩仇故**),一切义一义,(**无浅深故**);九微细观,谓(**观佛念法念,起于何来,去于何往故**);十法界观,谓观一毛一尘一草一木,(**皆具有无量净佛国土故**)。行者若行诸观时,以第一(**净观为主**),余九为伴。如石中觅珠,若不破石,无缘得珠故。

四、净念者,念佛之法,名一行三昧,(**唯在决定**)。若不得念,即有散漫,三昧不成。一摄心念,谓(**一切处摄念不忘,纵令昏寐,亦系念而寝,不隔念,不异念故**);二勇猛念,如好色人闻淫女所在,高岩深涧,磷途虎窟,(**必往不怯故**);三深心念,如大海深广,必穷其底,觉路遥遥,不竟不休故;四观想念,谓(**念念中见三十二相,八十随形好故**);五息心念,谓(**息一切名心、宦心、欲心、世间心、贪恋心、贡高心、遮护心、人我是非心,念佛故**);六悲啼念,每一想佛,身毛皆竖,五内若裂,(**如忆少之背慈母,及多慧之**

亡儿故）；七发愤念，如落第孤寒，负才寂寞，（**每一念及，殆不欲生故**）；八一切念，谓见闻觉知，及与毛孔骨髓，（**无一处不念佛故**）；九参究念，谓念佛一声，便念此声落处故；十实相念，谓（**不以有心念，不以无心念，不以有无心念，不以非有无心念故**）。是为上品念佛门，若如是念佛者，（**现身必得见佛**）。

五、净忏者，经云："前心起罪，如云覆空，后心灭罪，如炬破暗。"又云："百年垢衣，可于一日浣令鲜净。"是故欲除重障，当勤忏悔。一内忏，谓忏心意识不净因故；二外忏，忏一切色、一切声、一切不净法故；三事忏，忏十八界、二十五有、八万四千种种尘劳结使，障学阿僧祇劫见佛利生诸行业故；四理忏，谓忏入道以来，所得狂解，所学经论，所闻奥义，作止任灭等病，障佛无漏智故；五过去忏，忏无始世来，所作黑业，如今生虽不偷盗，但所求不如意，即是盗业未尽。今生虽不邪淫，但值不随意眷属，即是淫业未尽。今生虽不谤法妄语，但言出入疑信相半，即是谤法及妄语业未尽。于一切果中，察一切因，当知前生无恶不造，一一当忏悔故；（**灵评：妙辩**）六未来忏，一切恶法即今便止，尽未来世，永不相续故；七现在忏，谓忏现在所有生老病死，种种苦业，种种烦恼业，举足下足业，起口初心业，一切微细不可称量业故；八、刹那忏，一念中有九十刹那，一刹那有九百生灭，一生灭一忏故；（**灵评：此节精进义**）。九究竟忏，谓等觉位中，有一分无明，犹如微烟，究竟洗涤故；（**灵评：此忏下劣得少为足及润道法爱等罪。**）十法界忏，谓（**法性中，无我无人普为十方过现未来一切众生忏故**）。若能如是真实忏者，一切障碍悉得消灭，不离道场，得见诸佛。

六、净愿者，《智度论》曰："诸菩萨见诸佛世界无量严净，发种种愿，有佛世界都无众苦，乃至无三恶之名者。菩萨见已，自发愿言：我作佛时，世界无众苦，乃至无三恶之名，亦当如是。有佛世界七宝庄严,昼夜常有清净光明,无有日月,便发愿言:我作佛时,世界常有严净光明,亦当如是。有佛世界一切,众生皆行十善,有大智慧,衣被饮食,应念而至,便发愿言:我作佛时,世界中众生,衣被饮食,亦当如是。有佛世界纯诸菩萨,如佛色身三十二相,光明彻照,乃至无有声闻、辟支佛名,亦无女人,一切皆行深妙佛道,游至十方,教化一切,便发愿言:我作佛时,世界中众生,亦当如是。如是等无量佛世界种种严净.愿皆得之,以是故名愿受无量诸佛世界。问曰:诸菩萨行业清净,自得净报,何以要须立愿,然后得之。譬如田家得谷,岂复待愿? 答曰:作福无愿,无所标立。愿为导御,能有所成。譬如销金,随师而作,金无定也。如佛所说,有人修少施福,修少戒福,不知禅法。闻人中有富乐人,或闻欲天、色天,心愿乐者,命终之后,各生其中。菩萨亦如是,修净世界愿,然后得之。以是故知因愿受胜果。复次,庄严佛界事大,独行功德不能成,故要须愿力。譬如牛力虽能挽车,要须御者,能有所至。净世界愿,亦复如是,福德如牛,愿如御者。问曰:若不作愿,不得福耶? 答:难得,不如有愿。愿能助福,常念所行,福德增长。"以是义故,(修净佛国土者,当发大愿)。(灵评:是名净上无上愿王)。一者(不为)福田故愿,(愿为一切众生荫,生净土故);二者(不为)眷属故愿,(愿治一切如来家生净土故);三者(不为)病苦故愿,(愿医一切世间无明等疮,生净土故);四(不为)转轮王故愿,(愿转诸佛如来法轮,作大法王,生净土故);五者(不为)欲界故意,(愿离一切微妙五欲,生净土故);六者(不为)色界故愿,(愿离一切禅著,生净土故);七者(不为)无色界故愿,(愿尽种种微细流注,证无量相好身,生净土故);八者(不为)声闻、辟支故愿,(愿以福智二严,饶益一切众生,生净土故);九者(不为)一世界千世界故愿,(愿代无央数世界苦,拔一切众生,生净土故);

十者(不为)一阿僧祇劫千阿僧劫众生故愿，(愿代无量无数阿僧祇劫众生苦，拔一切众生，生净土故)。若能如是发大愿者，最后刹那，决定当如普贤愿所说。是故当知，(愿为截苦海之舟航，导极乐之明师故)。

七净戒者，一切净法，以戒为址。如人作舍，先求平地；如画师画诸山水，先治光明素练，然后著彩。戒亦如是。故戒为诸善行之首，入净国之初门。若不持戒，如恶陋敝女，欲事帝释，无有是处。一悭贪戒，谓行财命二施，及与法施，无爱惜故；二毁禁戒，谓五戒律仪戒乃至无漏戒，满足持故；三、嗔恚戒，以忍调心，及于身口，若遇恶口刀杖所加，但自思惟业因缘法，作偿负想、作导师想、作风寒冷热想故；四放逸戒，谓生死险道，无放身处，如人持满油钵，行悬绳上，不得左右顾视，及生二念故；五散乱戒，谓守摄诸根，息诸缘影，如护风灯，如防生鸟故；六愚痴戒，谓以智慧，破诸迷闷，如作务人常借日光，若是长夜，诸作皆废故。又如登览，当用开目，若是盲人，及与睡眠，诸山河大地，与无等故；七骄慢戒，不应以才辩故贡高，不应以悟解故贡高，不应以诤论故贡高。一切所得，如大地上尘，如镜面上垢，不应以此垢骄彼垢故；八覆藏戒，谓一切处诸佛，一切处菩萨，一切处神明，无可覆故。如日中逃影，波中逃湿，沙中逃尘，无可逃故；九无益戒，谓一切嬉戏事无益，一切诗文无益，一切尘缘无益，一切口解脱无益，当远离故；十不住戒，谓(如上持戒，但为生净土，饶益众生)，不求闻誉法，及诸人天二乘果故。(菩萨如是行于净戒，则能摄诸众生，生于净土)。何以故？一切众生，虽至冥顽，(莫不钦仰戒德故)。

八、净处者，学道之人，既有志出尘，应当舍诸恶处。(若不舍者，应是厌离未极；若厌离未极者，应是忻净土未极)。龙树曰："菩萨心不贵转轮圣王，人天福乐，(但念诸佛，是故随心所重而生佛土。)"(灵评：最要切)。今小小适意处，尚不能舍，何况转轮圣王？如缚足远行，系翅求飞，去住皆累，两心虚萦：（1）繁华喧阗处当远故；（2）歌楼酒肆处当远故；（3）热焰熏灼处当远故；（4）论除目及朝事处当远故；（5）恩爱缠缚及熟游历处当远故；（6）诗坛文社、斗章摘句处当远故；（7）讥刺古今、较长竞短处当远故；（8）**(讲无义味道学处当远故)(灵评：好见地，真有理)**；（9）**(义解家斗名相、矜小智之处当远故)**；（10）**(宗乘狂解，妄谈顿悟，轻视戒律之处当远故。是等挠道，与魔不异)**，是故当远。行者若离是诸处，一切道业即当成办。

九、净侣者，一切悟机非友不发，一切恶法非友不止。如车二轮，去一则蹶。是故世间文字，诸戏论法，尚须同心印正，何况志求无上大道因缘。经曰："譬如风性虽空，由㮹檀林葡萄林吹香而来，风有妙香。若经粪秽臭尸而来，其风便臭。又如净衣置之香箧，出衣衣香，若置臭处，衣亦随臭，友亦如是。"是以行道求友者，当严别净秽。一山林闲适之友当近，能止躁心故；二严持戒律之友当近，能淡诸欲故；三智慧广大之友当近，能出迷津故；四总持文字之友当近，能决疑难故；五寂寞枯槁之友当近，能恬进取故；六谦卑忍辱之友当近，能销我慢故；七**(直心忠告之友当近)**，能抑诸过故；八勇猛精进之友当近，能速道果故；九轻财好施之友当近，能破大悭故；十仁慈覆物，不惜身命之友当近，能摧人我等执故。若无如是净侣，即当屏人独处，自办道业。以像设为师，以经论为侣，**(其他嬉戏之徒，宁绝勿通。如入园中，虽无佳花，不植臭草)**，以无益赏心，徒增厌秽故。

十、不定净者，一切众生根器，利钝不同。如上诸法，皆是上根利器，方得具足。是故如来有异方便，开九品之门，分上中下修习三等：一者或解义谛、未全伏惑，或不深解，但能诵读诸经故；二者或但依语生信，或依他生信，或遇贫穷折辱生信故；三者或观金像，或随意观一相故；四者或晨朝十念百念，乃至千念故；五者或但忏诸粗重习气，及十不善业故；六者或为怖生死，发愿往生，或遇苦难，发愿往生，但不得作人天及诸福德愿故；七者或但持八戒五戒乃至但戒杀、淫、盗、妄故；八者一切喧场，不能卒离，但时时生厌离故；九者于诸世法中人，不能即断，但不随顺故；十者如《观经》下品中说，或但临终十念故。如上诸法，但能至心受持一法者，皆得往生。**（唯不疑信相参）。（灵评：至论。）**若有疑者，一切诸行悉不成就。如人夜中，独趋远道，**（不得生疑）**。是故众生闻法，疑者不如不闻。何以故？彼无闻者，但不闻法，非有障难，**（此则自作障难故）**。

灵峰大师点评此修持门时，用了"至论"、"好见地，真有理"、"最要切"、"妙辩"、"真正宗通说通"、"法界宝鉴"等语，可见评价之高准。同时，灵峰点评此门，比其他门更为密集，原因在于中郎写作此门时，引经相对少一些，多数内容是中郎本具发挥，行持集中，切合实情，针砭时弊。

中郎在此修持门中，又下分了十小门，小门下又分了十小门，门门皆真实语，门门精进，门门菩萨行，门门清楚明白，玲珑剔透，门门金光大道通白法，通极乐，通华藏，通密严。第九门引经十五部，运用事像、物相喻比计七十例，言近旨远，词坦义明，语言绝妙，说理精警，天机钝者浅得，天机利者深得，令人折服。如果我们仅仅就其中一小门（计一百小门）明诵，信解行证，即可获无边的真实利益与真实智慧。

心诚集句曰：（一）言简义丰，理明事备，具足诸佛无量法门，一一法门具足无量妙义，一一妙义发挥诸佛无量妙理。（二）说通及心通，如日处虚空。只此见性门，出世破邪宗。菩提本自性，亦名大法船，迷闻经累劫，悟则刹那间。

18. 精宏渊博具释义
——灵峰点评释异门

据统计，小乘经论六千部，大乘经论六千余部，故经论即宝海。唐代开始，以儒道经书代替小乘。佛说：不先学小乘，再学大乘，非吾弟子。这样看，在儒、道学上打了基础，再读大乘经论，才能逐步透彻明白。然数千部经书，仅仅读一遍也没有时间与精力。佛祖告之以妙法，一门深入，长期熏修。中郎在对千部经论摄受后，发大慈悲心，将经论的契理与契机结合起来，在写了上述九门后，以其特有智慧，择拣经论中的差别异义拈出，分为十小门予以阐明，名释异门。他写道：

西方大旨，经中自明；净土要门，诸论具释。如天亲、智者等，皆抉发幽微，举扬宗趣。云栖和尚《小本疏钞》，条分缕析，精宏渊博，真照夜途之长炬，截苦海之轻舟。诸师所发，已无余蕴。但诸经中，随时立教，逗根说义，时有差别，致生学者疑畏。今略为拈出，博采诸论，附以管见，会归一处，以便参考：（1）刹土远近释；（2）身城大小释；（3）寿量多少释；（4）花轮大小释；（5）日月有无释；（6）二乘有无释；（7）妇女有无释；（8）发心大小释；（9）疑城胎生释；（10）五逆往生释。

一、刹土远近者，问："大小本经皆云，西方距此十万亿刹。《观经》独云：阿弥陀佛去此不远。二说谁正？"释："**（以远近无定故）**，故言亦远亦近。**（灵评：一句证二说）**。何故？凡言某方者某方至某方，几城几邑者，是从色身建立。**（身相虚故，是故所计方**

向道里，**亦皆不实**）。不得言谁近谁远。如滇人言燕地远，是从滇计故，燕实不远；齐人言燕地近，是从齐计故，燕实无近。又如十步之地，蚁子即远，大象即近。不应言远是实，何故？是地不当从蚁计故。亦不言近是实，何故？是地不从象计故。又则（**计十步者，亦非是实**），何故？（**是地既不从蚁从象，亦不当从人计故**）。《智度论》曰：随世俗所传，故说有方，方实不可得。问曰：何以言无方，是方亦有亦常。如经中说，（**灵评：随情说**）。日出处是东方，日没处是西方，日行处是南方，日不行处是北方。日有三分合：若前合，若今合，若后合。随方日分初合是东方，南方，西方亦如是，日不行处是无分。答曰：不然。须弥山在四域之中，日绕须弥，照四天下。郁坦罗越日中，是弗婆提日出，于弗婆提人是东方。弗婆提日中，是阎浮提日出，于阎浮提人是（**东方**）。是实无初。何以故？一切方皆东方，皆南方，皆西方，皆北方。汝言日出处是东方，日行处是南方，日没处是西方，日不行处是北方，是事不然。问：我说一国中方相，汝以四国为难，以是故东方非无初。答：若一国中日与东方合，是有为边，有边故无常，无常故是不遍，以是故但有方名而无实。是则方所尚不可得，岂有程途？（**然亦不废方所及程途故**），何故？（**以不当从阎浮提计，亦可即阎浮提计故**）。如日虽非东西出没亦可言东出西没故。"

二、身城大小者，问："《声王经》曰：阿弥陀佛与声王俱，其国号曰清泰。圣王所住，其城纵广十千由旬。《观经》曰：佛身高六十万亿那由他恒河沙由旬，眉间白毫右旋宛转，如五须弥山，佛眼如四大海水。今计一海八万四千由旬，四海合三十三万六千由旬。身过其眼五百六十万由旬，计所住城，尚少于眼三十二万六千由旬，何况其身？不应身城悬绝如是。"释："《海东疏》中，亦有此问。疏曰：彼佛有众多城，随众大小，城亦大小。大城之中，示以大身,小城之中,现以小身。《声王经》言十千由旬者,是与声闻俱住之城,当知佛身相当而住。《观经》所说身高大者,当知其城亦随广大,与诸大众俱住处故。先德云:《法华》中,净光庄严土,唯演顿故;《净名》中,众香佛土,纯菩萨故。所以彼佛但现高大之身。若安养土顿渐俱谈,声闻菩萨共为僧故,故使佛示生身法身二种之相,三十二相,通于生法,大小共见。若八万相,局在法身,大乘贤圣,方得见也。是故应以藏尘尊特之相得四益者,佛为称机现藏尘尊特身;应以八万尊特之相得四益者,佛为称机现八万尊特身;应以三十二尊特之相得四益者,佛为称机现三十二尊特身。如毗卢遮那,声闻视听,隔于对颜,不妨菩萨,更见大身。何故?(**佛身随所被机大小,如日光随隙分大分小,而是日光无大小故**)。"

三、寿量多少者,经云:"彼佛寿命,无量无边阿僧祇劫。"又云:"彼佛至般泥洹时,观世音菩萨乃当作佛,既当入灭,即是有量。"释:"先德云,藏通补处,彰佛有量;别圆补处,显佛无量。以十方三世一切如来,更无彼此,迭相见故。同一法身,一智慧故。菩萨机忘,如来应息,名补佛处,实异藏通,前佛定灭,后佛定生。故《金光明》四佛降室,疏乃释云若见四佛同尊特身,一身一智慧,即是常身,弟子众一故;若见四佛,佛身不同,即是应化,弟子众多故。故知全法界身,非生非灭,岂得竖分当现,横论彼此。既非生灭,无量义成。且净佛刹中,尘刹水树,皆是佛身。故经中云:是诸众鸟,皆是阿弥陀佛变化所作。《智度论》曰:众生甚多,若佛处处现身,众生不信,谓为幻化,心不敬重。有众生从人闻法,心不开悟;若从畜生闻法,则便信受。如《本生经》说菩萨受畜生身,为人说法,人以说法希有故,无不信受。有人谓畜生是有情之物,以树木无心而有音声,则皆信受。以是故水树禽鸟,皆是佛身变现故。若佛寿量有尽者，道场国土，及诸水鸟音声，亦应有尽。若有尽者，不应有补；若无尽者，不应言灭。如虚空分齐，（非有分齐，非无分齐，以不思议智，照之可得）。"（灵评：此同观心释也。）

四、花轮大小者，《小本》曰："池中莲花，大如车轮。"《观经》云："一一池中，有六十亿七宝莲花，团圆正等十二由旬。"《大本》云："池中莲花，或一由旬，乃至百由旬、千由旬。"夫人世车轮，大不逾丈，纵复轮王千辐金轮，纵广不过一由旬，何得大小相悬乃尔？释："花轮大小亦如身城，以众生机有大小故，身城水树现有大小，莲花亦然。如初地，化百佛刹，现百叶花；二地，化千佛刹，即现千叶；三地，万叶；四地，亿叶；五地，千亿；六地，百千亿；七地，百千亿那由他；八地，百千万三千大千世界微尘数；九地，百千万亿阿僧祇国土微尘数；十地，十不可说百千亿那由他佛刹微尘数。以自受用身有大小故，现花亦尔，非是花有大小故。尝闻僧言：海边有阿育王舍利塔，众生见者，光明各异。有见无光者，有见光如细豆许者，有见如枣巨者，有见如指顶大者，有见大如斗者。如斗者，千不一见。众生同一肉眼，所见尚异。何况菩萨、声闻乃至人天等，功用悬绝，所感花轮，焉得不殊。如此土中，刹利贵种，飞楼杰阁，遍满城邑。寒微茕子，敝茅土窟，乃至不得。不应难言大小悬殊。何故？是自福德所招致故。宝池花相，应亦如是。"[1]

五、日月有无者，诸本或言日月处空；或言处空而不运转；或

---

[1] 印光大师 1931 年初，读此著本节，兼览浙江宁波鄞县《育王山志》，发语约一千五百字，详见《净土十要》。现摘要如下：明万历时，吏部尚书陆光祖，笃信佛法，极力护持。与亲友数人睹阿育王舍利塔，见舍利如豆、如枣、如瓜、如车轮，光明朗耀，心目清凉。如来大慈，留此法身真体，俾后世众生，种出世善根。以由睹此神异，自可生正信心。从兹改恶修善，闲邪存诚，以期断惑证真，了生脱死，直至复己本具佛性，圆满无上菩提。

不言有无；或直言无有。又经曰："彼佛光明，普照佛刹，无量无数不可思议，映蔽日月。诸声闻众，皆有身光，能照一寻，菩萨光照，极百千寻。二菩萨光明，常照三千大千世界。"如是虽有日月，如爝火之处太阳，岂有光照？若日月不能照者，应无昼夜。何故？经言昼夜六时，及与清旦食时等事。明知亦是权说，借此昼夜，喻彼时分，非为实事。且昼夜往来者，是众生心明暗倾夺，感有此相，故净佛国土，不应有此。**（如忉利而上，尚不假明日月）**，何况极乐？纵令有者，亦是彼化国众生，色空见未尽，现有如是日月相故，而实佛土，无有日月，如《大论》曰："释迦文佛更有净国土，如阿弥陀佛；阿弥陀佛亦有不严净国，如释迦文佛。"此随机感说，亦不妨说有故。

六、二乘有无者，问："天亲菩萨《无量寿偈》曰：大乘善根界，等无讥嫌名。乃至不闻二乘名，何况有实？是诸经中皆言：国土声闻，不可称量。何故？"释："先德云：二乘生者，皆是临终回小向大，以习小功深，闻佛所说，及风柯水响，皆演小故，暂证小果，渐次增进，至菩萨位，非是住小。是故说无二乘者，有二义：一是决定二乘不生，是实无故；二是不住二乘，是毕竟无故。譬如二人同官郎署，一人官止于此，一人将迁。止郎署者，可以称郎，以无后官故；将迁官者，不定是郎，以郎毕竟改故。以是故净土不得言有二乘，以毕竟至菩萨位故。"

七、妇女有无者，《声王经》中，阿弥陀佛亦有父母，何得言无女人？释："此亦化作，如化鹦鹉。《海东疏》曰：《声王经》说安乐世界阿弥陀佛有父母者，是变化女，非实报女。又复虽有父母，而非胎生。实是化生，假为父母。如彼经言，若四众能正受佛之名号，以此功德，临命终时，阿弥陀佛即与大众住此人所，令其得见。见已庆悦，倍增功德，以是因缘，所生之处，永离胎胞秽欲之形，纯处鲜妙宝莲花中,自然化生,具大神通,光明赫奕。当知父母假寄之耳。或说《声王经》中说有父母,是显彼佛所住秽土。(**是义不然**)。何故?彼经既说宝莲花生,又言二菩萨侍立左右,此等悉是净土相,不异《观经》所说故。当知彼经所说,提婆达多及魔王等,悉于净土变化所作。不由此等,为非净土。如化畜生,非秽土故。"

八、发心大小者,魏译三辈之中,皆有发菩提心,《观经》下品直言十念。诸经互异,今欲和会者,诸经皆是发大菩提心以为因故。何故?若是最初无大因者,其人虽复经耳,亦生疑难,何得顿闻顿信?是故当知下品十念者,(**亦是宿植大因,后生退堕**)。故其临终遇善知识,(**如旱苗得雨,萌芽顿发故**)。若无因者,(**知识尚不得遇,何况信受**)。如聪慧贵游之士,多有愈闻愈不信者。即知(**一闻顿念,非是小缘,不应以一生作恶,便谓此人无大因故**)。经云:"世间人民,得闻阿弥陀名号,若慈心喜悦,毛发耸然,泪即出者,皆是累世尝行佛道,或他方佛所尝为菩萨。"是故(**不论颙愚黠慧,凡至心念佛者皆是多劫深植善根,发大菩提心故**)。(**灵评:千真万确。**)何故?所谓善根者,不专言智慧。若复无根,如种焦谷,岂有芽出?如世间弈棋小事,有无知贱流,顿学顿精者;有智士习之,终身居末品者,(**即知是因**)。小技无因,尚不得入,(**何况大法**)?(**灵评:确然。**)是故若有信是希有难信之法者,(**是人即是大心菩萨故**)。(**灵评:十恶五逆,若信此净土法门,即不思议人,决得成佛。自负大彻大悟,若谤此净土法门,即最下贱人,决定堕落。**)

九、疑城胎生者,唐译曰:"若有众生,(**灵评:未悟自心**)堕于疑悔,而积集善根,(**灵评:以此善根**)希求佛智、普遍智、不思议智、无等智、威德智、广大智,于自善根,(**灵评:以未悟故**)不能生

（灵评：真实）信，由闻佛名、起**（灵评：求生净土）**信心故。以此因缘，于五百岁处花胎中，犹如园苑宫殿之想，不见佛，不闻法，是名胎生。"魏译曰："不了佛智，然犹信罪福，修习善本，愿生其国，是故胎生。"宋译曰："众生所种善根，不能离相，不求佛慧，妄生分别，深著世乐人间福报，是故胎生。"王氏本曰："若有众生，修诸功德，愿生彼刹。后复疑悔不信有彼佛刹，不信作善得福。其人虽尔续有念心，暂信暂不信，临命终时，佛乃化现其身，令彼目见。以心悔故，其过差少，亦生彼刹，是谓胎生。"今按前二译，但不信自性，不了佛智，名胎生故。宋译则直言修善求生人天者为胎生，极乐国中无胎生故。若王氏则又以不信佛刹，不信罪福，暂信暂不信，为胎生。异前译中闻名起信，及修习善本二种往生。大约净土中，略言九品，广言千万品，亦不能尽。如今生人中者，种种福报，种种罪业，各各不同。是故诸译虽互异，皆为实语。就中唐译，旨趣尤奥。以不信自善根故，依他起信，即是疑城。信自善果者，即顿了自心，不从他得，以入悟方能脱疑。是故**（未悟而修，终隔疑胎）**。胎以裹蔽为义，未悟之人诸障未彻，合得是报。此等当在中下、下上品摄，何故？下品后二种，经历六劫十二劫，方得花开，此但五百岁故。若如王本，则信佛猛利，未若最后二种。又所生在其刹边地，不应五百岁得见佛故。①

十、五逆往生者，《大经》曰："唯除造五无间恶业（笔者注：指杀父、母、阿罗汉、破和合僧、出佛身血），诽谤正法，及诸圣人。"《观经》："则五逆十恶，临终十念，皆得往生。"当知《大经》拣五逆者，以诽谤故。何故？入净土以信为导师，诽谤是信之贼。如水无所不容，但不容火，**（以火自不能容故）**；如风无所不入，但不入

---

① 唐译指菩提流志译《无量寿如来会》，宋译指赵宋法贤译《佛说大乘无量寿庄严经》，《王氏本》指宋王龙舒会集本《佛说大阿弥陀经》。

石,(以石自不堪入故)。诽谤之人,烧正法如猛焰,障佛智如铁壁,是故法海慧风,无因得受。《观经》拣诽谤不拣五逆者,义同文异。以五逆虽至恶,(尚无决定不信之见,不应拣故)。然有大心之人,始或不信,后因启发,猛省前失。如韩昌黎始斥佛骨,后皈依大颠;张无尽初诋佛书,欲著无佛论,后观《净名经》,大有省发,卒为宗门龙象,尤是法中希有之事。是故儒林英特,或有谬听先入,误谤佛法,(但速图改悔,即是圣事,不应以谤为障难故)。(灵评:大慈大悲大智慧,真语实语。)

末卷中,中郎引经书三十部,喻比事相一百余例,涉及佛名、人名三十例,重点探讨五逆往生观,博采诸见,会归一处,附以己见,真照夜途。一方面,赞叹诸祖师所发,已无余蕴;另一方面,则指出诸经随时、逗机说义,时有差别。于是,中郎顺手拈出十种,一一辩解,修学者一看一觉,一观(细思)一悟,疑畏必出,心灯自明。

灵峰大师对于本卷的圈点语很独特。强调发心广大,深植善根,除剔诸障,彻悟自心,才可明义了佛智。所使用语词有"千真万确"、"若信净土,即不思议人,决定成佛"等,总评为"大慈大悲大智慧",这个评价无以复加。与其序文中所言"身为横扫千军之儒英,又为跳踉井干之禅擘"遥相呼应,充分肯定此论与佛经齐位,中郎与佛等身。大师在论首序言中,说"合论出于净宗弊极之年,闻教救时,于今为烈。灵峰收为一要,卷当第十,志殿也"。即在净土十要中,是"压轴"大作。

心诚集句曰:(一)字字从真实悟门流出,绝无一字蹈袭,又无一字杜撰;(二)中郎果是东坡,佛法乃大进矣;(三)佛门居士唐梁肃、宋陈瓘、明袁宏道,盖未可轩轾也;(四)重谋付梓,用广流通。普使法界有情,从此谛信念佛法门至圆至顿,高超一切禅教律,统摄一切禅教律,不复有泣岐之叹也;(五)十方世界现全身,法界宝鉴真实语。(摘自《评点〈西方合论〉序》)

(三) 简介

说明:对未选入灵峰点评的四门予以简介,合计十门。对"释异中的一疑释"不计。

19. 净土殊胜无量义
——简介刹土门

(1) 合论难得

佛教传入中国,很快被朝野所青睐。从汉明帝时代发展到明代万历年间,已和中国传统文化融合渗透,密不可分。所谓儒道佛三者合一,浑元共存,佛门曾形成了十大宗派总体归一的格局。由于历代皇帝的重视、百姓的信仰、士子阶层的研习、高僧大德的笃行,寺庙林立,僧人如麻。达摩东来传教至唐代,禅宗慧能六祖座下明心见性,开悟入道者达四十三人,真正空前绝后。《六祖坛经》成为中国佛教史上本土创立的第一部经典。禅宗到唐代中叶,马祖、百丈(能大师徒子徒孙)改寺庙院庵为丛林制度,相当于佛教学院,修行人讲经说法为主修,历代人才辈出。到了明末,禅门出现"莽荡祸生狂滥遂极"的邪风,僧人们忽略"一乘纲宗"的熏习,对净戒呵斥远离,"贪恋世缘","贪嗔邪见,炽然如火",自己尚惑,却欲"为人解缚",这是何等荒谬。这种狂禅邪风的最大通病是狂妄谈禅,"执言皆是",执相著相,"趋五欲之魔城"。

　　中郎学道十余年,也曾堕此"狂病"。"后因触机,薄有省发,遂简尘劳,归心净土"。"礼诵之暇,取龙树、天台、长者、永明等论细心披读,忽尔疑豁。"中郎是在什么样情况下写作《西方合论》的? 我们搞清楚了这个问题,才会珍视《西方合论》。中郎是在礼敬读诵佛门最重要的经典《华严经》、《楞严经》、《无量寿经》等千部后,豁然开悟,深信净土法门,他喜不自胜,如"贫儿得伏藏中金"。恩庵和尚与平倩居士这两位大德启请中郎会集西方诸论,于是概述"古德要语,附以己见",始于"己亥十月二十三,成于十二月二十二",可见正式写作时间是两个月,酝酿构思长达十年以上。这一过程,中郎在《西方合论》的引文中说得清楚明白。足见中郎难得,大悟难得,《西方合论》难得。何以难得? 我们分几点来谈。

　　一、大事因缘。佛门将学佛得道以"开示悟入"四字概括,"开示"是佛祖经论,"悟入"是修行者,是众生。佛学哲学是世界哲学的最高峰,《华严经》是佛学的最高峰,《无量寿经》又是《华严经》的最高峰,明心见性,信愿持名,归心净土又是《无量寿经》的最高峰。中郎明白了这个道理,故"深信净土","略稽往哲",阐明大事中的大事是笃信净土法门,走正道而促众生成佛。

　　二、不离世法,而证佛法;不废佛法,而行世法。中郎说:"阿弥如来,纯以念佛摄一切人往生净土。"这个观点来自《阿弥陀经》(被列为净土五经之一),重点在"摄"字,"摄"是影响与取得。佛法(称出世法,无为法)与世法不可分离。故佛门主张学佛是将佛的知见容纳于日常吃饭穿衣中,落实于行止坐卧中,运用于待人接物中,体现在迎宾送客中。天地日月,花草树木,法界虚空,鸟兽虫鱼,自然现象,物质现象,精神现象,都是法界所在。会学佛,处处事事人人,日日时时都可以学佛修佛,学得快快乐乐,圆圆满满，既炼慈悲之心，又炼般若之慧。不会学佛，处处障碍，事事烦恼，忧愁苦闷，贪嗔痴迷。关键在什么地方？契理契机。中郎提出的"纯以念佛"极顿极圆，即纯净纯善，发菩提心，一向专念，这是契理，这是佛法。根据众生根机、心态及所处环境，传扬经典教义。根浅者，教他转恶为善；根进者，教他转迷为悟；根上者，教他转凡为圣。根分三等九级，转相应有千万种法门，使学佛者逐层升登，这叫契机，可见学佛活活泼泼。但总持、总门、总纲、总目标只一个，求生净土。

三、佛说四十九年法，"诸法实相"是核心，大家别小看了这句话，它含义深广。它指真如法性，指自性。它不好懂的原因在于诸法非法，实相非相，非法非非法，即"妙觉极智如法界"（《西方合论》第一卷）。佛传授弟子，教《阿含》12 年，伦理与道德，因果教育，称人天法，相当于小学；教《方等》8 年，教破见思烦恼，相当于中学，通称证阿罗汉果位，出六道轮回；教《般若》22 年，教转迷为悟，属大乘佛法，相当于大学；教《法华经》8 年，相当于研究所，教转凡成圣，念佛见佛做佛；最后一天，教《涅槃经》，是遗嘱。49 年所说就是为了让人们懂得"诸法实相"，可是至今太多太多的人不懂，迷惑颠倒，我在其内。可见佛是彻底的觉悟者，明白人。佛祖一生从事教学，大点法会三百余场，平日随时说法，一个人也说，多人也说，不分宗教，种族，国家地域，不分贫富贵贱，有教无类。佛祖是多元文化教育家，是义务教育工作者，佛教是教育。我们都应受此教育。所教核心内容是宇宙万物及生命、人我的本性根源，目的教人们获得最大福德与最高智慧。无量寿为福德之极，大彻大悟，开智解为智慧高峰，即是中郎所言以究竟境界"方便初心"，是龙树、天台、永明等经论的要旨。故读过《西方合论》的高僧给予"撰述精详，议论卓越"的评价，明代净宗祖师蕅益（灵峰)大师给予"聪明绝顶,胆识超群"的评价。蕅益大师何许人呢?
近代净宗祖师印光称他为古佛菩萨再来。

(2)简介刹土门

一真法界,身土交参。十佛刹海,净秽无别。只因众生行业
有殊,诸佛化现示异。或权或实,或偏或圆,或暂或常,或渐或顿。
一月千江,波波具涵净月;万灯一室,光光各显全灯。理即一谛,
相有千差。爰约诸教,略叙十门。有毗卢遮那净土、唯心净土、恒
真净土、变现净土、寄报净土、分身净土、依他净土、诸方净土、一
心四种净土、摄受十方一切有情不可思议净土。

一、毗卢遮那净土,即诸佛本报国土。华藏世界,皆满虚空,
互相彻入,净秽总含,重重无尽。一草一木,一毛一尘,各各皆具
此无尽法界,佛及众生,无二无别。夫释迦为主,则释迦遍一切,
而阿弥陀佛为所遍之一处。当阿弥为主,则阿弥遍一切,而释迦
为所遍之一处。如一人之身,当自自时,不妨为一切人之他。当
他他时,不妨为一切人之自。以是义故,自他不成,**(即自亦遍一
切处,他亦遍一切处。故西方毗卢,非自非他。)**

二、唯心净土,直下自证,当体无心,即是净土。心是即土之
心,土是即心之土,心净土净,法尔如故。心本含土,莲邦岂在心
外?故**(知约相非乖唯心,称心实碍普度矣)**。

三、恒真净土,即灵山会上所指净土。秽性本寂,俗相恒空。
菩萨居秽常寂,入俗常空。

四、五、六、七、八、九净土略。以下重点介绍阿弥陀佛净土,
即摄受十方一切有情不可思议净土。中郎说,阿弥陀佛净土,殊
胜无比。其中悲智海,大愿力海,即便一切有情无情,"草木瓦砾,
邻虚微尘之类,一一具无量口,口中一一具无量舌,舌中出一一无

量音声,常说,倍说,炽然说,无间说,经百亿万尘沙阿僧祇(无数量之意),亦不能尽"。这个说法对阿弥陀佛净土赞叹到了极致。略加解释是五不可思议:

1.身土不可思议,阿弥身中无量众生,众生身中有无量阿弥。一众生念阿弥,一阿弥见;众众生念阿弥,众阿弥见;(**众生念念阿弥,念念阿弥现**)。是故身中含身,身中含身身,土中含土,土中含土土,身土交含重重不尽。

2.性相不思议。离性言土,土即心外,即性即相,非性非相,非存非亡。用通俗话讲,是性不离相,相不离性。以金作器,器器皆金,离器找金,金不可得,离金造器,金器不得。

3.因果不思议。有两种含义:一是因先果后,如念佛是因,见佛是果;见佛是因,成佛是果;成佛是因,度众生是果。二是因果无前后,即念即见,即成即度,一时具足。如人三十是因,四十是果。然三十四十没间断相,没三十四十不成,没四十三十不立。

4.来去不思议。阿弥陀佛,因念而来,众生忆佛,而生彼国。佛无所从来,我亦无所至,生则决定生,去则实不去。如水中月,东行则东,西行则西,非去非来。

5.毕竟不可思议。如澄潭山影,如春阳百草,如众生业力,如日月光照,如胎中根,如身中我,如齿尖舌柔,如眉横发长,无量净土法门,是不可思议不思议。

灵峰大师对本卷的评介语有:一、"(**西方即毗卢净土,毗卢是实,则西方决非权矣。**)"二、在"由于心外见土故"后道:"(**说破病根**)"。三、在"称心实碍普度"后评:"**卓见。**"四、"(**谁敢以恒真净土之言为利少害多,非大悟者不能有此胆识**)。"五、在"方便有余土"后,评道:"(**下方便等三土,各分净秽,唯西方极乐,横具四土,而四土皆净。所以最妙,尚宜细细发挥**)。"六、在"**众生念念阿**

弥,即念念阿弥现"后,评道:"(分明之极,人自不知)。"

心诚曰:中郎在"合论"第一卷中有总结:

一、"十方诸佛,吐心吐胆,亦只道个希有难信而已,虽有遍覆三千大千舌相,讵能分疏其万一哉?"

二、"无量法门,一以贯之",何为"一"? 我心即佛,佛即我心。自心是佛,自心作佛,我心净土,自性弥陀! 用中郎的话说:一灵真性,亘古亘今。

20. 是心作佛心是佛
——简介教相门

"合论"每一卷都是究竟圆满的佛理,您若搞清楚其中任何一卷,您将得到最大的福慧与实益。甚至于您如果能将其中一句搞明白,搞透彻,您可以解脱可以悟入,可以成佛。何为明白? 何为透彻? 您知一而识万,一通而百通,何为通? 信解行证,懂理且实行,您就通了,做到了心行相应,必定通透。这样看来,学习中郎的佛法确实不难,难在相不相信。

下文介绍"合论"第四卷的内容及笔者的学习体悟。

先讲故事:当年,韦提希夫人遇到重大挫折,逆缘恶缘丛生。她的丈夫本是国王,儿子为了篡权夺位,谋杀国王,韦提希夫人苦闷烦恼至极,力求解脱,真诚请佛祖说法。佛祖便将修"净业三福"展示给夫人,并传授解脱妙法:我有解脱法,解脱在本人。夫人恭敬礼诵,乞请升登诸佛净土。佛祖以神威之力,将西方诸土展示给夫人,夫人立即选择阿弥陀佛极乐净土。佛祖传授先修小果,再求大果,发菩提心,一心不乱。遵佛所教,韦提希夫人终生西方。

　　何为发菩提心？蕅益大师解释最有意思：他说真信西方有阿弥陀佛，真信阿弥陀佛的极乐世界最好。中郎对于菩提心的解释与蕅益异曲同工。中郎说：菩提心者，即佛性是。又说菩提心犹如种子，生一切诸佛法；犹如良田，长众生净法；如大地，能持一切世间；如净水，能洗一切烦恼垢；如大风，普行世间无所碍；如盛火，能烧一切见思迷惑之薪；其智宏深，譬如巨海；其心纯洁，喻比雪山；如金刚杵，破一切邪魔。即依正信正愿，究极归一，"一心不乱，即得往生"。

　　中郎以净土三经为据，择录《无量寿经》、《观经》、《弥陀经》中的要言，阐明"是心作佛，是心是佛"的道理，说明念佛一法，以圆为顿，直指心宗，摄全义海，更无迂回，阿弥一声，是非俱刬，何等直截方便。这是因为一句佛言，具足十念，见金莲花，犹如日轮，威德智海，消无量劫业障。即便五逆十恶亦可持名往生，原因呢？中郎比喻道：镬汤波底，岂贮寒冰；烈火焰中，岂容寸草？并说达摩再生，不改此论。如人犹豫踌躇，万劫千年，不得解脱。

　　中郎反复赞叹：一切众生，本来是佛。净土法门，无量妙行，念佛见佛，一乘了义，万善同归，极圆极顿，不可思议。莲宗圆融，群经之首。何为首？《无量寿经》。修持十善，教化群生。这是非常了不起的见解。明代末年净土待势，狂禅风靡，中郎高举寿经，光阐道教，欲拯群萌，开佛知见，示佛真知，悟佛本真，入佛心曲，至今灵性闪耀，放大光明。

　　中郎为了让人们理解，讲了世与出世几个小故事：一说一年夏天，干旱近百日，佛祖命众僧施医药。众中有一比丘，身之阴根重病，良药诊治，须用肉药，如不用肉，病就加厉，有性命之虞。当时有患病女居士，得知其情，取刀割自己大腿之肉，切成小块，送病比丘服用，不久而愈。而此居士患伤疮苦恼，不堪忍受，即发呻吟声："南无佛陀，南无佛陀！"佛当时在舍卫城，闻其音声，对此女起大慈悲心，此女寻见，佛持良药，涂其疮面，还原如初。佛当即为此女说法，她闻法欢喜，得无上正等正觉。

佛又说，从前骄萨罗国，有五百盗贼，结党抢掠，无恶不作。国王遣兵伺捕，将每个盗贼眼目挑瞎，赶到黑暗丛林中，受大苦恼。众贼啼哭号唤："南无佛！南无佛！"佛当时住只桓精舍，闻其音声，即生慈心。时有凉风吹香山中种种香药，满其眼眶，不久人人复明，如同本初。众贼开眼，见如来立前说法，贼闻法得无上正等正觉。

这是什么原因？这是慈善根力。如来法性，无人无我，无远无近，十方世界，智境无别。正因佛法，众生如佛。众生如来，为业所障。除障即佛，离惑即真。一真法界，岂容思议。自心感应，生佛和合。（**于佛地中，离自离他离和合**）。

古代有杜顺和尚，他将一双僧门宝履悬于大门，长达十年没人偷去，原因何在？他说，多生以来，自己不作盗业，不存盗心，故得此报。古代有一皇妃贫困已极，凡手所触金银美玉，立即成土变铁，不能自存，何因？此多生业力之故。（**此节为灵峰弟子如奇所补**。）

佛之善根威力，有因有果，深言之，诸佛报化国土，互相摄入，全他全此，而无妨碍。佛土光净，彻照世界千灯一室，三世一时，一无一切无，一有一切有。如同夫妻，共生一子。不应说谁生谁不生。风枝水响，咸宣妙法，无一物非佛身，无一物不转金轮。情见妄知，不能计度。众生妄计佛身有去有来，而实佛身无去无来，亦无不去不来。好比鸟飞空中，一日千里，空非随鸟，鸟不离空。故经言，阿弥陀佛常在西方，又言在一切行人之所。正是身根，依是器界，依正无碍，依正不二。

灵峰大师在本卷的重要评介语有：一、于"属意即有，属物即无"后，评道："（透彻之极，清凉国师当让一筹）。"二、在"阿弥陀佛，即本师卢舍那，犹属情量。"（清凉国师语录）后，评道："（情见分别计度亦本离自他和合，亦即非情见所能分别计度也）。"

心诚曰：修菩萨行，积集善根，安住善根，成就善根。诸法无所依，而依善法得出离。勿贪虚名，勿轻戒律，不行笼统诳禅，不信轻狂义虎，天上无作业之佛，地上有对证之鬼，莲邦不远，达士加鞭，是心作佛，是心是佛！

21. 一念成佛往生门
——简介往生门

从前，有个和尚，修四禅八定，证得阿罗汉果（即破了五种见惑与五种思惑，进了四圣法界的初位）。但他不再求上进，到命将尽时，见有四禅中阴相，生起邪见，认为佛骗了他，没有不生不死之境界，结果命终堕入地狱。

从前，善财童子以文殊、普贤为师，发心悟道，参访德云比丘，德云传教，忆念一切诸佛法门，入弥勒重重无尽楼阁。明白普贤十大愿王导归极乐是一切如来入道的样板，五十三参得以成果。当代净空法师说他讲经到三十年时，尚且不怎么信净土法门。一天，讲《华严经》88品，讲到一半，忽然自问：文殊普贤是怎么得究竟佛果的？于是将《华严经》最后部分细读，原来他们通过忆佛念佛，佛现当来，见佛成佛。从此坚信净土法门，此后三十余年专弘专修，深信不疑。而净土诸经中《无量寿经》为第一经，一念乃至十念（临终一念）是此经中的教眼，心中之心。

这些故事说明：（不生净土，何土可生）。念佛法门，殊胜无比。中郎看到明代那时禅人得少为足，荡心越轨，一念妄证，恶报地狱。告诫修行人们：古今圣流，主张净土。这个观念于过去世、现在世、未来世都是真知灼见。

一、近佛根利得般若。菩萨分大与小，全以见不见现在佛为分晓，见则近佛，以近佛根利而得般若。一念阿弥，三昧速现，寄质莲邦，永脱贪欲。而小菩萨，善根浅种，进尺退丈，不得三昧。从前，有位舍利弗，一千六十劫行菩萨道，渡布施河时，有乞丐乞求其眼珠，舍利取左眼于他。他说，错了，应是右眼。舍利弗取右眼给他。他接过眼球，闻了一下，以手甩地，用脚踩。舍利弗想，此等愚人难度，不如调御而早脱生死，如此一想，退回小乘果位。从前，又有一飞行仙人，能自在出入宫廷，被皇帝所尊。一天，皇帝外出，见美妃相迎，以手与美妃相触，谁知神通尽失。可见，大菩萨才不贪著，处染不垢，如鹅入水，水不湿身。小菩萨入人中火宅，百苦相缠，远佛根钝，不现三昧。**（即知菩萨常当近佛，以近佛根利，疾得般若故。）**

二、大乘清净纯良伴。即使生活兜率天（兜率为知足之意）宫，退位者仍很多。因为诸天美女，微妙端丽，天人耽玩，自不能舍。阿弥净土，清纯为伴，烦恼恶业，毕竟不起，得入正定，方便接引。故修行人，如需饮则不入焦石之乡，避溺而不可沉大海之底。

三、最初发心求净土，常得闻法至不退。天人在长寿天八万大劫，常著味邪见，善心难生。如于禅定中，集诸福德，闻诸佛法，才可还生人中。从前，佛祖曾抓一把土，伸张手指，掉入地下。佛问：是地上土多，还是指甲上土多。比丘说地上土多。佛祖说还生人中者，如指甲土；堕入地狱者，如地上土。原因呢？在本愿发心上。

四、凡夫往生，依佛力加持威力。菩萨分二种。一为生身菩萨；二为法身菩萨。法身菩萨，断结使，得六神通。生身菩萨，如果离欲离恼，得五神通乃至六神通，不生三界（欲界，色界，无色界），所至世界，一乘清净。凡夫念佛，念佛见佛，（念念中具六神通，故往生净土，其念力不可思议）。

五、一念成佛，与佛同位。如初发心，便成正觉，方可修道。诸佛境界，智慧光明，普门法门，炼磨习气，增长慈悲，无明始谢，智慧始明。如普庄严童子，一生得闻善熏习，二生成其解行，三生得入果位。而此三生，只在一念，如众川入海，才入一滴，即周遍大海，无始无终。若百川之水深，不及入大海之一滴。一念即无量劫，如"华严"十玄（指一多相即，小大相容，广狭自在，延促同时，因果相应，依正不二，重重无尽，圆明具德等），处处无碍，时时无碍。一念成佛之因有二，一者因缘合和入实性，无多少先后；二者行行才满，取最后一念。如旅者远行，最后一步为到目的。一念成佛，与佛同位。未具究竟，复有深浅。（故禅门悟达，不废一切行，以消磨无始积习）。念佛近佛，行成果满。居此浊恶，若不近佛，垢腻交集，进一退万，行何以成。

六、生死大事，非一知半行，轻易得到。如得求取不生不死、无量寿、无量福、无量智果位，必先集无量福德，利根心坚，从闻佛法。如人远行，有人乘羊车去，有人乘马车，有人乘神通去。乘羊者久远，乘马者快速，乘神通者，意顷即到。入菩萨位，初发心好，如不杂诸恶，久久生念，我求佛道，经无量劫或至或不至，与先世福德因缘有关，如复钝根，心不坚固，如乘羊车。有人前世福德利根不厚，但发心行六波罗蜜，若三若十若百阿僧祇劫，得成正果，如乘马车。而乘神通，仅仅一念！（是故悟达之士，决当求生净土，如法修行。）

灵峰大师在本卷"不生佛家，尤是假名菩萨"后，评道："（此明未悟之修,不名真修)。"灵峰弟子如奇在"十住以上,即与佛同"后,评道:"(此必修行业,然不近佛,行由何成?故须生净土)。"

心诚曰:渐修顿证,各各不同,欲取佛位,无骤至者,虽取佛觉未为究竟。悟达之士,当生净土,如法修行,免致退堕。待忍力坚固,入世利生,方为究竟佛果。

22. 欲修正因首割邪
——简介见网门之一

从前,佛祖问波斯王:"如今你面容皱纹多,头发变白多,有所伤感吗?"王答:"岁月催人老,老向死逼近,我很伤感。"佛问王:"你之面皱与发白起于何时?"王答前几年。佛告诉王说:"起于童年,起于出生之日,更早起于住胎之时。"佛问王:"你现看恒河之见,与你童年看恒河之见,有童年、老年之别吗?"王答没有。佛告诉王:"你面皮虽皱纹多,此恒河之见算精当。你的自性、真灵发皱没有?没有!皱纹是变化,不皱的自性是不变化。变的有生有灭,不变的根性没有生灭。所以说,肉身有生有死,灵性没有生死。好比小儿初生或哭或笑,先习染忧喜,并没人教他,而忧喜续生。又如初生牛仔,一生下来,就趋向母牛乳头吮吸。又如猪如羊,生下不久,便知道牝牡交合。子同父母,好丑贫富,聪明愚钝,各各不同,若无先世因缘,不应有差别。"

这故事是说:人有前世,也必有后世。众生肉眼不见,而生邪疑,是因智慧浅薄。中郎在《合论》第八卷第一章中说:"圣人说今现在事,实可信故。说后世事,亦皆可信。""既自无智,又不信圣语",是堕入魔见,世间人作此见最多,它已成为人们求往生西方净土的第一障碍与困难。

从前，有个国王病了，请了名医诊疗，并开了药方，此为灵丹妙药。但王服药后，毫无起色，他照样住深宫，伴宫女，照样进美食，不节欲，不调适，结果病势日重。名医再次探视，见国王病入膏肓，问及饮食起居，知道王不节制保养，后悔自己没有劝诫之过。王何以病重而妙药无效？习气而已，邪见而已。

一、当世之人，习气太重，邪见太深。一切圣人，内外经书，皆说后世。死后只是身灭，灵没有灭。但世人皆疑因缘，事实是生前身情意业，受后世果报。譬如，乳中著毒，乳变为酪，酪变为酥，酪酥非乳，乳酪虽变，而皆有毒。又如冬木，虽没花叶果实，到了一定时节，次第而出。由此因缘，可以断定，人有生死，且有死生。若生善法，净信业因缘，心地清净，必得如实智慧。心则欢悦，身得轻软，颜色和悦。若生不善之法，身心必得其反。如胎中之根，无知而转，字母之乳，无因而出。业因缘虽过，能生果报而不灭。说种种往生，因缘造业。**（佛法不著有，不著没有，非有无亦不著，不著亦不著）**。如以刀斫空，空无所伤，因为毕竟空。

二、怀疑念力，是另一邪见。人之念头，所系最急。如水必赴海，火必燃上，利刃之必伤，毒药之必杀，无有空过。**（念佛之念，亦复如是）**。如有一男子，淫念甚坚，化为猛焰，延烧神庙。**（念力是一切法中之王）**。极乐距此十万亿刹，顷刻即至，**（自心本妙）**。《楞严经》云，当处出生，随处灭尽，因缘合和，虚妄有生。因缘别离，虚妄名灭。往昔，中郎家乡有人能致乩仙，乩仙者，其兄也。后来，其兄赴选京师，他们有所卜，其人考虑兄在老远不能应对，于是画一个符，宣说其中内涵，少顷即至。此等即是业系，尚且如是迅速，**（何况不可思议念力）**。修行人依**（仗阿弥本愿功德，顺水张帆，有何障碍）**？苏子瞻曰：佛以大圆觉，充满十方界，我以颠倒想，出没生死中。云何以一念，得往生净土？我造无始业,本从一念生。既从一念生,还从一念灭。生灭灭尽处,则我与佛同。如投水海中,如风中鼓橐,虽有大圣智,亦不能分别。

三、有些魔民,专恣狂慧,不肯持戒修行。于经中言词,随语生解,随解引毒。经云:尚无不杀、不盗、不淫的邪念,哪来杀盗淫的邪事。从前,有个僧人名磨达,有辩慧之才,师事一尊者,尊者知其解悟欠行悟,对众称赞之。到了传法位时,授予另一徒弟。磨达心恨曰:尊者知我之深,何故不嗣位? 一日,独行渡水,见一女子洗脚,露其足,磨达念曰:此小腿白得如此美妙! 尊者遍知彻见,忽在旁曰:"今日之见,可授祖业?"于是磨达惭愧,摄念忏悔,礼足求哀。此一淫戒易犯,可知六度波罗蜜应具足之难。

菩萨禀戒为师,常怀大惧,提出宁可舍命,不可破戒。凡具足戒者,罪与不罪不可得。若贪著无罪,见破戒罪人,则轻慢,见持戒善人,则爱敬,如是持戒,各起罪因缘,不名具足。故知,(**住戒即破,何况弃毁,戒执亦戒,始名持戒**)。诸梵行不可得。故曰千日学解,不如一日持戒。(**戒是净业之基,凡邪见恶火,必首烧戒宝。一切善法净法,由戒而生**)。

心诚曰:佛祖临终遗言为:以戒为师,以苦为师。

23. 随缘痴空唯心堕
——简介见网门之二

佛法,奥妙无比,不离世法证佛法,不废佛法行世法。水可润万物,水泛滥则物死,阳光照耀万物生,干旱盛焰万物枯。佛法是相对与绝对法,又是非相对与非绝对法。万缘万物,用妙用真,无一不是佛法。偏执一端,善法成恶法,佛法成魔法。故佛法无人说,虽智难以明。

中郎融通千经万论,且具足福德、善根、因缘,又是上上根器,故能学一知万。谈论佛法,通天达地,论辩善巧,无人可敌。判魔驱邪,毫不掩饰。《西方合论》虽已诞生四百余年,今天读来,仍新鲜活泼。为修行人指正路,为学习者指迷津,如不反复研习解行相应,则不能正解而得受用。

"随缘""空念""唯心"孤立而论,是佛法的一种理念。净空法师二十字窍决里有"随缘"二字,智者大师"一心三观"里有空观,高僧们共同提倡,一切唯心所现,为识所变。而中郎在第八卷里,指出了"随缘堕","痴空堕","唯心堕","堕"什么呢?堕落至魔境。这是怎么一回事呢?

先看中郎讲的故事,名"愚人食盐"。

从前,有个田舍农夫,一向不识盐。后来看到富人以盐加味于种种肉食与蔬菜中,问:"何以这样?"那人答:"盐可以使肉食、蔬菜味道鲜美。"农夫想,盐既能使各种食物味美,必定自有美味。于是买下很多盐,满口而食,结果苦咸伤口。反问那人,盐岂能美味,你说全是骗人。那人说:你愚痴呀,此物应筹量多少与菜相和,才能使菜美,怎么能单一食盐呢?

中郎借这个故事说明:"空"是解脱一法,所谓"万法皆空,因果不空"。但执著必成"痴空",断诸善根,必堕魔道。"若全执空,即长无明"(《坛经》,第94页)。何谓"痴空",不遵戒不敬诸佛,不依佛教,不解经书,放荡招祸,谓之"痴空",无智之士,执空如愚人食盐。故"圆顿行人,(语默动静,皆遵圣教,尽合佛心)"。

再看中郎讲的另一故事:达摩见梁武帝。

南北朝时期的南朝梁武帝时代,武帝笃信佛教,为天下僧人做了很多好事。达摩祖师东来,去见梁武帝,皇帝非常高兴,以九宾之礼相待。宴请过后,梁武帝得意地问达摩:"我修天下四百八十座寺庙，供养天下僧人十多万，你认为我功德大不大？"达摩毕竟是出家人，不打诳语，老实说："并没功德。"这句话使梁武帝恼火，朝廷不供养他，他只好去嵩山少林寺面壁十年。

一般读者看不懂这个故事。原因执著"功德"。在佛门里功德与福德不同。功德是指为修行证果，转凡为圣的作为，如修菩萨行，修念佛诵经等。佛门把集善方面的言行，诸如为佛门做义工、为僧人做好事、去寺庙里捐款等行为叫福德，福德的果报是人天，功德修的果报是声闻、缘觉以上。尽管福德与功德也不能完全分开，但功德讲的破"四相四见"（即我、人、众生、寿者），才可开示悟入佛的知见而证果。为什么达摩祖师听梁武帝一说，就断定他没功德呢？因梁武帝一开口，"我"在前，有我相，我见，必有"四相四见"而没有开悟。一谈到"我"，即大妄语，执我执缘。佛法正法，念心慧心，信心定心。勤修六度，万行妙因。有而不住，作而无作。礼佛念佛，本自天真，随缘消业，暗合妙道。心中真如，圆转而行，随缘而行，并非无作。

达摩祖师心明洞彻，见梁武帝贪著有为，执我甚重，故言语道断，心行处灭。以"无功德"为药，断灭著相执我布施。可惜武帝并不警醒，废佛道业！

再看中郎谈诸佛唯心。"心"有真心妄心，常用的有肉团心、草木心、第八识、第七识、清净心、真如之心、真实之心、菩提之心、直心、深心、悲愿心、迴向心等几十个名相。经言：一切法从心想生。又说：心净土净。还说：心如工画师，画种种五阴，一切世间中，无法而无造。经说：于一切法，心为善导，若能知心，悉知众法，种种世法皆由心。还说，心如国王，种种自在；心如僮仆，被烦役使；心如怨贼，自身受苦。（《佛教大辞典》，第699—701页）

中郎用七个比喻说心说到极处。他说：如灯，虽念念灭而有光明，能除暗冥；如众生食，虽念念灭而令饥者饱；如上妙之药，虽念念灭，亦能医病；如日月光明，虽念念灭而增长草木树林。以此说明：众生心中，有真如法性，自无悭贪。又说：引汝入厕室中，能久住否？入死尸场，秽气熏浊，能不掩鼻？与疥癣脓血之人，能同用器及床褥吗？居住尚须净室，同游宜净侣，此举即是忻愿净土，炽厌秽境。故种种浊秽，有取有舍。不平等中必有平等，平等之中必有不平等。庄严佛土，若不唯心，岂能随念，若非平等，凡夫无分。如果妄执唯心，必不了佛旨。

明代末叶，邪师解道，如河沙数。说佛说心，百千万亿，纤尘不尽，污染重重，未免轮坠。何也？情量不尽，烦恼纠缠，虽有小持，境界甚低，其心不纯。古有大德，坐脱立亡，行化倒蜕，平昔淘汰，心地纯净。真心体明，了本无速，（兢兢业业，念兹在兹，透脱生死，无碍自在）。

灵峰大师在本卷的评点语选录如下：一、（真语实语，可谓久病成医）。二、"（唯心、顿悟、圆实皆名为堕，非真见理，哪有此胆识）。"三、"（六祖、庞老亦何害生西方，千古至言）。"四、"谓娑婆在华严十三层者，乃凡夫之报土，非佛之净土也。"五、（"确"！"妙"！）

心诚曰：唯心所成成于心，唯心所堕亦堕于心。成于心是用真心，堕于心是用妄心。如用妄心，则"随缘"、"痴空"、"唯心"等全是堕入魔境之因。随缘而妙用，空而不执。唯心用而不用，是谓佛法。

24. 莲花化生女转男
——释异门之一疑释

我根据经教，以短文介绍极乐世界三大庄严。打字员是一个三十岁左右的青年女性。她看过后向我提问：经上有善男善女，天上有天王天女，饿鬼道里有男鬼女鬼。您所写极乐世界没有女人可不可能？没有女人就没人生孩子，连阿弥陀佛也是有父母的，他建造的极乐世界没有女人，也就没有母亲。这一点，我想不通。

我向她作了几次谈话，其中一次以袁中郎的"妇女有无释"（第十卷）为据，现整理如下，以释共疑。

先看《无量寿经》（发大誓愿第六）的记载："我作佛时，国无妇女，若有女人，闻我名字，得清净信，发菩提心，厌患女身，愿生我国，命终即化男子，来我刹土。十方世界诸众生类，生我国者，皆于七宝池莲华中化生，若不尔者，不取正觉。"这一段经文，含阿弥陀佛四十八愿中的三愿：国无妇女愿，怨女转男愿，莲花化生愿。

我们可不可以用世俗的男女情量来衡量这三愿呢？不可以。因为阿弥陀佛以大愿建造的西方极乐世界，是三千大千世界中，全宇宙中最殊胜、最光明、最优越的世界。他建造这个世界，提出种种宏愿时，做了种种详细调查。在调查女众时，大多数达悟之女申诉女性之烦恼，厌女慕男，在取得大量调查结果后，阿弥陀佛便发此国无女人，厌女转男，莲花化生这三者一体之愿。

俗世修行时，如比丘四百戒，而比丘尼五百戒。经书说，男众持戒四百条，女众持戒五百条。俗世对女人的描绘与肯定、赞叹与赞美超过男人。如伟大男人可改变世界，而一个美慧之女可改变伟大男人。还有：圣人贤人伟人大不大？大。而他们的母亲比他们更伟大！故称"太太"。但在佛经里，认为修行人的最大障碍是女人。有不少得道者，如飞行自在仙人因握宫女的一次手而丧失了自在飞行能力，这是袁中郎讲的故事。经书里对女人有很多警诫词，这一点俗世不回避。比如：英雄难过美人关，女人是条难过的河等。佛经里关于女人修行比男人有更严肃的警戒。故阿弥陀佛以他的极智高慧，提出极乐世界没有女人愿。

现在我们讨论最重要的问题，没有女人，谁生孩子的问题。按《金刚经》，三界有四种生化形式："卵，胎，湿，化"。卵、胎两生都要经过交合、住卵、住胎的过程，而住胎是秽胎，胎狱，其苦万状。母喝一口凉水，胎儿如处八寒地狱；母喝一口热汤，胎儿如入八热地狱。胎儿出生时，母亲在死亡线上挣扎，产妇临盆，呕心沥血，九死一生。胎儿离母体，则如过夹山地狱，痛苦万状，呼吸天地第一口气，刺心刺骨，摧肺裂胆，不可言状。湿变之生与变化之生，可以免除上述种种给母亲与胎儿带来的痛苦。阿弥陀佛大慈大悲，发上三愿，让生极乐国土者从莲花中化生，亦是大智大慧之举。莲花化生的根据是什么呢？"一切法从心想生"。再者极乐世界，人人作佛，具无量寿，佛光一照，女身变男，跟阿弥陀佛一样。化生的菩萨最殊胜，最吉祥，法身可在阿弥讲堂听法，继续学习，还可以有无量应化之身去供养十方诸佛。若众生感，还可以以应身去度化有缘众生。女转男，莲花化生后的形相与阿弥陀佛不二，与男众化生不二，具有同样的智慧、德能、相好。从莲花化生后，与观音大士、普贤、文殊等为同学，他们可以同时受到帮助，继续修福德，修智慧，除无始无明习气，历事炼心，无功用道，升登到妙觉果位，至成究竟佛果。

在遍法界、虚空界，阿弥陀佛是佛中之王，光中极尊，他的能量宇宙第一，他能接引有缘者去作佛，让女信徒转男于莲花化生实在小事一桩。接着，我便详细介绍了中郎对这个问题的释疑。

中郎说，这类疑问的解答，"抉发幽微，举扬宗趣"，须"博彩诸论；会归一处"。释解妇女有无的主要观点是："悉于净土，变化所作。"不可用秽土或净秽交杂之处来推断净土处的变化威力。世俗常人均处秽土,限于一孔之见,不识净土诸上善根人居住之法力,误疑"国无妇女"。阿弥陀佛具宇宙之最大神通,制心一处,无事不办。所发宏愿,必施无疑。至于有人说到阿弥陀佛有母者,不是平日所言之母,是变化之母,我们称释迦为"四生"慈父,其母呢? 取其变化之义。如果四众(比丘众比丘尼众在家居士男众及女众)能正受佛之名号,"以此功德,临命终时,阿弥陀佛,即与大众,住此人所。令其得见,见已庆悦,倍增功德,以是因缘,所生之处,永离胞胎秽欲之形。纯处鲜妙宝莲华中,自然化生,具大神通,光明赫奕"(《西方合论》第十卷)。故所言父母,假名寄托。中郎这段话,准确地解答了极乐世界净土中,有无妇女之疑。"胞胎秽欲"如同行刑地狱,有生必有死,还是不能大解脱大自在。而极乐净土,通过莲花化生过渡,达不生不死,离名离相,非空非有,不向不背,不清不浊,无内无外之境,故极乐世界没有女人,不仅仅是阿弥陀佛宏愿,也是一个实在境界。

心诚曰:一、一念宏力,不可思议。二、欲懂佛理,须真诚心,清净心。三、佛法不执著相,不执著语言相、文字相、名词术语相,不执著个人心缘相。懂此三条,才搞懂极乐世界没有女人及相关问题,得智慧,得受用。

(四) 明辨

25. 禅净圆融净为主

袁中郎佛学殊胜微妙,其智宏深,譬如巨海;菩提高广,犹如须弥。学者研究不尽,僧人行持不尽,世俗学习不尽。为此,有必要探讨他的佛学从初发心到深研到笃行的特点,须弄清楚他对八万四千法门、一千七百公案、三藏十二部的统摄与归结。万千的学问家不知此理,尽管出了砖头厚的著作一本又一本,自己迷惘,必使读者堕入五里雾,抛洒光阴而所获甚微。

我举中郎佛学研究者在其思行与解行主脉上的意向分歧予以说明:

先引《公安派文化精神》一著:"袁宏道中期以极大热情钻研净土理论,写出了《西方合论》,但到后期,他就很少提到净土法门,并将净土放到禅宗下面,即使是在他病危期间,如果他真相信净土能调节心理,抚慰创伤,升己上天堂,他该请求念佛,但袁中道《游居柿录》中,没有这些方面的丝毫记载,显然他对净土法门真的有效失望了。"在总结性地概括中郎佛学思想时,说他"短暂时期提倡净土法门"(《公安派文化精神》,第 208 页、266 页)

再概引《袁宏道评传》语义:读经习禅、修持净土是他精神生活的一部分,也是他赋诗作文、提倡性灵文学的重要思想渊源。作者认为习禅修净是宏道佛学思想的"精要"。通观全篇,并无宏道将净土思想放于禅宗之下的议论,常提的是禅净圆融、摄禅归净等观念。

前引《公安派文化精神》那段话涉及三个问题:1.《西方合论》在中郎佛著中的地位;2.《西方合论》的理证是否被中郎行证,是言行一致、心口如一还是解行不一、心口分割? 3.《西方合论》写成后,袁中郎后期是笃信合论、禅净圆融、以净摄禅,还是怀疑净土、禅净分离、回归禅宗?

首先,承不承认《西方合论》是袁中郎佛著的典型代表作,承不承认是净土理论在迄今为止的汉传佛著中最具影响力与摄受力的巅峰之著,关涉到袁中郎佛学的特点认识与总体把握。必须明确,净土思想是佛学的最高峰,如果中郎没有登最高峰,他的

《西方合论》的价值则大打折扣。我想引张汝钊（法名弘量，印光弟子）的一段话："以第一义谛为指归，就是深信净土宗为佛法之最高峰，所谓信弥陀的不动智、根本智，与己无异。弥陀在那由他劫，难行难忍，种种修习之事，我亦能行。弥陀的无量智慧，无量神通及成就无量愿力等事，我亦当得。"以下论述了修持名号、六度万行、深信因果等，这是从整体上把握了中郎净土思想的特点。（见《袁中郎的佛学思想》）

　　其次，我将他的修行佛道的信解行证的统一性与悟禅奠基、摄禅归净、以净摄禅的途径作概要说明。根据《西方合论》，对他的佛学产生深远影响的主要是龙树（《华严经》贡献者）、天台（智者）、长者（李玄通）、永明、莲池等。《西方合论》中涉及的佛名、佛著最多的是净土思想关系最密切的内容。研究者一般认为他早期重禅悟、批狂禅而中期禅净圆融、摄禅归净。后期则有不同意见，有的认为他回归禅学，有的认为他后期禅行与净土行结合。而我认为：应明确提出他是禅净圆融、以净摄禅的思想。禅之悟的精猛与净之行的稳实，两相资养，更为稳妥。他的后期并没改变"深信净土"的信念，也不是所谓"真的有些失望"，更不是把净土放在禅之下（即扬禅抑净）。搞清这个问题对现代与其后的佛法修持与佛学研究有着指导意义，是利世之良药、救生之首事，可揭万世之覆盆、照黑暗之明灯、导极乐之航程。从佛法三个时期的划分考察，中郎所处时代，已是末法时期（正法时期一千年，戒定成就；像法时期一千年，禅定成就；末法时期一万年，净土成就），属于净土成就时期之发展，中郎以禅净圆融、以净摄禅正是适宜了佛法发展的总体趋势，他的理论与实践对于后世佛法的走向将会产生深远的影响。

　　下面引袁中道《游居柿录》卷七第十七则。大意为龚生玄在过楼下，谈及先夹山龚舅事。说他在岚县令任上，自知大限已到，以净土法门往生。并说四弟及中郎、小修精勤，何忧净土耶？取笔自书一纸示之，始知念佛之灵验也。此记离中郎卒后不久，可反证中郎后期对净土信心坚固。至于《与方子论净土》，足见其禅悟方法、净土立场的思想源远流长，牢不可破。说到源远，可追溯到他十八岁。他在《初夏同惟学、惟长舅尊二圣禅林检藏有述》诗中写道："我亦冥心求圣果，十年梦落虎溪东。"虎溪东指晋慧远大师创建净土东林道场，可见他与净土之缘与发愿很早。

另有一证，是中郎于万历三十六年（1608 年）护送亡妻至鄂东南途中所写的《李安人小祥文》，文中充满对妻子的眷恋深情，也最能表现他的学佛心迹。文中好几处直接引用净土五经之一的《大势至菩萨念佛圆通章》，不难看出净土思想在中郎心中根深蒂固。

至于说，中郎逝世时是否坚持念佛法门问题，余在前文《坐化坐脱何所以》中已作说明，还将在后文《德山麈谭》篇里再作说明。我们翻检佛学辞典，我们读灵峰评点，我们读圣严法师的研究，我们看当代大居士黄念祖的论述，读藏传密宗索达吉堪布所讲《藏传净土法》，读周群先生的专著，以及《西方合论》早期刻本中高僧大德们所写序、跋文字，查《新编佛教辞典》，都是把袁中郎作为由禅悟而摄禅归净随后以净摄禅、改宗净土的居士典型来论断的。如果我们无视这些佛学理论家与实践家的共同意见，说中郎后期把净土思想放在禅宗之下，所谓对净土失望，那是很值得讨论的。该主张著者，把公安派文学列入传统文化精神总体来考察，比先前的研究者拓宽了领域，提升了档次，加大了深度，是值得我们赞许与学习的优秀作品。但可能由于著者自身修持佛学重于解证与理论倾向的原因，对其中关于中郎佛学的后期实质揭示，把握浮了，论据不足。当然，瑕不掩瑜。

心诚曰：读中郎佛著，应该把握主脉，以免偏执。

26. "贬抑""褒扬"何所知

中郎佛学，万花纷呈，深妙繁复。如不整体把握以禅悟为形式、以净土为立场的主脉动态，势必陷入乱花迷人眼的境地。

首要的问题是必须透彻了解中郎《西方合论》红线，在余看来红线即灵魂，是贯穿全著始终并主宰全著最重要的观点。如果筛选一下，是他写的第三卷的四十八句的《颂曰》。这四十八句，波及四种往生，十大菩萨，大乘小乘，宗门教下，显教密教，归结为"一心"，表现了他对净土法门的最透彻的理解与领悟。如再筛选一下，只有四句二十字："奉劝悟达士，趁时歇狂解。一心念阿弥，莲华念念生。"净土立场确定是最高慈悲，是最大智慧，是他对前期禅悟的超越，是很不容易的。既已确立，他就不犹豫、不怀疑、不间断、不退转，贯彻于他生命活动的始终。

万历三十八年（1610 年），中郎离世前几个月，写了一篇文章《题宝公册》。宝公即宝方和尚，作者的僧人之友。摘录如下：

> 释氏三业，谓身口意。宝公之身，则净业也；宝公之口，则训讲也；宝公之意，则参直指禅学无上大道也。净业如筑土御水，厚则不溃。训讲如饥儿入市店只取充腹，过则为痞为困冈。参上乘禅，如刘、项打天下，成则为帝，败则为垓下之戮。净业可以行证，训讲可以知开，唯禅也不可行不可知。孔子曰：不知为不知，是知也。庄子亦曰：知止其所不知，至矣。适有老婢浇花，闻之诮曰：主公言圣人不识不知，余辈蠢

然，亦不识不知也，主公何以尊圣，而役使圣人耶？余曰：圣
人致知，夫不知者，知之至也。非汝辈恫然者比也。婢曰：不
知者，以知致耶？以不知致耶？不知即不知，焉用致？不知
非知，何可致？知如火，不知如水，以火致水，窃谓不然。余
曰：关尹有言，非有道不可知，不可知即道。婢笑曰：鬼不可
知也，而不可知，岂即鬼耶？余搁笔半晌，思为一语加答，不
能，因书以遗宝公。

且看尹恭弘先生在《公安派的文化精神》（第 265、266 页）中
的解读：这篇文章以净业、训讲为陪衬，主要地、突出地阐述禅宗
思想，并褒扬禅宗，代表了他一生服膺禅宗思想倾向，回归激进的
禅悟立场。

再看周群先生《袁宏道评传》（第 158 页）中的解读：袁宏道认
为净土称名念佛是"稳实"的工夫，"净业如筑土御水，厚则不溃"，
而禅则"不可行不可知"。尹恭弘先生认为周群先生的这一观点
是贬抑禅宗，提倡净土。

对中郎一篇不到四百字的《题宝公册》，两位均为专家的研究
者，一说是褒扬禅宗贬净土，一说是褒扬净土但不贬禅宗，笔者有
必要作一辨析：

先看全文主旨，中郎是坚持《西方合论》的净土立场还是返归
禅宗立场写的这一题文。全文开宗明义，赞扬宝公是释氏身口意
三业的践行者，身行净业，口讲净业，意参净业。所谓"禅学无上
大道"何意？"若人称念弥陀佛，号曰无上微妙禅。"（《西方合论》
卷三）

再看禅悟是作为方法出现的还是作为目标出现的。文中引
用了关尹之论，"非有道不可知，不可知即道。"还引用了孔子之

论、庄子之论，说明净业可以行证（信解行证四级次，统一在证），训讲可以知开（即开示悟入佛之知见），显然禅悟的目标在证果。文中老婢与作者对话，意在说明：下下根人有上等智，上上根人有无意智，上等智可知，无意智不可知。正如陈继儒评"过则为痞为困闷"时，说"非正果便入野狐禅是也"。什么是正果，按《西方合论》之净土思路求生西方是正果，离了这一目标的参禅，便是"野狐禅"。

这篇小作，中郎从禅悟说净土，惮悟外衣，净土实质；惮悟方法，净土方向。这是根据当时禅风状态，以善巧之法宣扬净土的一个妙方。此前，莲池大师曾以《华严》注释净土三经之一《阿弥陀经》，名《弥陀疏钞》。中郎借鉴莲池智慧，以净摄禅，禅净圆融，宣扬净土，不存在贬抑问题。此文强调净业可训讲、可行证、可知开。"知开"指如来出兴于世之大事，名开、示、悟、入佛之知见。佛门概分三大门：觉门、正门、净门。禅宗属觉门，上上根人可走，中、下根人难进。净门是上、中、下三根皆可进。净门两宗，密宗与净宗。密宗对净要求更高，处染不染。净土宗的特点是向死而生，不生不灭；依仗佛力，自他不二；指方立向，一多相即；果觉因心，一心万法。（参看于海波著《论净土宗的四大特色》）当代净土大德黄念祖居士（1913—1992）曾从师虚云和尚习禅，达禅宗巅峰；后又修密，是密宗金刚上师；后又亲近禅净大德聂莲居，成唯一入室弟子，他主张禅净密一体不二。著《净土大经解》，在所著《净修捷要报恩谈》中，说净土具有稳当、普及、容易、妙极四种优点，与于海波先生意见一致。中郎在合论中反复强调持号念佛，我心净土，自性弥陀，较集中地体现了净土宗特点。作为《西方合论》（净土十要之"志殿"之著）的著者，岂能背离合论之原则。他将世与出世、凡与圣结合说明，记录老婢与己之对话，是为了解决世俗心念上之迷惑。中郎是上上根者,加之千部经论熏习,对佛之高境透亮彻知。他所写均为弘法利生,他的显说、密说,间或说、炽然说,喻比说、对话说,都是为一定时间、场所、对象给众生参悟的。

下面,我们讨论中郎文中所言"不可知、不可行"问题。尽管中郎充分肯定禅悟,但只是把它作为一种学佛方法入净正果的手段。不可知、不可行指的难知难行,并不是完全不能知不能行。老子说:吾言甚易知,甚易行,天下莫能知,莫能行。言有宗,事有君。夫唯无知,是以不我知 。知我者希,则我者贵,是以圣人披褐怀玉。(《道德经》第七十章)净土理论认为:圣人无知,无所不知;凡夫有知,有所不知。般若无知,无所不知;知识有知,有所不知。所言谓最高智慧之境,即大智若愚,大巧若拙,大象无形,大音希声。中郎所言这个境界正是净土成佛的正果境界,故称难信之法,在最终目标上,以净融禅,趋于一致,不存在彻底回归禅悟或禅宗的倾向。

关于中郎后期对净土仍然深信有一个强有力的佐证,前文已提到,万历三十六年(1608 年),离他往生前两年,给亡妻写的《李安人小祥文》,文中说:"谨延净侣,皈命如来","千生积垢,岂免牵缠。感逝者之如斯,记去年之今夕","坐不温席,心尚悬旌。计人间之一国,乃花官之半瞬。如其逍遥宝树,则迦陵尚能笑人;倘或漂沉爱河,即雪衣犹可念佛。唯冀西方忆子之母,垂念南国失乳之儿","升则俱升,佛乎不远;去时不去,魂兮归来"。将所引对照净土五经之一的《大势至菩萨念佛圆通章》,不难看出净土思想在中郎心中属于位不退、行不退、念不退。

文后,说一下念佛之念。我对《西方合论》关于念佛之"念"作过统计,直接谈"念佛"计九十五处。有人认为,袁中道对中郎逝世没有念佛出声之记载，便断言，他以净归禅，这个结论是不明白念佛之念的缘故。中郎既已深信净土，必定明白念佛法要：反闻闻自性，性成无上道。念佛有多种方法，其中不念之念是最妙之法，还有不出声之默念，外面听不到，看不见，念佛者专心专意，默念时，自心清清楚楚，内听也清清楚楚，这是都摄六根、净念相继之法，能伏烦恼，感应往生，这是净土法门最殊胜之处。袁中道的《纪梦》记载清楚明白。故禅净双修、归宗净土、以净摄禅是中郎的学佛大智慧。如果拘泥禅宗、误会中郎褒禅贬净，将净土放于禅下，不合乎末法时代以净兴取代禅衰之总势，也不合乎中郎学佛高境，不是中郎偏狭，是我们理解有偏，不能精准把握中郎佛学思想精要。

心诚引中峰禅师语录曰：我心净土，自性弥陀。净土即此方，此方即净土。又引灵峰大师语录：我心作佛，我心是佛。自心作佛，自心是佛。

三、《广庄》佛理篇

说明：中郎的《广庄》，万历二十六年（1598 年）在北京作，离他将写作以净摄禅的《西方合论》不到一年，他的佛学思想已走向成熟，研读《庄子》，必定浸润法海慧风，对应庄子内篇，写了七篇，其弟小修也写了七篇，名《导庄》，一广一导，此唱彼和，各抒己见。中郎说："导者导其流，似疏非疏也；广者推广其意，自为一庄。"（《袁中郎尺牍》，第 47 页）这里选中郎四篇从佛理视角简约介绍。

27. 万物一马齐物论
——《广庄》佛理之一

天下万物，本来一体，万象归一，万法同道，万事同理。这是庄子"齐物论"的主要观点。庄子以形象、具象说抽象与逻辑，他认为识一马而知万马、亿马，至于黑白诸色，形体各异，优劣大小，生死快慢那是人心的比较。由一马而万物。同理，由一指而知天地。美国有一位现代物理学家理查·费曼，被称为物理学的明星、天才的魔术师。他说，整个宇宙都浓缩在一杯葡萄酒中。这个理念似乎与两千多年前庄子的万物一马、世界一指的说法相通。

佛教对这些问题怎么看呢？《华严经》上有句名言：一即一切，一切即一。用现代语破解，是宏观与微观互含，重重不尽。佛经里常举恒河沙作喻,无穷无尽,而每粒沙中含有恒河。净空法师在讲述这个问题时,十分透彻地说:一毛一尘有圆满的法界,法界可理解为宇宙万物,一法界里有无量诸佛,毗卢、释迦、普贤、文殊,都在那里说法。一毛端、一微尘里还有毛端还有微尘,重重不尽,故叫不可思议境。搞清楚这个问题,对于我们多么安慰! 一切众生最怕死,了解事实真相,你真的没死,你也真的没生。有生有死的是什么呢? 是你那个肉体,你的灵性没有死呀!(《修华严奥旨妄尽还源观》第 104 集)

那么,中郎如何将他的佛学思想运用到《广庄·齐物论》中的呢? 他说:"天地之间,无一物无是非者。天地,是非之城也。身心,是非之舍也。智愚贤不肖,是非之果也。古往今来,是非之战场墟垒也。"然后,他叙写了七种是非:凡夫是非,文士是非,洁士是非,法家是非,儒生是非,道家是非,释氏是非。他指出"是非之衡,衡于六根,六根所常,执为道理"。

再然后指出:色借日月,借烛,借青黄,借眼,色无常。声借钟鼓,借枯竹窍,借槌,借肺气,借舌颚,声无常。想借尘缘,借去来今,借人,借书册,想无常。(《笺校》,第 798 页)

中郎说:天地之大,何所不有? 我怜彼,彼亦怜我,我讪彼,彼亦讪我。他说了七种无理妄语比类:以长处非短处,好比以头发长讥笑胡子短;以大议小,好比以瓶中空笑杯中空;以屈直辩,好比以百舌之语攻燕子之语;以圣斥狂,好比以横吹之声刺空谷之响;以古折今,好比以北冈旧垒难南山之新垒;以智证愚,好比以机关木人悲土偶无识;以中原非夷狄,好比以楚蜀之士音正闽瓯之乡音。

他说:梦中之人,有嗔恨我的,有咶我的,是我是人,梦中之荣瘁,醒时不相续,醒时悲喜,梦不相续,何真何幻,空中之花,可以说有,也可说无。故"圣人不见天高地下,亦不言天卑地高。波中之相,可以言我,亦可信彼。故圣人不见万物非我,亦不言万物是我。物本自齐,非吾能齐,若有可齐,终非齐物。圣如可悟,不离是非;愚如可迷,是非是实。虽万释迦,何处着脚哉?"(《笺校》,第799页)

中郎的意思是:万物与我同体,天地与我同根。这是从物之性上、本源来讲的。如果都要一样(物有可齐),终究不齐(终非齐物)。这是从物相、物形上讲的。物具其齐,齐有不齐,不齐又有齐。

不如此认识,即使释迦牟尼上万上亿,也没落脚之点。中郎在一千二百字的《齐物论》里,直接涉及佛学名词有"六根"、"寂灭"、"悲舍"、"戒律"、"贪嗔"、"我常"、"释氏"等七处,涉猎佛言祖语有"趋寂灭"、"乐悲舍"、"赞叹戒律"、"呵斥贪嗔"等五处,向我们展示了运用佛理在物性与物相、人我是非等问题上的正确看法,援古证今,勘圣校愚。

心诚说:中郎学佛思想成熟后,提升了对庄子"齐物论"的认识,在弘扬中有奇智,毫不为虚。

28. 脱俗忘情养生道
——《广庄》佛理之二

庄子用庖丁解牛的故事向人们讲述养生之道的秘密是:脱俗忘情,顺乎自然。庖丁的刀用了十九年,仍然如新的一样锐利。因庖丁解牛时,中其骨节,走其缝隙,得心应手,"合于《桑林》之舞,乃中《经首》之会","以无厚入有间,恢恢乎其于游刃必有余地矣!",每至于族(骨节交错聚集之处),"吾见其难为,怵然为戒,视为止，行为迟，动刀甚微"，哗然已解，如土委地，"为之四顾，为之踌躇满志"。

文惠君说他听了庖丁之言，懂得了养生之道。

中郎的广庄《养生主》是怎么写的呢？他写出了创见含义吗？中郎说："天下无一物不养生者，亦无一刻不养生者。贫贱之人，波波吃吃，槁形极虑，以养其生。富贵之人，营营生路，旷奥室以养体，淫妖以养目，丝肉以养耳，极羞酏以养口，穷嗜欲以养性。养之未久，病疴立至，伐性斧命，莫厉于此。贤知之人，悯其淫溺，是故执轨以范躬，收视却听以卫耳目，恬淡虚无以葆神气。"（《笺校》，第 801 页）

又说："天之生是人，既有此生，即有此养，草木无知，亦能养生，若必自养而后生，尽天地之夭乔枯死久矣。""养生之道，与生偕来。不待知而知者也。圣人之于生也无安排，无取必，无侥幸，任天而行，修身以俟，顺生之自然，而不与造化者忤，是故其下无伤生损性之事，其上不肯为益生保命之行。古之善养生者有三家：释曰无生，儒曰立命，道曰外其身而身存。"

这里的释指释迦牟尼佛，是佛教代称，无生才能长生，不生不灭，谓之永恒。儒家所指立命是顺受其正，不钦慕长生，亦不悲夭折，以主观愿望与行为求养生长寿，是妄想妄为。道家主张"天长地久，天地所以能长且久者，以其不自生，故能长生。是以圣人后其身而身先，外其身而身存"（《道德经》第七章）。中郎在"外其身者可以存身，则内其身亦可以亡身"中对老子之说作了补充。中郎讲了一个本土的故事：乡人有个患痈疽病的人，痛楚入骨，殆不欲生。一天听其父有大狱之灾，立起下床，筹划周密，不过一日，病好。此是外身而身存的明效。"众人以利生，故害生；圣人不利，故不害。众人以得生，故失生；圣人不得，故不失。"又写道，那些喜爱吃雏鸡的人，用松子喂养，灌以浆酪，鸡亦自幸与群鸡异，殊不知鸾刀先砍。中郎又讲了一个故事：西方有神女，相好光明，敲主人门拜访。主人问："神何来?"女曰："我功德大，凡有求福慧则福慧到，求生男生女者也到，你所愿欲，吉祥如意。"主人乃洗浴斋戒，延请上座。一会儿，一丑女到，面若涂漆，发如野蒿。主人曰："你何来?"女曰："我黑暗女，所到之家，富变穷，贵变贱，年幼者夭折，年壮者体衰，男子白天哭，妇女夜晚啼。"主人奋起执杖，驱赶出门。老天见此下凡尘说："你不对呀，有如敬我，应当敬他。我与他如形之影，如水之波，如车之轮，非我无他，非他无我。"主人大惊，挥手谢天。送之唯恐不速。圣人养生，也应这样。

最后，中郎说："试令一老人与少年并立，问彼少年，尔所少之寿何在，觅之不得。问彼老人，尔所多之寿何在，觅之亦不得。少者本无，多者亦归于无，其无正等。若尔，则所贪之生，亦大乌有矣。天地如狱，入其中者，劳苦无量。年长狱长，有若老囚，纵不求脱，何至求系? 若尔，则所贪之生，亦大劳碌矣。生有生可恋，死亦有生可恋。恋生之生者，既迷而畏死，恋死之生者，亦必迷而畏生。若尔，则所贪之生，亦大儿戏矣。呜呼，不知生之如戏，故养生之说行，不知生之本不待养，故伤生之类众，故深达生死之理者，恶能养生哉? 恶能养生哉?"

陆云龙先生有评语说："知非养，则知所以养"，"任其自然，便是养生至诀"。并评"宏才浩气，利物灵心"。这个评语大体上准确。但不足之处，没有指出中郎以佛理为核心，统摄儒道两家养生精神，上升到养生的终极境界，即明白不生不死之境是至高至上养生。在没达此境前，养生先养心，他讲的三个小故事，核心是谈养心。儿子病得厉害为救父亲于冤狱，尽人子之孝，心好病走，外其身而身先；雏鸡不知浆酪好中藏坏，养好了身先而亡；主人对上天派下两位仙人以己之执著心分别，不懂天之道是"有无相生，难易相成，长短相形"，遭上天训斥。最大的最好的养生是明白生死相随，所贪人生如儿戏，懂得此理，不刻意求养生，一切顺天理合自然，不求养生而生自养。中郎文中批判了众人为利生养生而害生损生的邪思邪行，对众人损人利己、胡作非为地杀戮动物，滥伐树木，毁灭草原，破坏自然环境的恶行与愚痴，进行了真相规劝，这是如来佛祖的大慈大悲大智慧。

这个养生观点应引起高度重视。现实生活中的普遍毛病，是汉代枚乘在《七发》中批评的"楚太子"之疾。他说："出舆入辇，命曰蹷痿之机；洞房清宫，命曰寒热之媒；蛾眉皓齿，命曰伐性之斧；甘脆肥脓，命曰腐肠之药。"他主张步行，旅游，粗茶淡饭，不放逸淫荡，不闭目塞听，心胸广大，情志浩然，与天地沟通才是真正的养生治病而健身。

心诚曰：只有具备佛理生死观，才能真懂生死之理，也才能真养生。

29. 真心妙用德充符
——《广庄》佛理之三

庄子在《德充符》里讲过一个故事：

丑陋已极的哀骀它，尽管貌丑，却有神奇的魅力，才情俊男跟他待一段时间，会留恋此人之德；年轻貌美的女人跟他见了面，就会跟父母说愿做其妻或妾，这样的美女有好几个，随岁月增而增。鲁哀公知道后奇怪地想：此人无权无钱无过人之识，听说不过经常随声附和而已，实在可疑。于是命人请来，相处几天，竟然觉得心情舒畅，超过大臣与宫女，不过一个月，就特别信任他。哀公便问孔子:这个人到底是什么人呢?

庄子用这个故事告诉人们:人格力量超于外形与技艺,老天造化人以后,千差万别,各有生路,各有所长。

中郎是怎么扩展《德充符》里的思想呢?

中郎先举了一个事例:

楚地风俗,喜好尊鬼。给予祭祀送鬼礼物不一致,推论开来均有理。用肩扛的鬼,摇晃不断,所附之物长狭且直;瓮器之鬼,声如歌曲,所附送之物腰粗颈细;突兀之鬼,啄剥如雷,所附送之物短身大嘴;斛桶之鬼,厉声疾呼,所附送之物口阔腹空。"觉之在人,如鬼附物。因形发识,虚实各异。"

中郎还讲了一个齐国艺人蛾女的故事。

蛾女能歌善舞,曾在泰山的某个旅店食宿,与龟蒙先生分室而居,夜半听见蛾女对弟子们说:"我当初到娱乐场所时,乡村老人聚集观赏,多有赞叹。那时,我面若涂血,心累如石,口嘘唏不止。后来游三街六市,与众多年轻人共舞,对乡村老人的观赏无所谓。不久,去达官贵人之家,分杯而饮,连席而卧,放浪终日,再见市井年轻人,如奴隶之辈。不久,我去京城,出入内廷,献艺乐所,声遍长安,王侯公子,争先恐后为我挟筝背琴,我视达官贵人如家雀庭鸟。现我已出京十余年,见过多少官宦商贾,高贤大士,处万人场,如居幽室,臂动指拨,随手而应,歌喉盘旋,不拘本腔,无人不击节而和。什么原因呢?我不知有我,也不知有众人。"

龟蒙先生听了感叹说:"我明白了!"中郎又接着讲彭祖之神与为国而死的鬼魂的对话:

彭祖之神与国殇之鬼遇于道。鬼说:"儿来!"神怒:"我的寿命大你多少倍还不止,怎么呼我为儿?"鬼说:"儿所言八百是形骸,不是真儿。人体虚假,灵魂是真,我与你相比较,即是真日,我寿比你大很多了。"

中郎所叙写的三事意在说什么佛理呢？真！真灵、真神是肉身躯壳的主宰，也是人格与德性威力的主宰，是真正的"德充符"！"事依理显"，他直接引佛经："空生大觉中，如海一沤发。"这里将水泡与海水的关系比喻肉身与性灵、真神。水泡有生有灭，归于海水，海水无生无灭。又云"汝身汝心，皆是妙明，真心中物。"

他明确提出："一切众生不深唯身心之所依，百计爱惜，以爱惜故，牵缠纠缚，促局如茧中之虫，煎唧如在釜之蟹。"这是大悲哀！

意思是众生贪执肉身身体，不知其所依，牵缠纠缚，多么可怜。然后说：即使狂妄者尊古卑今，尚能"眼空一世，糠粃形骸"，"至人脱却浮沤，通身是海"，哪里有净秽大小之水泡的分别呢？

最后落脚点还是在一个字：真。指人们应明白真神、真性、真灵，反对"百计爱惜其形"，反对"促局"，反对"缠缚"。何为"百计爱惜"呢？为了深化并明了中郎的本意，我们用净空法师的讲解是："贪计身者谓执有我身而贪著计度也。"贪，让这身体贪图衣冠，计是计划，度是审度，怎么样让身体过得舒服、幸福，处处为这个身著想。"现在要知道这个身是假的（佛学所指的假是变化无常，真指永恒不变）……对这个身体不应该很重视，不能够贪恋，要知道祖师大德，常说借假修真，这身体是我们修行的工具。"我们修什么呢？修真性！（《净土大经科注》第六品，第500页）

真性，真神，真灵就是真智慧！庄子寓言中的丑人哀骀它不被形骸拘囿，才魅力无穷。中郎讲的娥女、殇鬼都没有被表象迷惑，深入到灵性才应对裕如，随缘妙用，智慧充盈！

心诚曰：真性、真灵、真慧才是功德与威力无量的"德充符"！

（《笺校》，第807—808页）

30. 法天法地应帝王
——《广庄》佛理之四

佛理说:"圣人大略。"

老子说:"天地不仁,以万物为刍狗;圣人不仁,以百姓为刍狗。"(《道德经》第五章)"刍狗"指祭坛上用草扎成的狗,让它自荣自枯,自生自灭,愈为之,则愈失之。

又说:"为无为,则无不治。"(《道德经》第三章)

我们看庄子在《应帝王》中怎么讲故事:

南海帝王名倏,北海帝王名忽,中央之帝王名混沌。倏与忽同时相遇混沌之地,混沌待他们极为礼遇。倏与忽便商量着如何报答混沌的德性。于是讨论着:人皆有七孔,用来看与听,饮食与呼吸,怎么唯独混沌大王没有呢? 他们决定尝试着给他开凿七孔,每日凿一孔,七日七窍凿齐,齐是齐了,混沌王死了。

我们看看当代作家王蒙先生对庄子的这个故事的解读:

这是千古寓言。混沌为一处状态,似乎混杂、含蓄、模糊,有大存在而无定形定义,包含万有,孕育万物浑然一体,难得糊涂。混沌大王高于急性不耐、只争朝夕的倏与忽这两大王,他们要帮混沌大王开挖双眼、双鼻孔双耳一口,结果害死了混沌。它的意义无与伦比,这是中国特有的快乐主义,不求甚解主义,应用于帝王,则是宜粗不宜细,抓大放小,留有余地,不能太明白、太清晰,你会感受到混沌的妙处。(摘引自《庄子的享受》,第376页)

回过头来再看中郎是怎么扩展庄子的混沌思想的,先读故事:

战国时期,齐威王向国中号令:"如有善巧分别的本事,经验证确实,我可以用千金来奖励他。"过了三天,应募前来有甲、乙、丙三个人。

甲说:"我能分别人们的面貌,万不失一。"王令左右一样的衣帽装束,高矮胖瘦几乎无有差别。前往甲面前,让他看一遍,登记姓名,然后再由一人点名,让甲去指认,竟然无一有错,三次验证都是这样。

乙对王说:"我的本事比甲大,我能分辨鸡鹬野雀,丝毫不误。"王命玩鸟者用笼子装着孔雀翡翠、虎皮鹦鹉百余只,暗记左右前后,大小肥瘦,顷之开笼,嘈杂之声中停于朝廷前的大堂凳上,喊喳不停,乙一一指出,哪只鸟从哪个笼里飞出,停于笼内的哪一竹条上,没有一个错误。

丙对王说:"我的技术和本领比他们高。我能分别千万种花长于何树何枝何桠何杈,是何方位,开何树何梢。"王令丙去桃花园,让他观看一遍,然后令人摘花千朵,记其出处。丙手指诸花,说出枝叶柯桠,一无所失。齐王大喜,命偿千金。

西郭先生趋步向前,对王说:"以上三人,是小的能耐,不足挂齿。我的本事与他们大不相同。我可以在一瞬间知道赵魏齐楚诸国雨点之数,飞禽走兽洞居巢藏之形,临淄城内七万户民众起一心动一念,我全能知晓。用我的方法,可安抚四夷,可治理国家。"齐王大为惊异,斋戒七日,庭设九宾,宣西郭先生入殿,跪请先生妙术。先生说:"淋小雨,臣知其可千里,猛雨知其址数里,块云之雨知其隔牛背,臣故知雨点之数。有翅膀的知其能飞,有角的知其好牴,身体轻盈腿脚灵快的知其善跑,臣故能知鸟兽的情形。王所管理的百姓,贫穷者想得到谷物,卑贱者想得富贵爵位,鳏夫想找老婆,寡妇想找男人,故我知道他们的欲望是什么。用我的妙术管理国家,简易普遍,岂有百姓不宁、四海不安之理。王欲治国,在于安民顺民,顺时顺心顺事,有为不乱为,乱为莫如不为,天下必长治久安。"齐王怃然自失,说:"先生休矣。"(引文见《笺校》,第 812—814 页)

这个故事非常有趣,它所蕴蓄的道理值得读者深思。

中郎在这个故事中告诉成就帝王之业的窍门是佛智"大略"、"法天"、"法地"、"法鹄卵",是"顺时,顺天,顺地,顺理,顺势",有所作为而不乱为,无所作为而有为。

心诚引申曰:他讲的是《应帝王》,而实际上对任何从事领导与管理工作的有思维的启迪和措施的借鉴作用。至今,我们现实中有多少领导干部主观地已经或正在或准备给混沌大王"凿七窍",而已经或将要导致严重的后果的并不少见。

四、《金屑编》篇

31. "乘无底舟入针孔海"
——《金屑编》里的"百千诸佛相传之髓"(一)

《金屑编》是袁中郎早期的禅悟之作,当他第一次去拜访龙湖先生(李贽)时,所带的见面礼就是这。据中道《中郎行状》载,"李子大相契合,赠以诗,中有云:诵君《金屑》句,执鞭亦欣慕。早得从君言,不当有《老苦》。"可见其赞赏的程度。

先摘中郎《金屑编自叙》:

> 余少慕玄宗,长探佛理,遍参知识,博观教乘,都无所得,后因参杨岐公案,有所发明,遂乃乘无底舟,入针孔海,始知万卷莲经,都是弄狮孙底家具,百端播弄,无非炼钢铁的钳鎚。因拈出古宿微言,作《金屑》七十二则,其间意兴到处,亦有张写古词者,皆是百千诸佛相传之髓,不忍舍也。

这个叙有几点须加说明:

一、简介了中郎参禅由无所得到有所得的过程。

二、中郎开悟后,得知万卷莲经的作用,是指导开悟的工具,比喻为炼钢铁之钳子与锤子。

三、他描写开悟的境界是"乘无底舟入针孔海"。

四、明确了百千诸佛相传之髓。

首先,我们要清楚"金屑"何意,金虽贵,但放错了地方则成为有害之物。其典应是出于唐末僧人文偃的一首悟道诗:

> 金屑眼中翳,衣珠法上尘。己灵尤不重,佛视为何人?

其主旨为学佛中破除心里的蒙蔽,即通常所言不要妄想分别与执著,解除种种烦恼(见思、尘沙、无明),亦《金刚经》开示的破我执与破法执。烦恼本是心中贼,偏执不过法上尘。不破外障不见性,何以成就英灵汉。

叙中所言参究杨岐公案才有所发挥,才透彻观照古德微言妙义,而作《金屑》七十二则。杨岐禅师(又名方会,992—1049),临济宗代表人物之一,有《杨岐和尚语录》及《后录》传世。佛教史上有"杨岐灯盏明千古"之说。杨岐禅师当年在石霜圆会下作监院,夜间读经,自己另买油,不将常住油私用,可见心灵清净不染,示现息灭贪嗔痴,勤修戒定慧。

中郎的悟道境界,他用了"乘无底舟入针孔海"来形容,一般读者不可思议或许一晃而过。我们必须对此作一浅说:所言无底舟指舟很大很深,周边无量(有量下无量),而无底(无量的无量),这么大一个船,在针孔海(俗世喻小)里自在航行,似乎难懂。这句比喻里,至少含三层意义:

一、引禅宗三祖僧璨(唐代)《信心铭》言,极小同大,忘绝境界,极大同小,不见边表。再引唐代贤首国师《修华严奥旨妄尽还源观》言,一毛端中无量刹,各有四洲四大海,须弥铁围已复然,悉入其中无迫隘。这是大宇宙观,即外国科学家所言,整个宇宙可以浓缩在一杯葡萄酒里。反过来,一杯葡萄酒可浓缩整个宇宙。常言世界大宇宙,人体小宇宙,人体一细胞乃至一微尘还是宇宙,其大无外,其小无内。既然一毛端里可以有无量刹(刹即国土),那么针孔也就是大海了,既是大海,无底舟就可以自由航行了。中郎以此喻自性自灵,本自具足,自由自在。

二、有即是无,无即是有。你说有,它从无而来,你说无,它无所不有。为什么呢?《金刚经》教言:凡所有相,皆是虚妄。有不可得,无也不可得。六祖曰:无动无静,无生无灭,无去无来,无住无往,无是无非。(《六祖坛经》,第106页)强调识自本性,见自本性。如来如来,无所从来,无所从去。见相离相,即是如来,见相著相,即是凡夫。故佛法不执著,有与无不执著,非有非无不执著,不执著于不执著。

三、一即一切,一切即一。这个观念是《华严十玄》第一玄,懂此一玄,即可遍知余下九玄。此下九玄为:延促同时,广狭自在,大小相容,重重不尽,圆明具德,**(依正不二,性相如一,因果相即,理事不二)**。(参看黄念祖著《无量寿经白话解》,第258页)一万年和十分之一秒一样,一芥子可容须弥山,一尺之镜,可照百里光影,一花一叶一滴水,含亿亿万万说不清花、叶、水。(参看黄念祖著《无量寿经白话解》,第259页)

懂了如此三意,我们再选一两则《金屑编》公案就不难理解。先看第一则:

举:《楞严》:吾不见时,何不见吾不见之处,若见不见,自然非彼不见之相,若不见吾不见之地,自然非物,云何非汝。(引古)

看,看,三世诸佛在你脚跟下过了,直饶一踏粉碎,阎罗王未放你在。(拈古)

铁壁银山,金刚栗棘,放去非离,拈来非即。海神不贵夜明

珠,满把撮来当面掷。(颂古)

这里所讲,世俗肉眼,见所能见,不见不能见。不能见是什么呢? 什么情形下可见? 自性自灵,明心才见。只有心地清净,处于大定,方可体验。因为定可生慧,生智慧了,就可开悟。夜明珠本贵重,在海神那里,可满把抛掷。禅者开悟,遍地珠宝。

再看一则公案(原第四十六则):

举:芭蕉上堂:你有拄杖子,我与你拄杖子,你无拄杖子,我夺却你拄杖子。(引古)

劈腹剜心。(拈古)

与么,与么,量多成少。不与么,不与么,拈梨作枣。与么,不与么,古佛堂前狗尿天。不与么,与么,鹁头女子白头早 。咦! 会吗? 采得疏山腊月莲,栽成洞岭初秋草。(颂古)

这里所言,不可执著文字相,世俗语,与同不与,有反而给,无反而夺,这似乎难解。《圣经》里有个马太效应,大意是:荣誉甚高、金钱甚多者,往往再给予,贫穷卑贱者,往往继续被剥夺。这符合历史与现实。当你无依无靠时,还要夺你依靠;当你有强大依靠时,继续给你依靠。一位法师讲过,到时候,连睡床也不给你,即无拄杖子,夺你拄杖子。亦常言越有越有,越无越无,这是事实。颂古中古佛庄严,狗尿向天,年轻女子,白头早来。疏山采莲,洞里新草。这是不二法门,有无一如,圆融无碍。

中郎毕竟是文章妙手,他用极具象事物表现极抽象义理。比如,他在第五则公案中描绘道:八十婆婆坐翠楼,傍人无语自含羞,朝来为止孙儿哭,笑把花枝插满头。这就是贤首国师所言:"举黄叶以止啼,心通法通;引虚空而示遍,何通何滞?"随机顺势,方便妙用。他用八十婆婆的表演用来说明:"谛观法王法,法王法如是。"意为法要舍,非法、非非法也要舍。舍即放下,放下即可看破,放下得彻底,看破才透彻。

据推测,中郎作《金屑编》的时间为万历十八年至万历十九年初,亦 1590 年至 1591 年初,这时候,他二十三四岁,正是书生意气、挥斥方遒的阶段,我们不得不佩服他的禅悟已经达到很高水平,为他九年后(1599 年)写作净土十要的"志殿"之著《西方合论》打下了坚实的基础。

佛门将学佛分为信解行证四方面,将开悟分为小悟、中悟、大悟与大彻大悟四个层次。我们简介《金屑编》,可以看出他对佛法的信与解,尽管英特英灵,还有待于持戒诵经教,查过去习勿自欺。而他之开悟水准尽管不低,但还只是中悟后大悟,还有待于进入大彻大悟。

心诚曰:十年后,他诵读千经万论,融会贯通,解缠去缚,信解行证四结合,他才得以登大彻大悟、大开圆解、明心见性的究竟圆满境界。

32. 以见觅见见为屑
——《金屑编》里的"百千诸佛相传之髓"(二)

中郎胞弟袁中道写了一篇《金屑编叙》,非常有意趣。现摘录其中重要句子:

1. 亘古亘今,明明不昧。

2. 佛与众生毫厘不隔。

3. 一切众生,离见无见。见依见起,以见非见,而欲觅见,觅见为屑,离见即见,见为见影,以见为见,是为见见,见见为屑。

4. 有心待捉月中兔,须向白云头上飞。

从叙文的整体构思看,强调自性自灵,高于一切,亘古亘今。

佛与众生，没有差别。但众生迷惑，佛与众生是有不同的。众生迷在"转增幻屑"上，迷在妄想、分别、执著上。其中顽固的执著表现为"见惑"。其表现根源为我爱、我贪、我痴、我慢（我傲），概言为我见、我执、见取见（果上）、戒取见（因上）、邪见等。这些见惑（经上言八十八品），用一个字概括，叫"屑"，屑即邪，即遮蔽，盖缠，于是不明产生了，环环相扣，循环往复，因果报应，六道轮回。其中，眼中屑占了主导，故眼耳鼻舌身意，色声香味触法，六根六尘，不可避免形成六种对境。克服办法是：眼见色，见色性；耳闻声，闻声性。如此类推，方可不受染污，保持自心清净。自心清净了，自性圆明体就出现了，故"诸法空相，不生不灭，不垢不净，不增不减"（《心经》）。如果非此境界，一切所见能见觅见皆迷惑之见，以此见为基点之所谓"悟"是假悟，还是"屑"，种种表现，种种机缘，种种口头动听名词，还是"屑"，即便所谓"直指人心见性成佛"也还是"屑"。为什么？见性成佛，是心有挂碍的"眼中屑"，真正的见性是连见性的"见"也没有，在"至无中纷然"，没有一丝挂碍，一切万缘放下了，自性不显而现，现而不现。所谓"你道识得向上事也，无尚未在"。为了帮助我们理解其中的玄妙，摘引禅宗六祖的一个偈子：

> 不见一法存无见
>
> 大似浮云遮日面
>
> 不知一法守空知
>
> 还如太虚生闪电
>
> 此之知见瞥然兴
>
> 错认何曾解方便
>
> 汝当一念自知非

自己灵光常显现

其大意为：心存无见与执守空知，这种知见瞬起暂见，必误认同知见为是，怎能解方便？故须一念知"见知俱不是"，那就自性灵光常显现了。（参看《六祖坛经注释》，第 147 页）

中道描绘此种境界为：白云头上飞，待捉月中兔。自然而然，不必费尽心力。

中道的叙文中，有一句话令人费解，叫"悟也是屑"，并说"直指人心，见性成佛"是"眼中屑"，余试作说明：按经教："无念为宗，无相为体，无住为本。"（《六祖坛经》，第 39 页）在念"无念"总纲下，才能自识本心，自见本性。如果心想我悟，持"直指人心，见性成佛"之见，对境与心念上还是在染污中、执著中，只是"染"的对象变化了，故亦是"眼中屑"。那么，究竟如何转染为净、转迷为悟呢？"无头无尾，无名无字，无背无面。""汝若心迷不见，向善知识觅路，汝若心悟，即自见性。"（《六祖坛经》，第 86 页）永明延寿大师有一位师兄名兴教洪寿禅师，写了个偈子："扑落非他物，纵横不是尘。山河及大地，全露法王身。"据说，永明大师当年从桥上过，有人丢下一块石头，"扑落"到水中，"咚"的一声他听到了，忽然就开悟见性了。可见，是不是"屑"，根据心与境。须知："诸行无常一切空，即是如来大圆觉。"（永嘉禅师著《证道歌》）如果没有空，即是"尘"，亦即"金屑"。

中道（笑云居士）叙最后说：如不明白无上深胜微妙法，须读此《金屑编》。下面，我们再选择一两则公案说明，先看第二则：

举：《金刚》："应无所住而生其心。"（引古）

连云栈，三千里，闭目横行；鬼门关，十二重，从头打出。且道是什么人分上事，谛听，谛听。（拈古）

赞不及,毁不及,踏断流水声写出;飞禽踪,无欠无余若太虚。释迦誓愿从今毕。(颂古)

据理:道,不可道。不必解说,一落言诠,即错。读者根性有别,仿老子办法,不可道,还是要道。故简介如下:"引古"系《金刚经》八个字,意趣很深,指不住不往,不去不来,不动不静,才可生清净之心。当年六祖惠能在五祖方丈室听五祖讲《金刚经》,听到这八个字,顿舍全舍彻舍,顿悟全悟彻悟,向五祖报告"何期自性"四十字心得,五祖彻知其自见本性,此世人天师,下世作佛祖。毅然断然,便把衣钵传与他,可见此八字重要,六祖透悟。

中郎"拈古"的内容,夸张手法强,浪漫描叙妙,闭目横行险道(三千里连云栈),从头打出雄关(十二重鬼门关),以此形容惮悟者的精神境界,没有任何障碍,即事无碍、理无碍、理事无碍、事事无碍,这是任运自如、玲珑剔透、洒脱活泼的境界,也是本分内的大事境界,应求可求内求自求的境界,非他求外求不可求分外求小求的境界。

中郎在"颂古"中写道:赞与毁,都不行,长长流水悦耳响,茫茫天空鸟飞翔,无欠无余若太虚,释迦誓愿从此毕。"誓愿"二字,按六祖说法:"自心众生无边誓愿度,自心烦恼无边誓愿断,自性法门无量誓愿学,自性无上佛道誓愿成。"(《六祖坛经》,第 46 页)六祖此说圆满,较一般对"四弘愿"叙说,多了"自心"与"自性"二字,这可有助于我们领会其中内蕴。

下看第三十五则公案:

举:夹山因僧问:"如何是夹山境?"答:"猿抱子归青嶂里,鸟卸花落碧岩前。"(引古)

法眼云:"我二十年只作境话会。江浦云:饭袋子,你怎么会又怎得,情知你向驴胎马腹里作活计!"(拈古)

"满目青山画不成,寒岩千古碧云横;世人都得知幽径,争向峰前礼磬声。"(颂古)

简解如下:

"引古"讲了禅师对所提问解答,青嶂重重,猿抱子归,碧岩层层,鸟卸花落。虽蓬勃生机,正化为板滞如同死水,何以故?禅者缺了己性,没将自己摆进而和谐圆融。故中郎(江浦)呵责道:饭袋子,你之那么附会,不过驴胎马腹而已,还是不能作阿弥之子,以经书为侣,只得作阎罗之囚;不能以净众为朋,却与阿旁(畜生)为伍。

然后,中郎在"颂古"中描绘了一种恶劣的后果:画了不成"满目青山",空见碧云横断,"千古寒岩",岂不遗憾备至?如果禅者对"幽径"缺乏禅悟,即使"峰前礼磬"、争向听声,还是所行枉然,不能彻知遍晓。中郎主张禅悟应是禅者心灵与对境,融为一体,如一不二。关于禅者、对境、悟性三者关系,余摘虎溪大师偈子(《净土十要》,第 387 页)帮助透彻理解:

境为妙假观为空,
境观双忘即是中,
忘照何尝有先后,
一心融绝了无踪。

再摘彻悟禅师语录:

一心万法,舒卷自如;三际十方,纵横无碍。帝网千珠,光含众影,天池一滴,味具百川。

两段引文结合起来,显境、心、悟之融会妙地,悟透了,一毫一厘,一山一水,处处圆融,起心动念,法穷甚深。

我们从中道对"眼屑"的深说与中郎对此二则公案的引、拈、颂,可知他的禅机锋芒锐敏,勇猛自信,揭"屑"破"屑"达明慧,对自性内求的解悟程度很高,兴趣极浓厚,年轻的他对狂禅滥儒颓风已有所察觉,他浸润与深研禅宗,广览三千公案并不满足,对《坛经》细读,"颇有研究,曾作《六祖坛经节录》、《坛经节录引》"等。(《袁宏道评传》,第43页)可见其功夫之深。他才能于文于诗可得禅趣,达"每于诗外旨,悟得句中禅"之状。尔后沐浴法雨惠风八九年,与高僧大德,鸿儒硕道,切磋成良玉,相击发灵光,必定在破执著相与狂慧徒中,独具卓见,识腐儒滥禅,知狂禅笼统,不迷信不盲目,贞静明妙,虚彻灵通,摄禅归净就有了精猛与稳实的根基,最终明白法中王:"若人称念弥陀佛,号曰无上深妙禅。"(《西方合论》卷三)

心诚曰:融通禅净、精光独擢的千古奇文《西方合论》的产生并非偶然,惮悟深厚为基,加上十年净宗熏染,此著便定然耸立在佛学论著之林了。

五、《德山麈谭》(中郎据《珊瑚林》删改)篇

说明:以下诸篇,以《笺校》中《德山麈谭》为依据,而此谭是中郎从《珊瑚林》删改节选,《珊瑚林》约三万字,节选为一万二千字,故名《德山麈谭》较为切情。以笔者狭隘见识,一般读者不易获得《珊瑚林》原文,因而取《德山麈谭》原文选录,然后作点简约介绍以方便初学。

33. 摄禅德山净观禅

(1)

明万历三十二年(1604年)秋八月,中郎与僧人寒灰、雪照、冷云及居士张明教入桃花源。暑气尚盛,于是在德山塔院休憩。院后有数棵古樟,婆娑浓荫,一派青色,苍翠茂密与水光相盪,骄焰如洗。他们一齐去水边,沐发浴脸,冲凉解暑。

一会儿,五人共坐后院树下,时有凉风习习,心意闲适,脑活神爽。绝糅杂,断号呶,闲人冷语,皆归第一。僧人寒灰说:"有幸与中郎一游,前读你所著《合论》与《广庄》涉及儒学诸典、佛经宝典,我等尚存迷惑颠倒,想向先生提几个问题。"

雪照与冷云随声附和。原来四位信佛者此前已将疑惑整理存胸,一问接一问,问问皆难题。

问:如何中庸不可能?

答：此正是圣人亦有不能处。中庸原不可能，非云不易能也。君子之中庸，只一个"时"字，非要去能中庸也。孔子可以仕则仕，可以处则处，可以久则久，可以速则速，正是他时中。小人而无忌惮，只为他不能时中，圣凡之分，正在于此。（注：时中即顺机顺势。）

问：何谓时中？

答：时即春夏秋亥子丑之时也。顷刻不停之谓时，前后不相到之谓中。《金刚经》"应无住而生其心"，亦此意。不停故无住，不相到故心生。（注："应无住"指不执著，"生其心"指生清净心。）

问：何谓不相到？

答：如驶水流，前水非后水，故曰不相到。

问：何谓心生？

答：如长江大河，水无腐败，故曰心生。

问：何谓无忌惮？

答：不知中庸之可能，而欲标奇尚异以能之。此人形迹虽好看，然执著太盛，心则死矣。世间唯此一种人最动人，故为夫子所痛恨。

问：佛经常以"如是我闻"开篇，何谓"如是我闻？

答：心境如一叫"如"，超于是非两端叫"是"，不落眼耳鼻舌身意曰"我"，不从语言文字入曰"闻"。（注：中郎开创性释"如是我闻"，史无前例。一般解释此四字为：我亲耳听佛所言说。）

无明即是明，世间山河所由起，皆始于求明一念，故明即无明，今学道人无一念不趋明者，不知此即生死之本。（注：不求明自明，一念求则无明。念念求明，愈陷愈深，成成相因，六道轮回，长劫难脱，故称生死之本。）

问：如何是知见立知？

答：山是山，水是水，此知见立知。问：如何是知见无见？答：山不是山，水不是水，此知见无见。数日又问：如何是知见立知？答：山不是山，水不是水，此知见立知。问：如何是知见无见？答：山是山，水是水，此知见无见。（注：前后同问，答如何不一样？答：似乎不一样实一样。前答浅然，后答了然；前者因然，后者果然。前后相融，方可明彻。）

经云：能平心地，则一切皆平。顾心地岂能平哉？曾子之絜矩，孔子之忠恕，是平心的样子。故学问到透彻处，其言语都近情，不执定道理以律人。

问："诸佛两足尊"六句当如何解？（注：依《坛经》六句为"皈依佛，二足尊；皈依法，离欲尊；皈依僧，众中尊"。"二足"指福与慧究竟圆满。）

答：知法常无性即慧足，佛种从缘起即福足，知法无性，所以不断一切法，是谓从缘起也。二乘遗缘，故折色明空，一乘却不然，盖一切法，各住在空位，世间相即是常住，无缘非法，安用遗缘，此大慈所以诃焦谷也。今师家作了因缘因法住法位解者大非。（注：师家即禅师。）

经云："一称南无佛，皆以成佛道。"又云："大通智胜佛，十劫坐道场。"佛法不见前，何相矛盾也。盖时劫本无定，故一称与十劫，同是一样，非分久暂，如二人同在此睡，睡时同，醒时亦同。而一人梦经历数日，一人梦中只似过了一刻，此二人可分久暂耶？

往有问伯修："居一切时，不起妄念"四句作何解者。伯修曰："居一切时，不起妄念，是止病。于诸妄心，亦不息灭，是作病。住妄想境，不加了知，是任病。于无了知，不辨真实，是灭病。要知此四句，是药亦是病。"（注：病起药兴，妄生智立，病亡药亡。）

问：《楞伽》百八句中，佛诘大慧所来，问者皆极细事，有何紧要？

答：譬之有人问曰："云何地动？"达者应曰："此何足问，汝眼睛如何动，手足如何动，何故不问？"盖佛见得天地间事物，总不可穷诘，勿以寻常奇特，大小远近，作两般看也。佛意原如此，若真正要大慧问眉毛有几，微尘有几，此有何关系。今法师家作总相别相解者大非。（注：批邪禅不达权变，执于一端，牵缠固执。）

问：维摩以火喻无我，以水喻无人，何也？ 答：火必借薪，无有自体，故喻身之无我。水有自体，不借他物，故喻身之无人。

凡经教皆有权有实，不达其权，往往牵缠固执，看不痛快。唯祖师不认权教，故单以实相接人。

问：权教岂佛诳语耶？

答：非诳语也。如小儿不肯剃发，父母语之曰："剃了头极好看，人都把果品与你。"此语非实事，然父母无诳子之罪，以为不如是语，则彼不肯剃发，故曰权以济事，则非诳也。

问：《华严经》"一身入定多身起，男子入定女人起"。

答：有分段识，则一多不能互融，男女不能互用，唯分段识尽者有之。

问：何谓入定？

答：人人皆有定，不必瞑目静坐，方为定也。

问：菩萨跏趺，入定多年，又何谓也？

答：此以定为定者也。《华严》所论入定，则以慧为定者也。盖所谓定者，以中心明了，不生二念曰定。倘不明了，心生疑怖，斯名不定。譬如我今认得某村落，随步行去，此即是定。若路头不明，出门便疑，是为不定。又如我在此坐，闻垣外金鼓声，我已习知，便定；若从来不闻，未免有疑，是为不定。（注：中郎所言定，谓大定，据《与徐阃卿书》一文得知，他先前小定中定，后得至人指点,明了并行大定。)

经云:"心不妄取过去法,亦不贪著未来事,不于现在有所住。"然吾人日用间,于过去事有即今要接续做者,难道不去做。明日要为某事,今日须预备者,难道不预备。过去事续之,未来事预备之,便即是现在矣。要知此中有活机,不是执定死本的。(注:此并非否定经言,而是从俗世角度维护经言。经中所言不要于过去妄、于现在贪、于未来执住,即"不死本"永远都是对的。)

问:三界唯心,万法唯识,于八种识内何属?

答:心是八识,意是七识,识是六识。三界唯心者,以前七识不能造世界,唯第八能造,为前七不任执持故。万法唯识者,法属意家之尘,故意识起分别,则种种法起。如饭内有不净物,他人私取去,我初不知,便不作恶,以意识未起故。若自己从盏内见,决与饭同吐,可见吐者,是吐自己之见,非吐物也。又如乡人以彼处乡谈詈此土人,此土人不知,怡然顺受。若以詈彼土人,其怒必甚。可见怒者是怒自己之知,非怒物也。以此见万法唯识,定是六识。非属前五与七八也,以五八无分别故,第七但思量故,但执我故。

问:前五识属性境,属现量(注:有现量,有比量,有非量),何以有贪嗔痴?

答:贪嗔痴乃俱生惑,不待意识而起者。如小孩子眼识不曾分别,然见好花则爱,此眼识之贪也。小孩子舌识亦无分别,然去却乳则哭,此舌识之嗔也。至于痴,则不待言矣。

第六识审而不恒,如平时能分别,至熟睡时则忘,迷闷时则忘。第八识恒而不审,虽持一切种子,而自体瞀昧。唯第七识亦恒亦审,是为自然。老氏之学,极玄妙处,唯止于七识。儒家所云格致诚正,皆第六识也。至云道生天地,亦是以第八识为道。

问:第八识别有体性耶?

答:前六识即第八见分,前五根尘即第八相分,色声等疏相分也,眼耳等亲相分也。(注:八识之论见后文《解读〈八识略说叙〉》)

问:云何又有七识?

答:七识无体,即前六中之执我一念,如大海水,波涛万状,湿体即一。

问:凡属思量,即有间断,七识何以独恒?

答:六识思量,附物而起,故有起有灭。七识唯我爱一念,依我而起,生与俱来,宁有起灭?盖虽痴如孩提,昏如睡眠,此念隐然未间断也。何故?我即我爱,故自然而有,不觉知故。

问:贪嗔痴相因而起,七识何以有贪痴而无嗔?

答:七识以我为贪,既云我矣,岂有我嗔我之理耶?然我爱一念甚细,二乘虽极力破除,居然是我在。

问:妙喜《语录》云:"将八识一刀两断。"八识如何断得?

答:杲公以种种文字记忆,为第八识也。记忆是第六识,八识乃持种,非记忆也。八识如断,则目前山河大地一时俱毁矣。

儒者但知我为我,不知事事物物皆我,若我非事事物物,则我安在哉?如因色方有眼见,若无日月灯山河大地等,则无眼见矣。因声方有耳闻,若无大小音响,则无耳闻矣。因记忆一切,方有心知,若将从前所记忆者,一时抛弃,则无心知矣。

今人皆谓人有碍于我,物有碍于我,庸知若论相碍,即我自身亦碍,如眼不能听,耳不能 见,足不能持是也。如说不相碍,则空能容我,舍空无容身处,是空亦我也;地能载我,舍地无置足处,是地亦我也;夏饮水则不渴,冬煨火则不寒,是水火亦我也。故地水火风空见识,教典谓之七大,总是一个身耳。

问：八种识一时具不？

答：皆具。譬如有人名赵甲者，赵甲之身及诸受用，则第八识所变；呼之即闻，此前五中之耳识分别，所呼之字为赵甲，则第六识；余人不应，独赵甲应，斯第七识。就中七识，最难别出，今略指其凡耳。

问：根与尘分明是两物，如何经言各各不相知，各各不相到？

答：有两个则彼此相到，今只是一心，宁有心知心、心到心者乎？如耳不到眼，以眼耳虽两形，同是一头；指不到掌，以指掌虽两形，同是一手。

东坡诸作，圆活精妙，千古无匹。唯说道理，评人物，脱不得宋人气味。（注：宋代文人气味，指以儒附禅，以禅附儒，禅不禅，儒非儒。）

王龙溪书多说血脉，罗近溪书多说光景。譬如有人如此，或按其十二经络，或指其面目手足，总指一人耳。但初学者，不可认光景，当寻血脉。

问：儒与老庄同异？

答：儒家之学顺人情，老庄之学逆人情。然逆人情，正是顺处。故老庄尝曰因，曰自然。如“不尚贤，使民不争”，此语似逆而实因，思之可见。儒者顺人情，然有是非，有进退，却似革。夫革者，革其不同，以归大同也，是亦因也。但俗儒不知以因为革，故所之必务张皇。即如耕田凿井，饥食渴饮，岂不甚好？设有呈精明者，便创立科条，东约西禁，行访行革，生出种种事端。恶人未必治而良，民已不胜其扰，此等似顺而实革，不可不知。曰：儒者亦尚自然乎？曰：然。孔子所言絜矩，正是因，正是自然。后儒将矩字看作理字，便不因，不自然。夫民之所好好之，民之所恶恶之，是以民之情为矩，安得不平？今人只从理上絜去，必至内欺己心，外拂人情，如何得平？夫非理之为害也，不知理在情内，而欲拂情以为理，故去治弥远。

一切人皆具三教。饥则餐，倦则眠，炎则风，寒则衣，此仙之摄生也。小民往复，亦有揖让，尊尊亲亲，截然不紊，此儒之礼教也。唤着即应，引着即行，此禅之无住也。触类而通，三教之学，尽在我矣。奚必远有所慕哉？

问：古来诸师，何谓多有神通？

答：蝇能倒栖，此蝇之神通也。鸟能腾空，此鸟之神通也。役夫能日行百余里，我却不能，役夫之神通也。凡人以己所能者为本等，己所不能者为神通，其实不相远。

常见初学道人，每行人难行之事，谓修行当如是。及其后，即自己亦行不去，鲜克有终。可见顺人情可久，逆人情难久。故孔子说："道不远人，远人不可为道。"索隐行怪，吾弗为之。夫难堪处能堪，此贤智之过也。贤智之人，以难事自律，又以难事责人，故修齐治平，处处有碍，其为天下国家之祸，不小矣。

从法师门中来者，见参禅之无色鼻，无滋味，必信不及。从戒律门中来者，见悟明之人，洒洒落落，收放自由，必信不及。二者均难入道。

世人终身受病，唯是一明，非贪嗔痴也。因明故有贪有嗔诸习气。试观市上人，衣服稍整，便耻挑粪，岂非明之为害？凡人体面过不得处，日用少不得处，皆是一个明字使得不自在。小孩子明处不多，故习气亦少。今使赤子与壮者较明，万不及一；若较自在，则赤子天渊矣。

问：大慧云："不许起心管带，不得将心忘怀。"似非初学可到？

答：譬之诸公，长日在敝舍聚首，并不见走入内宅，此心何曾照管，亦何曾非照管也。又今在座谢生多髯，然其齿颊间谈笑饮食，自与犇不相干，非要忘其为犇，始得自在也。即此可见是天然忘怀，不是作为。

佛喻五欲之中，决无有我，譬如洗死狗相似，洗得只有一丝毫，亦是臭的，决没有不臭者，比喻绝妙。今学道者，乃在五阴中作工夫，指五阴光景为所得，谬矣。（注：五阴，指色、受、想、行、识，又称五蕴。）

僧问：偷心处处有，何以尽之？先生曰：你想今年生孩子否？答：岂有此理！先生曰：这便是偷心尽处。

凡人以有想为心，修禅天者以无想为心。又进之至非非想，以无想亦无为心，种种皆非心体，故《楞严》逐处破之。

以上余按原文摘录中郎《德山塵谭》的前部分（《珊瑚林》上），这部分约七千字，引经 24 处，涉及佛名、文化名人 44 人次，涉猎事象物象 100 余条，由他本人提出与概括真俗二谛 60 句。这种随机顺势、答疑解惑的谈吐，达到如此深甚微妙、幽默风趣的境界，除却袁中郎，何人所能为？一位伟人说过：在繁杂丰富的事物面前，我们必须学会紧抓最核心的问题，万千的学问家不知此理，劳碌终生，如堕烟海。

中郎在上述谈话中，评孔孟儒家，判老庄道家，批腐儒俗儒，斥二乘浅佛，呵狂禅粗见，没达大彻大悟、明心见性之佛道，不可能有此大作妙语。余相信真实学佛、经法雨慧风沐浴的读者，不会对余上述持疑。那么有人会问：上引谈话波涉古今，援引中外，十方三世，无不席卷，究竟什么是他对话的精髓观念呢？细心的读者，您只要老老实实多读几遍，您不难发现，中郎说，经云："一称南无佛，皆以成佛道。"又云："大通智胜佛，十劫坐道场。"从法门观念看，称号念佛而成道，是净土法门的最显著的特色，这是不容置疑的。

心诚引中郎佛语:"无明即是明,世间山河所由起,皆始于求明一念,故明即无明,今学道人无一念不趋明者,不知此即生死之本。"心诚曰:把这段话读懂了,在佛法解证上基本合格,如若依教奉行,解行相应,则可究竟圆满。

(2)

继续摘引,便于读者知原汁原味:

达摩西来,只划除两种人:其曰斋僧造像,实无功德,乃划除修福者;其曰廓然无圣,乃划除修禅定苦行及说道理者。凡用功在道理上着力,决不能出头。凡救人若在道理上提拔,决不行度脱。即如罗近溪有一门人,与诸友言,我有好色之病,请诸公一言之下,除我此病。时诸友有言好色从心不从境者,有言此不净物无可好者,如此种种解譬,俱不能破除。最后问近溪,近溪厉声曰:"穷秀才家只有个丑婆娘,有什么色可好?"其友羞惭无地,自云除矣。

问:道理未能尽彻,宜如何体会?

答:你说世间何者为理?姑举其近者言之:如女人怀胎,胎中子女,六根脏腑,一一各具,是何道理?初生下子女来,其母胸前便有白乳,是何道理?一身之脉总见于寸关尺,而寸关尺所管脏腑各异,是何道理?只是人情习闻习见。自以为有道理,其实那有道理与你思议。(注:此内容和《西方合论·见网门》相关,可对照阅读。)

问:孔孟及诸佛教典,岂非理耶?曰:孔、孟教人,亦依人所常行,略加节文便叫作理。若时移俗异,节文亦当不同,如今吴、蜀、楚、闽各以其所习为理,使易地而行,则相笑矣。诸经佛典乃应病施药,无病不药,三乘不过药语,哪有定理?故我所谓无理,谓无一定之理容你思议者。人唯执着道理，东也有碍，西也有碍，便不能出脱矣。试广言之，汝今观虚空中，青青的是气耶是形耶？气则必散，形则必坠。庄子说："上之视下，亦苍苍。"夫下之苍苍乃有质地，上之苍苍何质耶？天之上有天耶？天果有尽耶？地之下有地耶？地果有穷耶？此义愈说愈荒，诸君姑置之。

百花至春时便开，红者红，白者白，黄者黄，孰为妆点？人特以其常见，便谓理合如此，此理果可穷耶？若梅花向夏秋开，便目为异矣。

问：此与老、庄自然何别？

答：这里如何容得自然。

问：天地间事，皆诿之不可思议耶？

答：知者通其所以然，是不消思议；迷者不知其所以然，是不能思议。

问：如何说看公案不要求明？

答：有个喻子极妙，往在沙市舟中，有僧暗中自剃头，一僧燃灯见之，惊云："你自家剃头，又不用灯。"舟人皆笑。

问：正用功时，偶有应酬，未免间断？

答：如好秀才落第归来，虽下棋饮酒，而真闷未尝解。

问：一面应事，一面于工夫上有默默放不处，恐多了心，分了功？

答：如人打你头，晓得痛；并打你足，亦晓得痛。通身打，通身痛，如何不见多了心，分了功。

有人问近溪先生云："如何是不虑而知？"云："你此疑，是我说来方疑，是平时有此疑？"答："是平时有此疑。"近溪云："既平时有此疑，乃不得不疑者，此谓不虑而知。"

问：每见学人于疾病临身，便觉昏愦，如何平昔工夫，到此却使不上？

答：观人当观其平日用功，得力不得力。庄生所谓"善吾生者，所以善吾死也。"至于疾病生死现前，虽悟明人，有病亦知痛苦，其临终亦或有昏愦者，皆不足论。盖昏愦与不昏愦，犹人打瞌睡与不打瞌睡，安有高下耶？夫疾病已是苦矣，复加个作主宰之念，则其苦益甚。况临病时，且不愁病，先愁人看我破绽，说学道人如何恁的受苦，遂装扮一个不苦的人，此便是行险侥幸入三途的种子。噫，自为已知几之学不讲，世间好人以生死为门面者多矣，不如那昏愦的，却是自在。

问：病中如何做主宰？

答：汝勿以病为病，即今好人都在害病。

问：如何好人亦病？

答：眼欲看色，耳欲闻声，以至欲食欲衣，无非是病，此中甚难作主宰。何况寒热等症，一时缠身，能作主宰耶？

问：真歇了禅师云："老僧自有安闲法，八苦交煎总不妨。"未知何等是安闲法？

答：不必到病中，汝今即推求，浑身所思所作，皆是苦事，何者是你安闲法。今之慕禅者其方寸洁净，戒行精严，义学通解，自不乏人，我皆不取。我只要个英灵汉，担当此事耳。夫心行根本，岂不要净，但单只有此，亦没干耳。此孔子所以不取乡愿，而取狂狷也。

问：如何是人鬼关？

答：鬼属阴，人属阳。古云：思而知，虑而解，鬼家活计。

顿渐原是两门，顿中有生熟，渐中亦有生熟。从顿入者，虽历阿僧祇劫，然其所走，毕竟是顿的一路。从渐入者，虽一生即能取证，然其所走，毕竟是渐的一路。

有聪明而无胆气，则承当不得；有胆气而无聪明，则透悟不得。胆胜者只五分识可当十分用，胆弱者纵有十分识只当五分用。

未悟时独处皆妄。如与人争竞，固人我相，即退让亦人我相，以我与人争，我能让人，总之人我也。既悟时，触处皆真。如待人平易，固无人我相，即与人争竞，亦非人我相。永嘉云："不是山僧逞人我，修行恐落断常坑。"是也。

问：言语道断，心行处灭，如何亦有两种？

答：有假有真。譬如要北人说闽中乡谈，此真言语道断；若本处乡谈，但只不说，此假言语道断。寻常做官，要林下去，此假心行处灭。若遇考察去了官，此真心行处灭。

问：道贵平常，炫奇过高，是多了的。

答：平常亦是多的。

僧问：如何是修证则不无，污染则不得？

先生曰：汝曾往南北二京否？答：曾往。曰：这个是修证不是修证吗？又问：汝往京城中听经否？答：曾听。曰：这个是染污不是染污？僧复拟答，先生摇手曰：不是，不是。

先生举僧问赵州：万法归一，一归何处？赵州曰：我在青州做领布衫，重七斤。诸君平日作何道理会？答：作顺应会。先生曰：若问和尚有衣吗？答我在青州做领布衫，重七斤，这方叫做顺应。今问一归何处，岂是顺应？此义觉范（注：即洪觉范，北宋僧人，曾三次入狱出狱，经历奇特，佛学家，诗人）已曾笑破。

问：从上祖师，亦有死于形戮者，何故？

答：死于刀杖，死于床榻，一也。人杀与鬼杀何殊哉？但有好看与不好看之异耳？于学问却不相干。

"随缘消日月，任运著衣裳。"此临济极则语，勿作浅会。若偷心未歇，安能随缘任运？

学道人应是韬光敛迹，勿露锋芒，故曰潜曰密。若逞才华，求名誉，此正道之所忌。夫龙不隐鳞，凤不藏羽，网罗高张，去将安所？此才士之通患，学者尤宜痛戒。

我辈少时，在京师与诸缙绅学道，自谓吾侪不与世争名争利，只学自己之道。亦有何碍？然此正是少不更事。自今观之，学道不能潜行密证，乃大病也。即如讲圣学，尚节义，系功令所有者。然汉时尚节义，而致党人之祸；宋朝讲圣学，而有伪学之禁。都缘不能退藏于密，以至于此。故学道而得祸，非不幸也。

勿为福始，勿为祸先，非禁人作福，唯不可自我倡耳。吾儒讲学，亦是好事，然一讲学，便有许多求名求利及好事任气者，相率从之。及此等不肖之人生出事来，其罪皆归于首者。东汉而后，君子取祸皆是也。这样的涉世机关，唯老、庄的然勘得破。

修行人始初一二年内，嗔嫌他人不学好，到久后，方知自家不好处。

凡人脾胃好者，不论饮食粗细，食之皆甘；脾胃薄者，遇好物则甘，粗物则厌；至害病人，则凡味皆拣择矣。今人见一切人无过者，是自己脾胃好；检点一切人者，是自己脾胃有病，与人无干。试观凶暴人，未有不作恶者。故好字从好，恶字从恶，此意罗盱江发得极透。

应以宰官得度者，即现宰官身而说法，阳明是也。应以儒教得度者，即现儒者身而为说法，廉溪是也。

问：如何方是无为？

答：所谓无为者，非百事不理也。汉文帝称无为之主，吴王不朝，赐以几杖；张武受赂，金钱愧心，此无为也。舜放四凶举八恺，亦无为也。故曰无为而治，其舜也欤？

问：有放有举，何名无为？

答：因人情好恶而好恶之，亦是无为。

问：此与外道自然何异？

答：老、庄之因，即是自然，谓因其自然，非强作也。外道则以无因而生为自然，如乌黑鹭白，棘曲松直，皆无因而自尔，此则不通之论矣。

汉高帝见萧何置田宅则喜，及见其作好事则下狱，恐其收人心也。宋真宗见人心归其子，则叹曰："人心遽属太子，奈何？"夫汉高、宋真皆英主也，一则以利之故忌其臣，一则以利之故忌其子，此一念可轻易责恒人乎？

问：人情未有不相同者，然圣凡之异，却在甚处？

答：我说人情相同，但论其理尔。然人谁肯安心谓我与常人一样者？虽屠儿樵子，开口亦曰："我便如何，彼却不能。"至于学道之人，晓得几句道理，行得几件好事，其愤世嫉俗尤甚。此处极微极细，最难拔除。（注：指贡高我慢，与生俱来。）若能打倒自家身子，安心与世俗人一样，非上根宿学不能也。此意自孔、老后，唯阳明、近溪庶几近之。

以上是我从《德山麈谭》后半部分选录，这部分来自《珊瑚林》（下），在五千字中，引梵华经典约 20 次，涉猎佛名、历史人物 40 余人次，波及事物现象 50 余次，由中郎概括的佛言祖语近 50 条。可见信息量大、思维量密、智慧量高、圣言量富，不深入其微其细，很难懂其玄奥。

我谈点肤浅体悟：这部分从达摩西来，划除修福而不修慧的偏执，划除修禅苦行而偏执空理，从对这两种倾向批判切入，用生活事例与历史典故，用儒与道的精髓，形象地阐明佛学的三大关系:性与相,理与事,因与果。提出了"拔除"我执、"打倒自家身子"与"做英灵汉"的根本理念。这部分是前部分的深入与拓展。可以说打得开,收得拢;拿得起,放得下。前部分指出净宗要核:一称南无佛,皆已成佛道。后部分具象谈:大通智胜佛,十劫坐道场。前部分可看成是因,是事;后部分可看成是果,是理。反过来,前部分看成是果,是理;后部分则可看成是因,是事。这种互因互果、互事互理玄妙至极,正好归于是一不是二、非一非二、一如如一的佛境,即佛法圆融、圆通的大乘境界。如何进入此种境界,中郎提出了必经之途:拔除我执、"打倒自家身子",主张"上根宿学"。

有专家认为中郎《德山麈谭》是从净土回归于禅,理由不充分。应该说是禅净圆融、以净摄禅。他是以《西方合论》的坚固信念论禅谈禅,这个理念贯穿于他的俗世命终。继作《珊瑚林》(1604 年)后两到三年,他先后写了三篇祭告其亡妻的短篇,这是他内心净土理念的真实流露。这里仅仅摘引两句:

> 如其逍遥宝树,则迦陵尚能笑人;倘或漂沉爱河,即雪衣犹可念佛。唯冀西方忆子之母,垂念南国失乳之儿。(《李安人小祥文》)

引文中迦陵是极乐净土的鸟名,其声音遍布十方说法,乃阿弥陀佛化身。文中忆子之母与念佛等境界描绘,是净土宗理念与法门的观照。

上文作于 1608 年,离《西方合论》之作已有九年。《西方合论》的要旨为:"若人称念弥陀佛,即是无上深妙禅。"与"念力是一切法之王"。按无念而念、无念为宗而推断,无念之念为王中之王。如此牢不可破的深信净土，是不可能改弦易辙的。

心诚认为：《西方合论》是禅净合和、摄禅归净，而《德山麈谭》则是禅净圆融、以净摄禅。

文尾补白：

中郎一行数人当日在德山相聚谈禅，同行僧人与居士提问，中郎见机说法，全从胸臆流淌，体现佛祖说法之艺术如钟如鼓，大叩大鸣、小叩小鸣，不叩不鸣。说而不说，不说而说。所提之问有出世有入世，有典藏有时尚，中郎应机而言，流畅如注，所言如新笋出土，如幽洞举火，如瀑布流泉，如日月经天，玄妙极致，生动活泼。中郎一番言语，使他们心头疑团如乌云散去，晴日明彻。三僧一居士听后如桶脱底，豁然开朗。

回到馆舍，他们便按各自所问，由明教居士整理，请中郎过目补正，并提出要求，付梓印行，以弘扬正法。中郎说："此类谈吐，如风过之痕，如水波之迹，不值得记录。既然你们胸有活水，且已简章劳作，余当日后选其要旨，斟酌一番，再作商议。"尔后十余天，他们游览桃源诸景，德山诸胜，纪游纪诗，劳心劳力，纵谈天地造化之妙，阔论山水人文之奇，探询古圣贤摄受大道之真，旅途快活放逸而疲惫。

9月，中郎等人乘舟由澧水上溯经虎渡河太平口入荆江，回到柳浪馆，虽有短途出游，不似先前劳乏。安定了一两月，时值冬日，好友张明教又提出德山谭禅的美好契机和僧众的迫切要求。于是，中郎应人所请，将底稿读过，予以增删补缀，这便是后来的人们所见的今古奇文——《珊瑚林》（《德山麈谭》为其节录）的由来。

34. 人文佛事过"鬼"关

"文佛事"源于中郎胞弟袁小修的一句话:"一以文字为佛事"(《解脱集序》)。小修与胞兄中郎非一般兄弟,他们是史上少有知音、知交。他们长时间同游、同寝、同文,故小修对胞兄的认识不能忽略。"一"是指将山川之奇,百草之生,万卉之芳,古文之精,经书之奥,心情之适,全都用佛教理义统摄与囊括,在嬉语谑词中流露微言玄旨,在如癫似狂中,清言高远。

"鬼关"指什么呢?"问,如何是人鬼关? 答:鬼属阴,人属阳。古云,思而知,虑而得,鬼家活计。故凡在情念上遏捺者,是鬼关;在意识上卜度者,是鬼关;在道理上凑合者,是鬼关;在行事上妆点者,是鬼关;在言语文字上探讨者,是鬼关。"(《笺校·德山麈谭》,第1295页)

中郎在"鬼关"问题上,提出了道家阴阳观。古语讲,阴阳莫测,谓之神。阴阳观念是道家的核心宇宙观,是我们祖先的一个智慧系统符号。它有丰富的内容,简言之,阴阳互衬互存,互转互化,周而复始,不可穷尽。道家以阴阳二鱼的图像展示其玄妙之理。白表阳,黑表阴,白鱼中有黑点,黑鱼中有白点,两鱼之间有空相,它们在对立的空隙里过渡,即为三。没有三不能转化。道生一,一生二,二生三,三生万物。这个道理趣味无穷,实用无方。

可见,中郎对人与鬼的认识非常透彻。将人看成阳,鬼就是阴。曾不断有人问我:您说有鬼没有? 有人曾用这个题目考央视读书栏目主持人。该主持以反问避而不答。这个题目好回答,如是俗世正统人士,你可答:看你心中有鬼没有。心中有鬼则肯定有鬼。提鬼一问,则证明心中有鬼。如是修持佛法者,则可明确回答。因为"唯心所现、唯识所变","一切法从心想生","凡所有相,皆是虚妄"。有人会反问:你见过鬼没有? 没有见,怎言有鬼? 世上事并不全以见与不见来判断有无,我们见磁场、气场、电没有? 没有。只见过电灯之类,并没见过电。但磁场、气场、电确实存在。深一步讲,科学家认为宇宙不是只四维空间,目前估计至少有十一维次空间。故四维俗世人完全见不到四维以上空间活动的对象。

中郎引古言,"思而知,虑而解,鬼家活计。"这个鬼家活计,与常人活计是一体两面,中郎对这个"鬼家活计"提了五种表现:1.执著偏执情念,缺乏智慧,我们常在"鬼"前加"怨",称为怨鬼,怨鬼偏执情念;2.执著意识的猜测计度;3.执著于道理的勉强东拼西凑;4.执著于行事时故意妆点,刻意求成;5.执著于语言文字的探幽寻踪,忘了微言大义。

上述五种偏执的共同点是:颠倒迷惑,主观武断,臆想猜度,自以为是,把一知半解当全解,以肤浅,表相的知识当作深刻与玄妙,忽略自性、真灵的开发,因而没有智慧的明达与透脱。这些状况,孔子、老子早就批判过了。孔子主张"四勿"(勿意,勿必,勿固,勿我);老子主张"三复归",即"复归于婴儿"、"复归于无极"、"复归于朴"(《道德经》第二十九章);释迦主张"五空"(色、受、想、行、识)。孔、老、释主张的共同点是讲求真心、正心、净心,不要妄心、邪心、执著。

如何才能过"鬼关"(亦即人邪人病之关)? 中郎提出了"主宰"一法,所谓主宰是大自在,大解脱,没有障碍。什么具有大自在、大解脱、大主宰的能力? "一灵真性","本性本善"。

人人皆有真性,本性,故人人皆有佛性。何以不能明心见性? 妄心妄念,纠缠束缚。故中郎说"英灵汉"可心行根本。这既要聪明,又要胆气。有胆气而无聪明,则透悟不得。胆气胜,五分识可当十分用;胆气弱,虽有十分识也只当五分用。聪明指智慧,胆气指慈悲无量的情怀。

什么原因? 有胆气者,见鬼不鬼,不惊不怖,自能主宰,真英灵汉子,岂执著昏迷? 无胆气者,不见鬼而见鬼,既惊且怖,迷惑颠倒,真性被遮。中郎在《西方合论》中讲了好几个鬼与仙故事,其中道士遇鬼,鬼食活人可作代表,这些鬼故事都是为了形象地阐明佛理。

心诚曰:小修所言"一以文字为佛事",真实不虚。既然写鬼谈仙直指佛理,何况论人论事,论史论经,写山写水,写策写疏呢?

35. "克己复礼"与"格物"

据《印光大师文钞》记载:杨歧方会禅师,在石霜圆会下作监院,夜间看经,自己另买油,不将常住油私用。洞山至宝禅师(另名宝寿),在五祖戒禅师会下作监院。禅师有寒病,当用生姜红糖熬膏,以备常服。侍者往库房取,监院说是常住公物,不可私用,拿钱来买。戒禅师即令持钱去买,深契其人。后洞山住持缺人,有求戒禅师举所知者。戒云,卖生姜汉者可去。于是禅宗留下"杨歧灯盏明千古,宝寿生姜辣万年"之对。

这两位禅师克己复礼,不计私利。袁中郎在《珊瑚林》中有一段话,对孔子教人,"克己复礼"以佛理进行了拓展,摘录如下:

"一曰克己复礼,天下归仁。"盖无己则无人,无人则无天下。浑然万物一体,故曰归仁。颜渊思想,吾身只靠着视听言动,今克了己是无视听言动,却如何做工夫? 故请问其目。夫子答云:汝勿以目视,唯以天则之目视;勿以耳听,唯以天则之耳听。耳目即己也,己即非礼也,此正约之以礼处。

这里的克己即"无我",一旦无我,我之偏执无所依,就不是障碍,别人也不是障碍,天下万物也不是障碍,达浑然万物一体,这就是"仁"的境界。中郎这个无我观,是运用《金刚经》原理,对儒学境界进行和会与升华。中郎说:"应如是住,如是降服其心,即克己复礼为仁。不住色布施,不住声香味等布施,即非礼勿视听言动也"(《珊瑚林》上)。这段话主旨为:没有视听言动的妄想与执著的烦恼,"天则之目视"、"天则之耳听",自自然然,应对一切。即经上言,如钟如鼓,叩小小鸣,叩大大鸣,不叩不鸣,随众生愿,应所知量。见闻觉知,没有污染,不留痕迹,如映天海水,如明镜寂照。这是什么境界?是自性性德境界,见闻觉知境界。见闻觉知与受想行识不同,见闻觉知真心本体如如不动,受想行识则受妄心污染。科学家实验可以证明。当人们将妈妈做的饭与机器做的饭的标签贴于两个同样水杯后,冷冻数小时,用高倍显微摄像,前者呈现美丽有序冰花,而后者丑陋混乱。说明宇宙的核心信息是无我大爱。中郎所阐发的布施无我,是"三轮体空",即谁布施,布施什么,谁接受布施,全不放在心上。如此布施才是性德布施,大爱布施,功德布施,圆善布施,去恶布施。既断烦恼,又修菩提。此种心行才达"归仁"境界。

此种归仁之境,即八荒四海,共归大同。不会因对立引起冲突,乃至不会因追名逐利,尔虞我诈而作恶多端。世上种种恶,皆由我执坚固而起。我执重我,唯我独尊,与人对立,与万物对立,对立成冲突,冲突成战争,世界不和谐,人类不安宁,天下便失去了"仁"。

中郎认为:欲到"达仁"境界,必须"格物致知。"

《大学》所谓格物,乃彻上彻下语,紫阳谓穷至事物之理,此彻下语也。殊不知天下事物，都是知识到不得者，如眉何以竖，眼何以横，发何以长，须何以短，男女精血何以成人，此等可穷至乎？此彻上语也。求知物理，如蛾趋明，转为明烧，日下孤灯，亦复何益？

中郎认为："格物"为"彻下语"，致知为"彻上语"、事物的道理非知识所探求究竟。格者穷尽，物者意念。如何穷究叫格物，格物所悟名致知。就佛法而论，真正"格物"，相融二义：一穷尽根源；二格除物欲。两者互为因果，无我无物，才能透彻认知，偏执我欲我见，不能"格物"，偏执于物的思虑，也不能格物。只有端正心态，无我无物，参悟直指，尽微尽精尽妙，才可"格物致知"。"佛即心兮心即佛，心佛从来都要物。若能无心又无物，都是真如法身佛。"(《西游记》第十四回)世人何以迷惑颠倒？为我执烦恼所缠，被我知烦恼所阻，故永远不能真正"格物致知"，也就永远不能到至仁、达仁妙境。

从上简述，我们可知，中郎灵便运用佛法，解说"克己复礼"与"格物"，强调参悟而明心见性，即宗门所言"父母未生前本来面目"。这个本来面目就是自性，就是灵性，就是真心，又名真如、光明藏、如来藏、般若等。灵性一见，自见本真，彻天彻地，彻上彻下，通通透透，玲玲珑珑，自自在在，这就开悟了，开发了自身的德能、相好、道力、神通。开悟有上中下三品，中郎还只是讲了个大略，"我"即真"英灵汉"了。上品妙极，无以言诠，不可思议不思议。

心诚集句曰：一、诸经佛典，乃应病施药，无病不药。二、人为执着道理，东也有碍，西也有碍，便不能出脱矣。三、智者通其所以然，是不消思议，迷者不知其所以然，是不能思议。四、未悟时，触处皆妄。既悟时，触处皆真。(摘自《德山麈谭》)

六、《诗》、《叙》、《记》、《疏》篇

36. 禅诗法语字字妙

先录中郎禅诗佛语：

　　学道不学禅，谈理不谈义。爱曲不爱音，读书不读字，人天收不得，贤智亦为祟……每笑儒生禅，颠倒若狂醉，除却袁中郎，天下尽儿戏。(《笺校》，第 403 页)

　　剃却颠毛剩却身，衲衣袍帽不沾尘，告君古佛无多子，着了边旁亦是人。(《笺校》，第 406 页)

　　布衲载烟雾，蒲团借草莎。雷峰定里火，湖水观中波，削发嫌根在，妄言恨舌多，少年色力健，魔佛奈他何。(《笺校》，第 407 页)

　　山僧谈往事，一倍惜尘情。

　　踪迹频频至，邻僧个个知……一灯禅榻下，睡着小沙弥。(《笺校》，第 409 页)

　　一年一桃花，一岁一白发(《笺校》，第 412 页)

以禅以僧入诗，写僧写禅，俯拾即是。原因何在呢？心中有禅，心中有僧。中郎写的《孤山》(《笺校》，第 427 页)一文，表明了

他的心迹。大意是孤山处士,以梅为妻,以鹤为子,是世间第一自在人。我辈因有妻子,惹许多闲事之烦,撇又撇不开,依随又讨厌,如穿破絮之衣行于荆棘丛丛中,步步牵挂。雷峰塔下,有虞僧儒无有妻室,几乎是孤山的伴侣,所著《溪上落花诗》虽不知声韵与义理里写了和靖墓没有,但一夜竟写了150首,可谓文思迅捷之极,至于食淡谈禅,可算是历代孤山僧人中的一等,真是代代皆有奇人。

从这些诗文里透露的讯息看,中郎因长时参禅悟道,持戒修佛,信愿读经,念佛持诵,大开圆解,智慧无碍,一山一水,一花一木,一僧一道,见于眼,印于心,映照透彻,寂然相应,感之于胸臆,落之于纸墨,活活泼泼,新新鲜鲜!出身于公安县的作家、学者曾纪鑫先生认为:中郎以禅入诗,表现三点,禅理入诗,禅境入诗,禅语入诗,达到了"禅那"的美妙境界。这个见解十分精当(参见《晚明风骨袁宏道传》,第185—186页)。

在这些诗里文间,中郎究竟有哪些佛乳法雨渗透其神韵里呢?

试说三点:

一、"禅宗儒者,一以贯之"(《笺校》,第473页)。按孔教言,一以贯之,指的"忠恕"。按老子《道德经》言:"天得一以清,地得一以宁,神得一以灵,谷得一以盈,万物得一以生,侯王得一以为天下正"(第39章)。按古谚语言,得其一,万事毕。那么"一"究竟指什么呢?尽管圣贤们表述语言有异,但其义理之根本是相同的。老子曾以"众妙之门","天地之根"来说"一","一",用现代语讲,是大总持,大原则,大根本,是至极之理,不可言说,不可思辨。用佛经义理言,是自性,是灵性,是天地无为之总持。"一"归何处,归于虚无。道生一,一生二,二生三,三生万物。故"一"如如不动,可生,可现,可变。中郎正是透彻了道,无挂无碍信手拈来,大笔如椽,所以行诗作文,如泉涌,如云游,如鹤舞,如风行,如花开,如水扬波,如镜照天,如天马行空,如"眼横鼻竖",自然而然。读者应明确,正是这种悟道心胸的大根,才滋生了他提出"主性灵,尚妙悟"的文学主张。

二、对谬妄不实、说谎扯淡的鞭笞。中郎以自己体验证明,自性寂照自由,玲珑剔透,一尘不染,不落痕迹。自性如来,无所从来,无所从去。如果我们一起心动念,一分别,一妄想,一执著,自性灵明便被遮蔽,误把我肉身当成我的本体。外国人喻,肉身是所开之车,灵魂是开车之人。这比将肉身当"我本体"进了一步,因为灵性才是真正本体。识也不是本命元辰(《笺校》,第489页),世上多少豪杰因误会错解,把形之生死当成心之生死,当成灵之生死,个个堕入有为趣中,"被其没溺,岂不惧哉"上,中郎所指"有为趣",指人们被"五欲六尘"、"贪嗔痴慢"、"名闻利养"、"自私自利"所缠缚,在六道里轮回。善多恶少由业力所引,进三善道,恶多善少由业力所引进入三恶道。中郎赞扬"一灵真性,亘古亘今",在《西方合论》中赞叹灵性到了极致。在中郎的所有诗、所有文、所有书信中,浸漫得层层重重,时显时隐,神妙玄深。

三、中郎是有室有家有故里之人,他学佛后是如何对待的呢?搞清这个问题对于当代在家居士或出家修行人有很大借鉴意义。中郎在《华中翰》(《笺校》,第498页)一文中写道:"人岂虾蟆也哉?而思乡乎?夫乡者爱憎是非之孔,愁惨之狱,父兄师友责望之薮也。有何趣味而贪恋之?"他客居无锡时,主人真心待客,使家属居"尊宅如家",自己望主人居若自乡,并引贾岛诗句"无端更渡桑乾水,却望并州是故乡",说诗人有牢骚之意,如果是他本人遇此,则快乐也。中郎既把家乡当家乡,又把外境当家乡,这是什么心境呢？是"境随心转"，见相不执著于相。在修行者看来，要孝敬父母，事奉师长，中郎在这点上堪称世人榜样、文士楷模。同时，还要尊所有与父母年龄相当者为己之父母，"事诸父，如事父；事诸兄，如事兄"（《弟子规》）。这正是同体大悲、无缘大慈的显现，不仅仅局限生养之父母、生养之土地。以众生父母为父母，以众生之兄弟为兄弟，以众生家乡为家乡，这是儒家"四海为家"、"四海皆兄弟"的博大胸怀，心怀天下，乃至心包太虚的气量表现，非一般鸡肠小肚、目光短浅之文人可比。

心诚曰：中郎之诗，平白如话。日常生活，直指佛理。朗朗上口，声韵可唱，诗偈不二，底蕴深蓄。不解佛经，误以为浅。

37. "性灵说"里藏玄旨

当代文艺理论家对公安派主帅袁中郎的"性灵说"作了深入的探讨。他们认为：公安派文学革新运动，首先是一场思想革新运动，是对古代优秀作家与优秀传统的有效总结。例如：中国社科院文学研究所的尹恭弘先生将"独抒性灵"概括为："独"指性灵的个体性；"性灵"指主观识见、人生体验、真情实感与深度情趣，即性灵的主体性；而"抒"指随时应机、自然畅达、不受拘束、别出心裁。在阐述"性灵"的个体性与主体性时，强调作家心灵的"空无"观念，即不被俗见缠缚，不被陋规约束。在阐述创作论时，强调一空依傍、别出蹊径的"无法"抒写方式，如此才能出新、出真、出质。（《公安派的文化精神》，第452页）。这个概括是准确的。

作者还认为：《叙小修诗》与《叙陈正甫会心集》是中郎"性灵说"的代表作。前人对《叙小修诗》多有所议，余现就《叙陈正甫会心集》谈点浅识。

先摘引其文：

　　世人所难得者唯趣。趣如山上之色，水中之味，女中之态，虽善说者不能下一语，唯会心者知之。今之人慕趣之名，求趣之似，于是有辩说书画，涉猎古董以为清；寄意玄虚，脱迹尘纷以为远；又其下则有如苏州之烧香煮茶者。此等皆趣之皮毛，何关神情。

　　夫趣得之自然者深，得之学问者浅。当其为童子也，不知有趣，而无往而非趣也。面无端容，目无定睛，口喃喃而欲语，足跳跃而不定，人生之至乐，真无逾于此时者。孟子所谓不失赤子，老子所谓能婴儿，盖指此也。趣之正等正觉最上乘也。山林之人，无拘无缚，得自在度日，故虽不求趣而趣近之。愚不肖之近趣也，以无品也，品愈卑故所求愈下，或为酒肉，或为声伎，率心而行，无所忌惮，自以为绝望于世，故举世非笑之不顾也，此又一趣也。迨夫年渐长，官渐高，品渐大，有身如梏，有心如棘，毛孔骨节俱为闻见知识所缚，入理愈深，然其去趣愈远矣。（《笺校》，第 463 页）

　　这段精美文字谈写作得其真趣的根源在心灵空寂、纯真无瑕、无拘无束。以四点喻性灵，"赤子"（孟子）、"婴儿"（老子）、"山林之人"、"愚不肖"，性灵境界是心与物会、心与境会，会者和会，融会，自然自在，寂照万物，方能得趣、得妙。

　　中郎在这篇不到五百字的短文中，将佛理佛法随缘妙用，意趣丰厚，不懂佛法精义，不能透彻了知其深密奥义，余试作解说：

　　一、文中提出障碍性灵得趣的根因是"毛孔骨节俱为闻见知识所缚"。可见遮蔽、障碍之深广，自性与真心不能显现。障碍分两重,所知障与烦恼障。所知障指先入为主的知识系统、习惯思维对佛知佛见的坚固阻碍,信中生疑,解中生迷,行中生邪。烦恼障指人们执我而生的妄想、执著、分别,形成见思、尘沙、无明三种烦恼。尘沙是一个比喻,指分别妄念,多如尘沙。中郎所言"毛孔骨节"所缚之深,是"识绳易缚、执海难清"(《西方合论》卷一),意在说明修正错思错言错行达性灵之难。

二、以抒性灵而成文方可达"趣之正等正觉最上乘也"。正等、正觉、最上乘是佛经常用词汇,表修炼境界达至高觉悟、至上智慧,究竟圆满。正等指平等心,破除了"分别"念,烦恼如同尘沙一样多,已断除;正觉指摆脱了执著烦恼,破除了我爱、我贪、我痴。最上乘将无名烦恼破除了,连起心动念也没有了,于是进入了前面所言"空无"境界。中郎所指的"趣之正等正觉最上乘"就是指的这个自见自性的绝妙殊胜的境界。如何达此境呢? 六祖惠能说:"汝当一念自知非,自己灵光常显现"(《六祖坛经》,第 66页)。

从上简介可知,中郎所言两点与性灵说关联尤切。借《叙陈正甫会心集》这个题目,发表了大见解,作了大文章。尹恭弘先生认为这篇文章是公安派文学核心观"性灵说"《叙小修诗》的有力佐证,其言不虚。我根据袁小修在《中郎行状》中的表述,对袁中郎在创作途径正道上的主张与实践作些浅显说明:

一、"能为心师,不师于心。"心之师是什么呢,是童心、真心、圆妙之心、空寂之心,此心大清净、大广大、无碍无住,心包太虚,量周沙界,如此才能亲见性灵而独抒性灵,不拘一格。其写作状态才达"趣如山上之色,水中之味,花中之光,女中之态,虽善说者不能下一语,唯会心者知之"。

二、"不为古转,能转古人。"意思是既吸取古人智慧营养,消化精魂神髓，又不执著古人作为，被外表形式所缚。"以粉饰蹈袭为恨"，"尽脱近代文人气息"。所谓"气息"指被古人所转，模拟、蹈袭歪风，"文准秦汉，诗准盛唐"（《叙小修诗》），他主张"不效颦于汉魏，不学步于盛唐"。这里巧用了"东施效颦"、"邯郸学步"两个成语。西施本来很美，但只仿效她的缺点，结果奇丑。邯郸人走路优美极了，你丢了本有的基础，优势步法没学会，本身的步法又忘记，只好爬着回家。这个道理永恒正确。

将上述两点一概括，就回到前面提到的"空无"、"无法"。空无方可"会心"，"无法"才能有法。会心者心领神会，真心，童心；无法者无一定之法，不法为法。在谈到此种境界时，中郎以小修诗为例，说其"达情与境会，顷刻千言，入水东注，令人夺魄"。在追根究源时，说小修喜读老、庄、列诸家之言，旁及"西方之书，教外之语，备极研究"。可见理真事切，事理圆融，不从总持真实方向去理会中郎妙言，势必附会误解，自己错解反认为中郎偏激片面。中郎主张，吸收传统，博采众长，然后信口信腕，自由挥洒，发扬灵性，张扬个性，才能写出真诗奇文，文与质均佳妙。

综上简述，可以结论：无论《叙小修诗》还是《叙陈正甫会心集》，中郎文学的"性灵说"之根本在佛理佛法的"诸法实相"。不知不识其大根大本，就不懂得"性灵说"之真俗二谛之圆融及妙用无方之大智。

心诚集句曰：书评家陆云龙说《叙陈正甫会心集》取赤子，次及愚不肖，石公真是具眼。"率性而行，是谓真人。"到此境界，中郎跟他老兄伯修言"诗学大进，诗集大饶，诗肠大宽，诗眼大阔"，又说"于陈正甫处得圆觉解，是圆觉解老兄耳"（《笺校》，第492页）。所谓"圆觉"，指"统众德而大备，烁群昏而独照，其实皆一心也"（唐代裴休语，见《国学大要》，第83页）。关于"圆觉解老兄"

一语,不可滑过。"心迷法华转,心悟转法华。"(六祖语),"转"与
"解"大意相同,此句可作参考。

38. 解读《八识略说叙》

八识之论,是佛法中最高深玄妙、最难理解的问题之一。从
哲学角度言,整体佛法只讲了七科目:性与相,理与事,因与果,伦
理,道德,科学,哲学。在前三科目中,带统摄性的是性与相。万
历二十七年(1599年)年尾,他写了《西方合论》,因缘和合,时节
成熟,中郎又写了《八识略说叙》,按理推测,此妙文写于合论之
前。先引录如下:

性一而已,相唯百千。离百求一,一亦不成。离相言性,
性复何有?是故非耆德大宿,登相家之阃阈,鲜有能涉性海
之洪澜,跻智岳于层颠者也。今夫天地一世界也,合而为娑
婆,剖而为四州,界而为华夷,裂而为郡县,棼而为聚落。万
法齐张,城邑之姓号历然;一道圆融,娑婆之名称不坏。性相
之说,理圆于此。所以即城邑为娑婆者,笼统之所敝也;谓娑
婆非城邑者,边见之所执也。即异为同,同相本空,由同观
异,异亦不立。即未始是,不即亦非;非未始非,不非亦是。
向非身历其境,恶能穷其边崖指其归宿者哉?夫识之相,亦
玄矣,奥矣。前六易竟,二细难推;语其障则声闻犹堕,究其
阴非互用莫尽。是故趋寂而求者,知生灭之为识,而不知寂
灭之亦识也;如理而修者,知昏沉之为识,而不知精进之亦识
也;标顿为宗者,知拟议之为识,而不知无住之亦识也;倚圆
为则者,知分别之为识,而不知平等之亦识也。合之则娑婆

见，故烦恼即菩提海；分之则界限立，故湛入归识边际。故曰："唯佛与佛，乃能知之。"又曰"贤者过之，不肖者不及"。

相宗之不明久矣。无际大师，法中之虎，竟一心之差别，洞八相之微芒。略而非略，见千月于指端；言显无言，总万流于智海。使该博者服其精当，苦难者悦其易简，法师之功德普矣哉。（《笺校》，第701页）

该作赞赏无际大师的《八识略说》的特点是：精当且简易。以一心之竟，洞察八相之微，略而非略，言显无言，见千月于一指，总万流于智海。使渊博精专者折服其精当，使苦于困难者高兴其简单明白。

今天读者会觉得似懂非懂。先解释文中几个词语：

一、"八识"，按词典，指大乘佛法唯识学所言心的八个主要功能，即眼识、耳识、鼻识、舌识、身识、意识、末那识、阿赖耶识。前五识加意识谓前六识，又称分别事识。第七识为执著识，第八识为藏识，我们的所有意、言、行都贮存在阿赖耶识中。八识里每一识都可分四部分：见分、相分、自证分（佛性本体）、证自证分。

二、"前六易竟，二细难推"。指前六识比较易理会，六根（眼耳鼻舌身意）接识六尘（色声香味触法）产生分别对境，眼见色，耳闻声，鼻嗅香，舌尝味，身触物，意有法。第六识的心理功能有想象、思察、判断、推理等，意识分为明了（面对境缘生起）、独散（不对境缘单独生起）、梦中、定中四种，有比量作用，这与日常生活十分贴近。末那与阿赖耶，不易体会。第七识向内思量，产生我痴、我慢、我见、我爱四种迷惑，生起烦恼，不合真实计执，称"非量"，又称染污识，昼夜不停，不见实相。第八识又称种子识、异熟识、识藏，又分能藏、所藏、执藏，此识的主要功能是仓库储存。此识如离染污，转识为智，成就佛果。

三、边见。见惑八十八品，大师将其综合为五种，我见、边见、戒取见（因上）、见取见（果上）、邪见（上述外一切错误见解）。边见偏执两端。以"寂灭"为例，趋寂而求，知生灭为识，不知寂灭之亦识，属于边见。

四、唯佛与佛。前一佛，指究竟圆满佛，处常寂光土，如来位，妙觉位。后一佛指法身大士，处一真法界，实报庄严土，分四十一位次，不起心动念，当然也就没有分别、执着、妄想烦恼，但起心动念习气犹在，依习气厚薄而分级次，无功用道，破一品无明，证一分法身。最高位为等觉，再进为妙觉。虽如此，但此位者有与如来佛同等智慧、德能、相好、神通，故亦称佛。另有一说，前一佛指现佛，后一佛指古佛、现在佛与未来佛，或三世诸佛。

为明确八识之转，引一下《坛经》：

> 大圆镜智性清净，平等性智性无病。妙观察智见非功，成所作智同圆镜。

佛门主张：舍识用根，转识为智。即转前五识为成所作智，转第六识为妙观察智，转第七识为平等性智，转第八识为大圆镜智。转前为凡夫知见，转后即成圣人知见。大圆镜智，洞照万物是自性清净体。平等性智，自他平等，没有分别，心体流露，无所障碍。妙观察智，应机接物，顿时明了，不假功底，不涉计度，不起分别。成所作智，指能令诸根随时运用，不昧现状，悉入三昧（正受），完成任务。第八与前五识在成就佛果时才能转（果上转），第六、七识在众生因地中可以先转（因上转）。

五、文中涉及派对名词有：一与多，性与相，同与异，是与非，因与果，分别与平等，烦恼与菩提，昏沉与精进，边崖与归宿，寂灭与生灭，拟议与无住等。我介绍一下《华严》十玄，再来看上述名相对境派对，则可理解。按黄念祖居士注《无量寿经》，十玄包括一多相即（一就是多，多就是一）、小大相容、广狭自在、延促同时、性相不二、因果一如、理事相融、隐密显了、主伴圆明、同时具足。按净空老法师宣讲，《阿弥陀经》是小本《华严》，《无量寿经》是中本《华严》，而小、中本"华严"是净土最核心经典，净土之净土。

初懂上述名相，我们就可以对中郎的《八识略说叙》的主旨作一个概括：

一、他的思维主体以转八识为上述四智，其中以大圆镜智为主体，统摄三智，这是通达自证分（佛性本体，无时空，无量光，无量寿）与证自证分（无始无明，无量劫就有）观照见分与相分，成无上菩提，才能达此境界。即文中引经"湛入归识边际"，原经为"湛入合湛，归识边际"，意为"极小同大，忘绝境界，极大同小，不见边表，有即是无，无即是有，一即一切，一切即一，但能如是，何虑不毕。信心不二，不二信心，言语道断，非去来今"（僧璨《信心铭》）。

二、他的思维方式是《华严》方式，所达境界是《华严》智慧境界，是《华严》哲学境界。性是一，相有百千，离开一的累积，百千不成；离开百千，一不能立。世界合一叫娑婆，分开来则有四州、华夷、郡县、聚落的差别，差别性与平等性和合圆融，只有"登相家之阃阈"，才可"涉性海之波澜"。

这样，我们对于"唯佛与佛，方能知之"就明白了。语出《无量寿经》，原句为"如来智慧深广海，唯佛与佛方能知，人生难得佛难值，信慧闻法难上难"。中郎已达信慧闻法之境，从同年所写《西方合论》可彻知遍晓。

心诚曰：从深层挖掘可以断定，他是以禅净合一为主旨，广破邪疑，直开真信，揭净土之心灯，照尘劫而无尽，宣扬还是净土思想，与《西方合论》理谛门极相契合。

39. 金刚证果引偈语

明万历二十八年（1600 年）夏天，中郎在家乡柳浪馆舍闲居，几分闲适，几分畅快。中餐刚用过，仆人说有老法师拜访，中郎迎上前去，相互合掌施礼后，彼此寒暄几句，法师提出观看馆舍北侧的放生池。中郎便陪伴法师绕池一圈，随即便穿行万株柳林，绿荫丛中，漫步闲谈。法师便谈到历来善男信女，虔诚持诵《金刚经》所得灵验的故事。这些故事，中郎很熟，老友重述，中郎不扰。讲过两三个小故事后，法师便说，本地一位施主，布施银五十余两，他准备用此刻印《金刚证果录》，启请文章大家、法门高士写一引文，中郎满口应承。

中郎写作，随喜众生，凡有正请，绝不婉拒。他们绕柳浪湖一周后，中郎让老友客堂稍坐，闭目如参禅，嘱咐仆人，不许打扰。自己缓步书房，文房四宝均在桌前备就，中郎凝神屏气，提笔蘸墨，一会儿，一篇三百余字的《金刚证果引》一挥而就，稍停半刻，渗干墨迹，又审读一遍，卷成圆筒形，走出书房。和尚睁眼，尚未入定，他接过所写，没想到中郎神来之笔，如此迅捷，自思其文必妙，千恩万谢，欣喜而去。

现摘录如下：

经云："若以色见我，以音声求我，是人行邪道，不能见如来。"又云："有能受持诵读，若供养者，其福德不可思议。"夫供养是以色见也，诵读是以声求也。色见声求，大慈所诃，而得无量不可譬喻功德,何耶?今观载籍所传,谁非以诵经获果者?其求佛于声色之外,世盖无几也。后之人执功德之说者,恒欲取实声色以获果;而讥取相之非者,又欲求之声色之外,将若为和会也。余观经中佛言:"云何为人演说,不取于相,如如不动。"当知佛所谓声色者,不取相之声色也。又云:"发阿耨多罗三藐三菩提心者,于诸法不说断灭相。"当知佛所谓无相者,不舍声色之无相也。佛语本自和会,读者自作分别解尔。会法师某刻《金刚证果》嘱余为引。余恐今时狂禅有为取相之讥者,为之略述其概焉。(《笺校》,第712页)

书评家陆云龙先生点评此文时,在"读者自作分别解尔"后,写道:"句字中误人多矣。"总评全篇:"舍声色,下根人何处作活?石公着(逐)一指点,具大慈航。"这个评点不仅准确,而且对此文评价极高,从"具大慈航"一句可知。佛门一般用此短语赞扬普贤、文殊两位大菩萨的度人法力。

著名国学大师南怀瑾先生以自己亲念《金刚经》过程与效应,赞叹诵此经的奇妙感应说:"感应力量非常大。"又说:"历史记载非常多。"(《金刚经说什么》,第11页)这可用来说明中郎写此文之初衷。

《金刚经》有两个偈语,一为:一切有为法,如梦幻泡影,如露亦如电,应作如是观。一为中郎文中开篇所引。这两个偈子,是《金刚经》核心内容。分两个层次,第一层次告诉人们破我执,即无我相、人相、众生相、寿者相。第二层次,破法执,即无我见、人见、众生见、寿者见。中郎在这则三百余字短文中,拣择《金刚经》前一个偈子切入,融会后一个偈子,演说佛乳法雨,破狂禅之迷,解读者之惑。其主旨在于既破我执,又破法执,这便是《西方合论》卷首所言："滞相迷心，有为过出。著空破有，莽荡祸生。"下面一段话，可见中郎对《金刚经》要义，透彻明了，洞若观火。

中郎指出："佛所谓声色者，不取之声色也。"又说："佛所谓无相者，不舍声色之无相也。"佛语表达的妙处在"和会"，即融会贯通、圆满透彻之意。读者不可执著。

我的浅释是：佛所说声色，不执著声色，声色中有声色，又没有声色；你说有声色，它没声色；你说无声色，它有声色；你说它有，它一无所有；你说它无，它无所不有。这就是假（立一切法为假）、空（泯一切法为空）、中（统一切法为中）的三观理论，不落两边，不落中间，没有对立。有所作而不放于心上，叫作而不作，不作而作。"应无所住，而生其心。"（《金刚经》）生什么心？生清净心，生"阿耨多罗三藐三菩提心"（即无上正等正觉心）。

《金刚经》还有八个字："心无所住，行于布施。"心无所住指修慧，修看破；行于布施指修福，指放下。看破多少，放下多少；放下多少，看破多少。看破一切，放下一切，清净、平等、正觉就全得到了，就成佛了。看破什么？看破物质现象、精神现象、自然现象。放下什么？放下财色名食睡，放下贪嗔痴慢疑，放下怨恨恼怒烦。看不破，放不下（主要在心里放不下），想外见如来，是人行邪道。如来如来，无所从来。见相离相，即是如来。见相著相，即是凡夫。如来开悟，凡夫颠倒。无住无往亦无来，三世诸佛从中出。摩诃般若波罗蜜，最尊最上最第一。若见本性，一念即至佛地，一念修持，与佛等身。般若观照，一刹那妄念尽除。这个至高至妙境界，即经言："不取于相，如如不动。"这是《金刚经》境界，中郎精准地把握了这个境界。文中开宗明义，将难点摆开，引起重视，即"色见声求，大慈所诃"与诵读供养，"福德不可思议"。看似矛盾，实则不矛盾，然后予以辨识。这里摘引中郎写的《仲春十八日宿上天竺》一诗:"若以色见我,是人行邪道。饶他紫金身,只是泥与草。朝来自照面,三十二种好。终日忙波波,忘却自家宝。"佛法重内修不重外,内心求真,走了正道;向外求法,入了邪门。其诗意显而易见。如来何所在? 在您的真心真灵里,在您的自性里。任何福田,不离方寸;从心而觅,感而遂通。你还诵读《金刚经》吗? 诵读。经可帮助开悟,经无过错,过错在诵者我执与法执、在会不会读而诵,会,如来在;不会,如来走。故禅门大德口头禅说:你会吗? 心迷则被《金刚》转,心悟则能转《金刚》。

为了帮助读者领会中郎上文,以下摘引中郎于 1610 年所写《题石刻金刚经后》:"昔六祖闻《金刚经》,一语之下,顿悟无生。德山讲经数年,不信宗门有此大事,后因吹灯悟入,遂焚却经钞。夫一经也,而一以悟,一以谤者,何也? 若谓道离文字,则六祖以闻经而悟道;若为道即文字,则彼讲经数年,反不若一吹灯简易者。何耶? 佛言书诵受持此经,功德倍恒河沙布施。若尔,则书诵受此一吹者,其功德又不知当何如也。贤公以神佛力勒石成经,可谓深信般若功德者,抑信此一吹功德,与诸大乘经典,无二无别否耶?"(《笺校》,第 1575 页)

文中功德一词出现四次,其含义有三:1. 受持此经功德;2. 受持"一吹"开悟之功德;3. 勒石成经与信"一吹"功德与大乘经典无二无别。文中出现的"般若"一语,含文字般若、观照般若与实相般若,文字般若与观照般若的共同目的达实相般若,三种般若,不可分离。一念迷,般若绝;一念悟,般若生。经要读,还要参,方能顿悟,确已顿悟、顿超、顿证,则经已无意义。然未悟未证,经不可抛。

心诚拜述曰:《金刚证果引》,短文三百余字,斥狂禅之执空,破迷途之分别,举行持之心灯,指修佛之津梁,引大慈之舟航。

40. 叙"三闿集"重本色

明万历三十二年（1604 年），袁中郎居家故里，一日，里人吴川公闿邦永来访，他呈上一本自己编撰的《三闿家绳集》（根据原来闿氏族谱定名），启请中郎写个叙文，准备付梓传世。所谓三闿，指孝廉公闿校、遂溪公闿文光、吴川公闿邦永。祖孙三人，道德高行，文章儒雅。吴川公以学而优则仕，曾被派往粤地做县令，辞职归里后，设馆授徒。胞兄右庶子袁宗道曾就列门墙，聆听教诲。中郎允诺里人所请，审读原稿，有感而发，一挥而就。于是一篇千字《叙闿氏家绳集》的精美简约妙文便造出来了。欲知此文之妙在何处，须认真细读原文（《笺校》，第 1103 页）。据当代《闿氏族谱》统编之一闿豫德先生跟笔者谈，此文被清代大学士、康熙帝之师陈廷敬所称赞，又被吏部宰官孙嘉淦高度赞赏。他当余面"横流倒背一条龙"，余甚为惊奇。那么，是什么精神力量使闿先生将此文烂熟于心呢？在余看来，至少三点：

一、叙文高度简明地概述了三闿的人品、学品、文品，赞扬闿氏族人志行高节、世擅文业、云蔚霞起，分别简明地介绍祖孙三人的性重灵、文重淡的共性及各有千秋的个性。说他们处世，"超然甘味"，行文"秋水芙蓉"，"一往所诣，古人或有至或有不至耳"。在明代后期，是一道映衬并催生了三袁文化精神的绚丽风景。笔者统计，叙文涉猎"风值水生漪、日薄山岚出"物象十余处，东野、长江"欲以人力取淡，刻露之极"（东野指唐代诗人孟郊，长江指贾岛）等事象二十五处，举指文化名人（陶渊明、顾恺之、吴道子、范晔、李白、白香山、苏轼等）十六人，关摄儒道佛至理名言十余处。千字文中，有如此丰厚宏博而深邃的蕴含，实属不可思议。

二、从文学观念考察,强调了"真性灵"与"真变态"(指变通灵活)的创作原则。在真的前提下,围绕贵在一个"淡"字,从陶到苏,评郊寒岛瘦,赞香山之率(白)、玉局之放(苏)。表孝廉公才思澎湃,如山川之至;扬遂溪公诗文以淡为本,似陶非陶;彰吴川公高才邃学,气隽语快,怀恩祖之文,出入必俱三十年。批评了拘泥于理、执著于学的刻板模拟的"响拓"(书法中的一种拓本模式)倾向。主张自然淡泊、清新淡雅、心性流淌的真实面目与真情实感。用他对徐文长文风的形容是:如嗔如笑,如水鸣峡,如种出土,如寡妇夜哭,如羁人寒起。

三、从佛学理念观照,读此叙文,大都对"真性灵"三字浅尝辄止,强不知以为知。中郎的这三字,由佛学的一个核心观念生发出来。佛理认为,灵性即自性、法性、如来、大光明、大慈悲、大清净、大智慧、常寂光等,好几十个名相,是不可思议之境。即中郎所言,一灵真性,亘古亘今。他说:我身我心我神,皆如镜中之影,水上之沫。真神真性,天地之所不能载也,净秽之所不能遗也,万念之所不能缘也,智识之所不能入也(《笺校》,第489—490页)。最易入眼的是"唯淡也不可造"。而对"唯淡也无不可造"大而略之,不加深究。这个"不可造又无不可造"的观念从佛学理念"般若无知,无所不知"脱胎而来,即法语中所言"真空不空,妙有非有"。亦老子言"无为无不为"理性的文学活用。中郎一通百通,具大智慧,得大总持,光明彻照,通达无极,故对淡之本色,独具慧眼,说得透彻明白,深甚微妙。以本乡本土之三闾诗文为基点,贬斥方法上东施效颦与邯郸学步,揭露方向上南辕北辙与雕龙响搨。引申古今之变,扩展天人之理,统摄千载文脉,纵横八极性相,囊括三世因果。使人读来,回肠荡气,思维万端,获益得智。这正是以真性灵独抒性灵、以不拘囿陈规而别具一格之样板,足以达佛理通变、恒顺众生、随缘妙用之功效。小修说中郎"天纵异才"，这一千字叙文足以说明。

心诚引孔子语曰："学而时习之，不亦乐乎?"何以为悦? 开悟而已。古言记问之学不足以为人师，何为人师? 明心见性者。中郎大彻大悟之士，性灵彰显之才，可称"此世人天师，下世作佛祖"。

41. 漪堂神游悟上善

明万历二十七年(1599 年)前后，袁中郎在北京东直的居所，洁其厅右小室读书，以江南名士徐文长所书"文漪堂"三字为匾。有人问："会稽是水乡，京师嚣尘张天，白日茫昧，此堂没尺波一沼，何取涟漪而视?"中郎笑答:你这是没明白水的精神呀，天下之万物，没有水不含文义。突然趋走，忽然折进，天回云昏，顷刻不知几千里。细为罗之丝，旋为虎之眼，注入如天之神微，立则如同山峰倾玉，矫健如游龙，喷洒如迷雾，吸则如风鼓，怒则为雷霆。疾促与缓冲，舒展与紧凑，奔跃万状。以故天下这奇变在于水!

我本水乡泽国人，年少习水，知水。后长大成人，游涉洞庭，渡淮海，绝震泽，放舟严滩，探奇五泄，极江海之奇观，尽大小之变态，见天下之水没有不是蓄文涵章的。现居京都闭门而思，胸中浩浩荡荡，波涛澎湃之势，渊回沦涟之象，活现于眼前。

于是，取司马迁、班固、杜甫、李白、韩愈、欧阳修、苏洵、苏轼诸公之书而读，他们所描绘的如同水的变化怪异无不陈列眼前。或束而为峡，或迴而为澜，或鸣而为泉，或放而为海，或狂而为瀑，或汇而为泽，蜿蜒曲折，如无上述种种，岂能为水。故中郎所见之文性皆有水性。文心与水性，一体二形。余所观所思，没有不是水形水性,江海汇于眼前,文思奔涌胸中,您所见浅陋,吾以文漪命堂之名,岂有一丝一毫的不当?(参看《笺校》,第 686 页)

读者从这段精妙绝伦的对话中,可见中郎先生钟情于山水尤重于水的心态。那么我们要问中郎何以对水如此感悟呢? 仅至于将水与文、水与己、水与道融为一体呢? 其深密、玄奥之义在哪里呢?

我们先引老子道德经《上善若水》,老子说,"上善若水,水利万物而不争,处众人之所恶,故几于道。居,善地;心,善渊;与,善仁;言,善信;政,善治;事,善能;动,善时。夫唯不争,故无尤。"简释是:居住卑下,心胸深邃,待人真诚,言谈守信,为政治好,处事得效,行动适时,简称"七德"。

再看孔子识水的"九似",选自《荀子·宥坐》。简释是:一水无为似德行;二遵循规律似理义;三毫不惧怕似勇敢;四主理心平似法度;五不求概全似公正;六浸润达微似明察;七目标鲜洁似转化;八曲折向东似志向;九浩瀚不尽似大道。

佛经里称水有八种善德:澄澈清净,清凉冷静,甘甜纯美,轻柔软绵,润泽万物,安详和顺,饮时无饥,饮后化身。另有一说为:孕化生命,滋养万物,调和万象,千变万化,宣示正反,性柔制刚,展宣天道人伦,展演法语妙音。

从上引可知:儒道释都不约而同对上善若水作了充分赞叹,而佛经对水的蕴义更为广阔与深远。我们所见的水在表象上,大小聚散,飘浮沉流,动静分合,高低进退,微巨冲缓等,是千变万化。在内性上是动则狂涛奔涌,静则一平如镜,缓则微波涟漪,急则一泻千里,聚则有形有相,散则无影无踪。故老子认为:天下之至柔可攻天下之至坚。水无所为又无不为,示弱处卑,伟力蕴蓄,灵明透彻,智慧神明。故孔子认为仁者乐山,智者乐水。《无量寿经》里讲，生七宝池，八功德水，描绘池中莲花，大如车轮，青色青光，黄色黄光，赤色赤光，白色白光，微妙香洁！

心诚曰：中郎先生独钟情而重于水，是儒道释传统思想精魂神髓的熏染所致，这种特别的营养将是他撰写佛理著作的潜在优质。

42. 语语似戏句句真

万历二十五年（1597 年），中郎在杭州暂居，曾在旧名净居巷（后属寺庙）住，寺里有药师①像堂，堂后有楼，楼之下南右有小净室，中郎较长时间借居。一偶然时间，净慈长老希他写篇药师殿记，于是不足千言的《记乐师殿》（《笺校》，第 465 页）呼之即出，文尾他说："信笔叨叨如此，语语似戏，字字逼真，后之君子睹斯记者，嗔欤，笑欤？"

那么，记文究竟写了什么呢？使他想到尔后的君子睹此文的态度，或遗憾抱怨，或开怀笑纳呢？笔者也可看成"后之睹斯记"赞叹者，于是将记摘其要，以"三未始"、"五喜因"、"一愧"，分别说明。

---

① 根据佛教辞典，药师佛，是东方教主，能除生死之病，能照三世之暗，又名琉璃光如来。他曾发愿促使众生脱离生死，早证涅槃，并促成众生现世获得安乐，被人们尊为现世消灾延寿的祈求对象，千百年来被人们奉为大医王。

药师佛具备佛的各种相好，常见形象是：结跏趺坐于莲花座上，身披袈裟，左手执药器，右手结定印，或左手执药钵，右手拿药丸，除在大雄宝殿供奉外，另设药师殿，药师堂供奉。佛典介绍药师佛有十二个护法神，于昼夜十二时与四季十二个月护佑受持，他们的形象顺序与民间十二生肖完全吻合。从中可见印度神灵与中国传统文化的融合（摘自《中国佛教大观》，第 1092 页）。

中郎弟小修也曾与好友居此谈禅,中郎同好友陶石篑等看花西湖,三次往返,都居于此。所谓"来未始不乐,居未始不安,去之未始不徘徊增恋也"。何以有如此畅快之心境,基于五喜之因。一可喜,此地僧长闭门谢事,少香客游人,无往来喧杂。二可喜,莲师随顺众生,并不勉强居客吃斋,锅�甑盆盘被仆人染腥,亦不嗔怪。三可喜,礼敬中郎朋友虞长儒。四可喜,法师讲解法义,没有法师之庄气,能作诗吟诗,没诗人傲气。五可喜,小修雄豪,莲师不厌;中郎狂僻,多诳诗,贡高使性子,目无诸佛,莲公不以妄。故喜则居,居则乐,乐则安,安则徘徊增恋,这有什么值得怀疑呢。所愧者,中郎做官不曾枉取一文,做客又不曾乞索一文,名虽皈依佛门,没有半文可以布施。曾也想让同游中当官的拿出一点钱,而自己未做官,总顾及颜面尊严,终无能为力。乐师如来您认为中郎是何等之人?虽如此,中郎发愿往生后成为多宝佛,将散尽恒河沙数之金布施,莲师请您记下所愿。

心诚曰:这篇小记表明了中郎对寺庙僧人修行持戒的基本观念,这便是:重真心不在表相之行。重内不重外,重实质不重外表。不可因外废内,亦不可因佛事而废理。

43. 浸浸佛乳母亲观

母教之重要,已被我们数千年历史所证实。周代开国初,太任、太姜、太姒养育了周文王、武王、周公等五位圣人,开创周代八百年江山,故以太太尊母,尔后历朝历代圣贤辈出,实乃母教之大功大德。

中郎的母教观里既继承了传统精神,又有创新卓见。因浸漫了佛乳法雨,故精光独耀。我们仅从《寿洪太母七十序》与《寿李母曹太夫人八十序》(《笺校》,第 1131—1133 页)这两篇文章可以看得一清二楚。

万历三十三年(1605 年)九月二十六,中郎异母弟之母洪太夫人七十大寿,宗族里少长咸集,以序敬酒。轮到中郎,族长说:"文辞你所专长,何不以一言而敬。"中郎拜谢,推辞自己才思不敏。族长坚持,于是说:"木长而茂盛,必以其根坚实。根道即母道。百围之树,接云挨雾,荣瘁消长,唯根是托。今孝廉弟翕然就荣,如花果之方蓊,梗楠杞梓之用,将在他日,请以此相敬。"族长领首说:"此喻甚当,然天下文士之母,皆可以此语而诵。"

中郎又说:"母内政修饬,以道相夫教子。母联宗室,待人以诚,母之功在祖宗。母攻苦茹酸,抚异母子如己出,母之功在子孙。家虽酷贫,好施不厌,一粥一缕,与啼哭者相施,功在乡邑。"

族长听罢,说:"语善有证,实录其事。来日可编于彤管。"于是太母高兴,命诸孙从饮,尽欢而散。

在《寿李母曹太夫人八十序》中说:"凡物所托者坚,则其发必巨,而用必远。""百围之木,必于崇冈,五年而一干,十年而一节,而后栋宇榱题之用,施于朝廷,而被于天下。故凡物之为远施洪受者,必其母之历大春秋者也。"

又说:"于以母之贞恒,验献夫之迟,故知献夫之用大;又以献夫之发迟而用大,验所托之非常,故知母之为高陵乔岳也。"

李献夫是中郎好友,高才文誉,场屋老手,开爽敏捷,其文有奇气,于官任上敢于直言,沛然如瀑布注峡。献夫的人品与文才、文气与其母训导有关。其母年幼,丧父孤苦,言笑不出闺阁,故在家贤淑。后成家后,事公婆如亲,甘于贫困,柔顺待人,勤俭持家,教子甚严,母以身示范,为世显儒,故母有仁者之德相。

翻检中郎以母为题的诗文作品,有《沈母篇》(《笺校》,第 382

页,下同)、《漂母祠》(第 570 页)、《古诗为杨中翰母》(第 603 页)、《贞寿诗为冯太史母》(第 603 页)、《圣母塔院疏》(第 1193 页)及前面所题两篇,共七篇。描绘了母亲的含辛茹苦,以命教子,寄希望于儿女的感天动地的慈悲情怀与贤淑美德。

"泪作笔花血作点,当面堆笑背面泣。""泪湿琐窗花,红纸也成血。"(第 1229 页)"母之不泪,其智有过人者。""惟记西方忆子之母,垂念南国失乳之儿。"(第 1568 页)"笑他白首女天子,不及沙头愚妇人。"(第 570 页)这些诗句,反映了中郎的大母亲观,包括母爱、母教、母寿观。请让我侧重从前文所引寿七十、寿八十的两篇文章中,略作浅说。

一、至尊至上母之亲爱观。母爱伟大而崇高,在于以自己的血与乳、汗与泪养育了自己的子女,母子、母女之亲是天上人间第一大伦。佛经以"若母忆子、如子忆母"作为最亲密关系的表达,母爱是大爱。母子有亲是"父子有亲"的前提。而"父子有亲、君臣有义、夫妇有别、长幼有序、朋友有信"被称为"五伦","五常"、"四维"、"八德",以"五伦"为基石。故母亲是大根大本,至尊至上,一切美德、作为、事业由此奠定。中郎的母之亲爱观是最透彻、最本源、最正确的人伦大观。从他反复喻比、叙写、阐释的一个"根"道即母道可证。

二、至清至淑圣女观。圣母由圣女而来,清净贞洁,贤惠明德,教养有素,困窘时能熬贫穷,富贵时能守节俭,心地慈善,如此圣女才能成为圣母。圣母者,相夫教子,以道训后,威仪住持,所培养为圣贤君子。以子为子,以人子如同己出,胸怀宽宏,柔和亲顺。这一宣说对于当今社会优化我们民族后代,重视淑女教育、贞节教育,抵御歪风邪气,意义犹大。

三、至仁至德母寿观。母有"凝结",子可"发舒"。"凝结"什么呢？德能、智慧、相好、清净、庄严。子女"发舒"什么呢？儒释道的精魂神髓，于己正心诚意，于人慈善，齐家治国平天下。如此"至翕"生"至张"，"至翕"者为母，"至张"者为子，如同高山为体，乔木为用。寿母之功，功在祖宗，功在子孙，功在乡邑，功在天下。如此之母，必有仁者相，"仁者寿"，"仁者乐山"。中郎宣说的这一因果天律，过去被演义过，现在继续演义，今后还将演义。

佛祖在经上说：净业三福，诸佛所修。所言"三福"中第一福首句是：孝敬父母，事奉师长。为什么要孝敬父母，中郎以佛理侧重谈孝敬母亲的大道理，母之恩如山如海，天高地厚，父母平等，母亲更重。母亲从怀胎起，非礼勿视，非礼勿听，非礼勿言，非礼勿行，以心念与正行对胎儿产生重大影响，这叫胎教。而出生后一千日几乎每日受父母的影响，强调了母亲的功勋，也强调了母亲的独特责任。常言道：三岁看八十，七岁看终生。中郎写得至极至真，为历代文章大家所未及。佛在经上书，杀父杀母（含伤害父母、意害父母）为人间第一大罪，按经论，非堕地狱不可。中郎针砭时弊写道："世不信寿者必仁，仁之必有后也，盍于山之翕然郁然者观之。"当前，国家强调家庭建设，重视家教与家风的培养，我们看到三袁的家规里是把孝慈、人品、正心、勤俭放在重要地位的，而母亲的以身示范、以言传道有不可估量的作用。

心诚曰：当我们读到中郎的浸浸佛乳母亲观的妙文时，我们内心不得不震撼，觉得它的无限的教化力与摄受力具有与世长存的光辉。

44. 大圣智者东释迦

佛祖为阐述"难得难遇万劫千年"一义，讲了一个盲龟浮木的故事。说茫茫大海的深处,有一个瞎眼的乌龟,一百年才从海底上浮一次。海上有根漂荡已久的木头,木头中有个孔。一天,盲龟上浮,千奇百怪,它的头正好穿进这根木头的孔里。海水随风漂荡,木头随风移动,不久,木头靠岸,盲龟得以到达意想不到梦寐以求的彼岸。佛祖说,人生难得,犹如盲龟浮木达彼岸。

中郎在《圣母塔院疏》(《笺校》,第1193页)中引用了这个故事,意在说明"蕞尔小邑,生此大圣",百千万劫难遇。大圣指智者大师,"中国之有智者,犹西土之有释迦也"。余三十年前曾在《公安县志》中翻阅人物志,始知佛教史上的隋代高僧智者为公安茅穗里人,然后来翻检《中国佛教大观》、《佛教大辞典》、《中国十大奇僧》等著,均未明确说明其为公安人,倒是说智者为华容,为颍川,为许昌人等,于是心生疑窦,久而不解。近年细读袁中郎诗文,始知智者出生为公安,毫无疑问。至于其他诸说,则可视为智者曾在那些地方行缘化斋或传法暂住,或历史地理名称变化,或求道居寺等,并不矛盾。

中郎在《二圣寺重修天王殿疏》中说"荆州碑中载有茅穗,油河事,可为的据",又在《普光寺疏》(《笺校》,第207页)中说:"智者为里人,无疑也。"中郎是一位以真善美慧为创作原则的大著作家,他不会无根无据将天台宗创始人硬拉为本乡大圣,来辉煌自己乡邑门面。四百年前他所写多次,足以证明智者为公安茅穗里人,确凿无疑,于是,余心结解。可见一些影响深广的佛教方面的辞典亦有不明确之处。

说一下中郎写《圣母塔院疏》缘起。他有好友崔生,"去塔五里,近欲募修一院,以永此塔,墙宇堂厨之类,费青铜将八十千,合众佛子之力,而供一佛母,计当不难,生第勉为之,唯渐而恒乃可成"。由此推测,崔生等人发心修一院以护圣母塔,筹集八万斤铜,可见敬心之真切。于是,崔生启请中郎写一简章以记。中郎在这篇不足五百字的短文中,把智者大师的出生地、出家状、修佛圣迹、圣母塔及智者主要成就写得精当扼要,显然对智者佛理融会贯通,成竹在胸,故能一挥而就,浑然天成。

我们可以明显地感知到:他对智者大师赞叹到了极处,他认为中国之智者,犹西土之释迦牟尼。又说智者之微言奥义,马鸣、龙胜、永明、天衣、惠安等诸圣未发、未及、未诠,这是对智者评介高到不能再高了。他夸张没有? 没有。

其理由是:"以藏通别圆判一代时教而教义尽;以空假中三观发明真谛而禅那启;以十疑释西方净土之旨而往生决。"因智者大师的佛学代表作为《法华文句》、《法华玄义》、《摩诃止观》(通称天台三大部),内容博大精深,殊胜微妙,要义无量无边,不可穷尽。统摄佛法全宗,囊括佛法玄奥,心与佛通,灵与佛会,故只能浅说一二,以帮读者理解。

一、佛祖说法四十九年,阿难尊者在佛涅槃后所整理的经教,浩如烟海,为适应众生根机,佛祖说法契理契机,因时因地因人因情,度化众生,法无定法,不法为法。智者将佛祖千经万论以"藏通别圆"四教概括,纲举目张,教义尽搜。圆融贯通,简明精湛。

二、"一心三观"又称"三谛圆融","空,假,中"简言是空观、假观、中观。空观指缘起法空,假观指诸法实相不过假名存在,所谓实相非相。中观指不执著于空,也不执著于假。此为三谛,谛即真实奥义,三者相即相通,圆融无碍,没有空间大小差别,没有时间先后差异,一念心起,三谛圆融,如此才能把握诸法实相。

三、天台之旨与净土之旨在一念三千。一念即一心,指清净、平等、正觉,三千指十方广大世界,十百界千界,无量界,在纯净纯善的境界里，止观双修，定慧并重，解行相应、一念之上，把握世界；一念之中，到达彼岸；一念之下，终极真理；一念三千，涅槃极乐。

中郎对智者佛学品评精准高深。"夫四字尽四十九年之微言"为马鸣、龙胜（《华严经》等撰述者）所不及。三观直指心宗，摄无量义海，为惠安等高僧大德所未诠释。不深通智者全部教义，不通观总揽全部佛经，不相应相合佛祖灵性、法性、如来藏，不自显清净圆明体，不随缘妙用而自在，不得法华三昧、海印三昧、念佛三昧、金刚三昧、止观三昧、一念三千三昧等，是想不到写不出上述简明评价的。

心诚曰：凭借《圣母塔院疏》可知他与智者通灵神交，明心见性，说袁中郎为古佛之再来，并不夸饰。

七、《尺牍》篇

45. 恰恰用心无心用
——《与徐囥卿书》一文的"大定"思想

万历二十五年（1597 年），中郎给好友徐囥卿写了一封专谈禅定的短信，现摘录如下：

> 定功果有效，其益无量。但不知所守者，中黄邪？艮背邪？抑数息邪？夫定亦难，有出有入，非定也。故曰："那伽常在定，没有不定时。"即出即入亦定也。故曰"恰恰用心时，恰恰无心用。"然定有大小，小定却疾，中定却老，若大定则即疾是定，即老亦定，艳舞娇歌，无处非定。《华严经》曰："一身入定多身起，多身入定一身起。"是此定也。（《笺校》，第 500 页）

先介绍徐囥卿为人。名泰，号渔浦，万历八年进士，做过朝廷太仆寺少卿，相当于现在部级副职高官。徐所造囥卿园在苏州很出名。据中郎的《园亭纪略》载，"宏丽轩举，前楼后厅，皆可醉客"。园中一大特色是石屏，"高三丈，阔二十丈，玲珑峭削，如一幅山水横披画，了无断续痕迹，真妙手也"（《笺校》，第 180 页）。

　　如此瑰丽宏伟名园的拥有者绝不是一个热心政事、钻营官场的人。从文中得知，此公返乡后，修持禅定，炼修性养身祛病之术，将自己追求过程写了心得寄与中郎，中郎便复了这封信。

　　这封信有三层意思，笔者试作浅说。

　　一、肯定了修禅定有效有益。文中所言"中黄"，道家术语，指"黄庭"，即现代修炼家讲的丹田。"艮背"指止息，又指内视、入静，内丹术语。数息指定中默念的呼吸次数，一呼一吸叫一息。所言"守"指练定功时的意守。这种练定中意守一点，通过调心、调身、调息，使周身和谐，心净神凝，血脉和畅，意气流通。小定小效可祛病得身健，中定中效可延年益寿，大定大效则可出离生死。据资料载，王阳明的一个弟子深得此法，他深恶痛绝的一个贪官去拜访他，他嘱咐客堂等候，自己进入室内坐化登仙了，以示不共戴天之志。

　　二、中郎引用佛经教言："那伽常在定，没有不定时"（那伽，梵语意为龙象，喻佛），这种定被称为大定，大定没一时不定。行止坐卧，没有障碍，清净平等。这就是外不著相，内心不乱，"外禅内定，是谓禅定"。"见诸境心不乱者，是真定。"（《六祖坛经，坐禅品》）其特点为"处染不垢，修治不净"，"性体遍照，无幽不烛"，"随流俗加染而不垢，返流除染而不净"。"在圣体而不增，处凡身而不灭"（唐代贤首国师著《修华严奥旨妄尽还源观》，第 3 页）。这说的是什么呢？是自性本体，清净圆明。佛（那伽）正是处在这种大定中。这种大定才是"恰恰用心时，恰恰无心用"。前面用心指妄心，后面"无心"指真心。即修炼家讲的真用意时不用意，不用意时真有意的境界。

　　三、比较难懂的是文中引用《华严经》偈语"一身入定多身起，多身入定一身起"，前面尚有"异境入定同境起，同境入定异境起"，并言此境名"多身入一镜像观"。观，指看透看穿看破。

我先介绍"多身"的含义。经上言，因毗卢遮那佛（华藏世界教化之主，阿弥陀佛为极乐世界教化之主，释迦牟尼为娑婆世界教化之主）有十身，即众生身、国土身、业报身、声闻身、缘觉身、菩萨身、如来身、智身、法身、虚空身。随举一身，摄余九身，故曰多身入一镜像观。"镜像"是一个比喻，云霞星辰全在镜里显现，无论如何变化如何映现，但不留痕迹。以此喻指入佛境见自性的德能。

那么"一身入定多身起"是什么意思呢？指的是大止妙观。即一即多，一多不二，是自性无碍的微妙玄奥所现所变。一身又有十身互作，一一毛孔，一一身分，一一支节中，皆有十身互作，或以眼处作耳处佛事，或以耳处作眼处佛事，鼻舌身意，亦复如是。（唐代贤首国师著《修华严奥旨妄尽还源观》，第22页）

以上所言境界，叫作大定。大定没有不定，不定中有大定，大定而不定，不定而大定，这是真定。又回到佛祖的大定："那伽常在定，没有不定时。"可见，"大定"也很难用文字解说清楚，只好借用老子的话来勉强形容它："道之为物，惟恍惟惚。惚兮恍兮，其中有象。恍兮惚兮，其中有物。窈兮冥兮，其中有精。其精甚真，其中有信。"（《道德经》第20章）或许什么"有"也没有，"大定"即如如不动。

中郎唯恐好友不解其意，在不足三百字的短文中，拿自己的定的经验作说明。他说自己年轻时以小定、中定为基本功，所得的结果"枯寂不堪，后遇至人稍稍指以大定门户，始得自在度日，逢场作戏矣。天长人短，鬼多仙少，安得以浮泛不切之事，虚费此少壮日子哉？公欲求定，当识其大者"。这里的小、中定可视为人天法，重于有为，拘囿"用心"不是究竟与圆满的法门，只有灵明洞

彻,寂照恒常之法,如同明镜光畅表里,放大光明,百千万变的无
为之法,才入"大定"门户,始得自在度日。

可见中郎借修"大定"一法所谈的是修持佛法的根本法,有无
量的幽深的意义。因八万四千法门,其核心总持是修大定,总纲指
南是用"无心",这一点,一般人很难做到。袁中郎做到没有?做到
了。为什么能做到? 一是他悟性极高,二是遇至高之人指点。

心诚曰:偈言"定中生慧明本性,佛心他心本我心"。大定生
大慧,大慧才大悟,大悟才见自性。

46. "意兴畅适"缘解脱

先录中郎 1595 年在吴县给舅父龚惟长先生的"尺牍":

> 然真乐有五,不可不知。目极世间之色,耳极世间之声,
> 身极世间之鲜,口极世间之谭,一快活也。堂前列鼎,堂后度
> 曲,宾客满席,男女交舄(鞋),烛气熏天,珠翠委地,金钱不
> 足,继以田土,二快活也。筐中藏万卷书,书皆珍异。宅畔置
> 一馆,馆中约真正同心友十余人,人中立一识见极高,如司马
> 迁、罗贯中、关汉卿者为主,分曹部署,各成一书,远文唐宋酸
> 儒之陋,近完一代未竟之篇,三快活也。千金买一舟,舟中置
> 鼓吹一部,妓妾数人,游闲数人,泛家浮宅,不知老之将至,四
> 快活也。然人生受用至此,不及十年,家资田地荡尽矣。然
> 后一身狼狈,朝不谋夕,托钵歌妓之院,分餐孤老之盘,往来
> 乡亲,恬不知耻,五快活也。士有此一者,生可无愧,死可不
> 朽矣。若只幽闲无事,挨排度日,此最世间不紧要人,不可为
> 训。(《笺校》,第 205 页)

中郎是历史上文人学士中读书最多、运用最活、见解最灵、记忆最好的一代英特,百代禅擘。从他所写的诗歌、尺牍、游记、杂著、专论看,涉及的内典外典(参看《瓶史》、《觞政》)、正史野史、民谣俚曲,浩如烟海,无所不包。以他四十三年的人生旅程言,如此宏博精深的阅读与写作不可思议。非神工鬼斧者,无以用妙其极;非仙门佛智者,无以融会贯通;非真元返本者,无以复归圆灵;非解缠去缚者,无以意兴畅适。从他早年给亲舅龚惟长的这封信中,看得一清二楚。所言五种快活,信腕信口,目耳声口,无拘无束。此种快活观,貌似"玩世"而"谐世",类似"愤世"而出世,似乎避世而济世,贵贱穷通,顺境逆境,腾达潦倒,时时处处,都是一个自在自由、真人真我的精神境界。

何以能达此境界呢? 中郎主张"唯实参究、广诵读、多会人"(《与友人》,见《笺校》,第 1260 页),我们读他 1597 年给好友张幼于的信(《笺校》,第 502 页),便十分清楚。信中说:"夫颠狂二字,岂可轻易奉承人者? 狂为仲尼所思,狂无论矣。若颠在古人中,亦不易得,而求之释,有普化焉。张无尽诗曰:'盘山会里翻筋斗,到此当知普化愿'是也。化虽愿去,实古佛也。求之玄,有周颠焉,高帝所礼敬者也。玄门尤多,他如蓝采和、张三丰、王害风之类皆是。求之儒,有米颠焉,米颠拜石,呼为丈人,与蔡京书,书中画一船,其颠尤可笑。然临终合掌曰:'众香国里来,众香国里去。'此其去来,岂草草者? 不肖恨幼于不颠狂耳,若实颠狂,将北面而事之,岂只与幼于为友哉?"

中郎这段精粹文字,以解"颠狂"切入,融会儒道佛三家人物及三家要义,是在广诵读、多会人中的参究示现。普通一词,以"诸法实相"、明心见性说尽奥义。不拘表相而论实质,性相两忘,解缠去缚,才能意兴畅适。借"颠狂"为题,发挥"无我",不执著我身、我见，方可辩才无碍、理事无碍、智慧无碍。所谓"精炼衲子，久参禅伯，败于中郎之手，往往而是"。即便谈论古代名家名诗名文，句句精光，顶天立地，"虽讥讪得，废他不得"。可见他思维超越，性灵机敏。他反对拟古模古，批判拘儒、腐儒，反对"粪里嚼渣、顺口接屁"，反对"以一八寸三分帽子"人人可戴的思维模式与价值取向，反对如铜墙铁壁的坚固缠缚与习惯势力，不得不矫枉过正，言其"恶之深"。法籍汉学家倪平博士认为，中郎是四百余年来人类思想解放的先觉先驱者，其言精准。

为了达意兴畅适，无我而解脱，中郎努力精进，有几点值得后人参鉴：

一、把读书当第一快活事。二十一史，十三经。读得博，记得牢，解得深。他在《与李龙湖》中说："近日最得意，无如批点欧苏二公文集。"在《答王以明》中说："每读一篇，心悸口怯，自以为未尝识字。"可见读书专心、会心，结合经历，独抒己见。《广庄》、《觞政》、《西方合论》、《宗镜摄录》等都是其读书的大体会，大结晶，其中快乐，可想而知。

二、结社吟诗论学。中郎与宰官、斋郎、典客、僧道、仆从、歌伎、兄弟、亲戚、生员相知相会相语，不谈朝事，不先人意，遗形纵舌，不相妨碍，纵然与会者不甚领略，得大开口，四肢畅适，胜"擎拳躬身，闭吻嘿坐"多矣。会面口若悬河，大吐大快，不会面，羊毫情动，见识纷飞，无一日"皱眉蒿目"。(《与江进之廷尉》、《答梅客生》，见《笺校》，第 754—759 页)

应特别指出，中郎交友"净侣"居多。他以净衣置之香箧，出衣衣香，若置臭处，衣亦随臭为喻，"友亦如是"。他所交为山林闲适友、严持戒律友、智慧广大友、总持文字友、寂寞精进友、谦卑忍辱友、真心忠告友、轻财好施友、仁慈覆物友。在净友中净心净乐。孔子在《论语》中主张：益者三友，友真、友谅、友多闻。损者三友，友便辟、友善柔、友便佞。中郎的交友观在孔教基石上扩展升华了许多。

三、畅游山水、胜地、名园、城址、宝刹，与天地通灵，与佛会心，与道为伍，写诗写记，以佛智寂照幽微深远。现摘一段《墨畦》记载清明日与友陪祀："沿溪行，水石相触，石狞而水怒，再进为锥石口，稚儿野女，窥人如鼠，草草具村落，口上有城，尻高而前俯，似海船状。跨溪为女墙，道下为水窦，溪中屿垒垒，樵子往来其下。""行数十步，溪流回合，水益缥绿可喜。一壁上白石鳞起如珂雪，苔花绣之，皆作层峦叠嶂。""余大呼曰：此黄大痴《峨眉春雪图》也。命稚子过酒来，野成无火及酒具，诸人乃以瓶相传饮。适有负薪者，从水上回顾，失足堕溪中，童仆皆笑。"

我们看一下他给诸友信中所言："败却铁网，打破铜架，走出刀山剑树，跳入清凉佛土，快活不可言。"（《聂比南》）"割尘网，升仙毂，出宦牢，生佛家，此是尘沙第一佳趣。"（《冯秀才其盛》，见《笺校》，第479页）"乍脱官网，如游鳞纵壑，倦鸟还山。"（《朱司理》）他所游历、所参访，一夕佳话，高歌一诗，都源于"生佛家"，作阿弥之子这一根因。他游名山，探奇险，履幽峦，穷胜景，尽佳处，快活无比，都是因为沐浴法雨、吮吸佛乳的缘故。明确这一因缘福德，才能明白中郎纵情山水的广博胸襟与闲情逸致是与众不同的。

四、瓶花与酒与药，三个窗口，物我合一，窥探人文。

中郎不离世法证佛法、不离佛法行世法，善巧方便，随缘妙用，其表现至少有三点：一以瓶花插配而探美自然，经验总结为《瓶史》。这里摘录他《墨畦》中对观京城牡丹的记载。"时牡丹繁盛，约开五千余。平头紫大如盘者甚多。西瓜瓢、舞青猊之类，遍畦有之。一种为芙蓉三变,尤佳,晓起白如珂雪,巳后作嫩黄色,午间红晕一点如腮霞,花之极妖异者。主人自言经营四十余年,精神筋力,强半疲于此花。"看来,是另一秋翁,惜乎没写花仙。二关注社会生活的普遍饮酒现象,概括升华为《觞政》。这篇不足六千字散文中,涉猎历史文化人物达二百名,典籍数十部。这里摘录他关于众人饮酒之态的描述:有如雨后鸣泉,一往可观,苦其易竟。有如俊鹰猎兔,击搏有时。有如游鱼呷浪,喁喁终日。有如吴牛嚼草,不太利快,容受颇多。有如蜀后主思乡,非其本情。有如徐娘风情,追念其盛。有如少年说舞剑,未识战场。有如未遇龙潭时自著胜地。有如狄武襄夺昆仑,巧于乘敝。有如破浪船,得风乃济,否则为渔刀所笑(饮酒人略)。至于酒类、酒具、酒菜、酒谭等,写得淋漓酣畅,可谓空前绝后。他所探询的是重质不重形、重内不重外的美学原则与物性物相不可分的人文大理。三是怀抱慈悲,关注民众疑难病症,记载了几于失传的秘方。现简录《墨畦》中数则:1. 用凤仙花煮烧酒,去花饮之,逾月可治半身不遂。2. 女娘虚弱症,用香附一斤,醋浸一宿,当归蕲艾共一斤,合入醋煮,捣为丸,服之甚效。3. 以鸭血点于螺壳卡喉,不能咽,应手而逾。用热鸭血破坚,须先用绢帛裹齿,不然齿即时碎。4. 臭梧桐叶煮水,可洗脚气,无叶用根。5. 有人年老,双足软不能行,用炒棉籽捣碎,和老米饭为丸,足健如初。亦可治梦泄与痔,奇方也。(《笺校》,第1433—1435页)

心诚曰:中郎将历史与人文、现实与典籍、物象与心性殊胜微妙结合,写读经交友,写山水旅游,写酒相酒性、花相花性。写即相即性、离相离性、即事即理,达性相不二、理事圆融的高妙佛境法界,因而意趣畅适无比。非一般谈友评书、论酒排花、记病说药者所及。

47. 常寂光与无生忍

细读中郎的《尺牍》，我们会发现他以自己融会贯通的佛法，评时论政、答问释疑，信手拈来，自在自由。现引《答郭青螺中丞》（《笺校》，第 1613 页）为例：

> 某常私谓明公之安鬼方也，其犹菩萨之行异道乎？蛮雨瘴烟，风境殊恶，然惟明公有九载之剑戟，而后黎民有百年之衽席。即此为常寂光，即此为无生忍。忍之云者，忍所不能忍，以行吾之不忍，大菩萨之用心也。释此则辟支小乘，焦谷之呵，儒释同之，明公亦何用此？某最痴钝，荷大君子不即鄙夷，拙集之呈，亦欲为请益地，明公何惜片言，不引之绳墨也。

这篇不足二百字的短章，系中郎于 1607 年在北京作。郭青螺即郭子章，泰和人，隆庆五年进士。善诗。时任贵州（鬼方）巡抚。欲读懂此章，须明白其中几个佛学名词的含义：(1) 常寂光；(2) 无生忍；(3) 大菩萨；(4) 辟支小乘。

根据《新编佛教辞典》，常寂光土指天台宗所立四种佛土之四。一为凡圣同居土，分净秽二种，娑婆世界圣人与凡夫同居之秽土，极乐世界为凡圣同居之净土。二为方便有余土，断见思惑人所生之处，未断尘沙与无明惑，故称有余土，因其变化凡圣同居之所依身土而易以方便土之所依身土而居之，故称变易土。三为实报庄严土，为实证中道的菩萨所居，色心无碍，亦称法身大士，分五十一位次，十信十住十行十回向十地与等觉菩萨，他们破了无明惑，不起心不动念，但尚存无始无明习气，依消除习气之薄而分位次,庄严无比,故又称无障碍土。四为常寂光土,是究竟圆满佛所居,是修佛的最高境界,其妙不可言。

无生忍亦称无生法忍,指对本来无生之理的决定认可。依《大智度论》说明,于无生灭诸法实相中信受、通达、无碍、不退,是名无生忍。忍是一种修行境界与心理态势,即安忍不动义。《仁王经》有五忍之说,一伏忍,制伏烦恼令不起心动念,分十住十行十回向三贤位。二信忍,从初地到三地见法性而得正信之位。三顺忍,四至六地顺菩萨道而行之位。四无生忍,七至九地,证诸法无生而不动之位。五寂灭忍,十地、等觉乃至妙觉断尽诸惑而涅槃寂灭之位。

大菩萨。菩萨中的菩萨称大菩萨,其神通、道力、德能、相好接近究竟佛。

辟支小乘。乘原指运载工具,国王所坐七宝马车象车称大乘,羊车牛车及少于四马之车称小乘。尔后以乘喻智慧,喻修佛等级。大乘佛法指修佛目标脱离十法界,进入一真法界。小乘佛法的目标在四圣法界,分声闻(阿罗汉)缘觉(辟支)及菩萨、佛(相似佛)四个级次。声闻缘觉破见思烦恼,菩萨破尘沙烦恼,相似佛(四圣法界最高位)尚未破无始无明习气。能达四圣果位已相当不易。只有无始无明烦恼破了,才进入一真法界,但无始无明烦恼的习气尚在。佛经上认为小乘的心量比大乘小,度己而不尽度,度人而不彻。

我们知道了这几个词的基本含义,再来读中郎原文,其意一目了然。回信开头赞扬了贵州巡抚郭中丞,在蛮雨瘴烟的恶劣环境下,以九载之征战换取黎民百年之"衽席"。此功德不可量,犹处常寂光,行人所不能忍,是大菩萨之之用心与德能。此举高于小乘辟支是以释行儒,儒释同道,随缘妙用。文尾提出大君子不必惜片言,应对中郎所呈"拙集"引之绳墨。中郎对文友的真诚之心、恭敬之态溢于言表。这是普贤十大愿王"礼敬诸佛,赞叹如来"的随缘妙用而无方。

中郎之弟小修曾反复说他"研精道妙,目无邪视","广长舌纵横无碍,偶然执笔,如水东注"。"一以文字为佛事。"(《解脱集序》)中郎在一首小诗中,则明白晓畅吟道:"以儒为佛事,借孔续瞿昙。"(《笺校》,第 1404 页)瞿昙即释迦牟尼佛。1607 年,中郎在北京写给黄竹实的一封信中明确指出:"《楞严》、《圆觉》,入道路程,唯细心研究,勿轻下注脚,是第一义。"(《笺校》,第 1614页)。何为第一义?第一义是究竟圆满义,彻底义,了生死出轮回之大义。法界性海无作无为不可思议之义。"一切具足,故有如是殊胜方便,是谓捷中之捷,径中之径,舍此不修,是真愚痴。""一句圣号,无须烦词,十念功成,顿超多劫。"(《西方合论》卷二)从这些吉光片羽中,可见中郎胸中被佛言祖语充满,经论精髓已烂熟于心,大彻大悟方可语诸法实相,对万法本源一语道破。

我们从中郎不足二百字短文《答郭青螺中丞》中可以看到,不懂中郎佛学,很难读懂中郎文学。广学须求深入,专修以达总持。佛经说:梦中佛事,游戏人间。中郎一门深入,长期熏修,密集闻思,故圆明具德,穷尽理体,写诗写文,只言片语,儒释相融,法义深宏。如果粗见浮思,结心尘口,岂能彻知遍晓?

心诚集句曰:开智的《楞严》,成佛的《法华》,圆融的《圆觉》。心外无法魔即佛,法外无心无等佛,心作心是弥陀佛,念佛见佛自性佛。

八、简评浅议篇

48. 灵峰大师如是说

灵峰大师是将《西方合论》列入《净土十要》并言其为"志殿也"的决策者,这使我们记起《无量寿经》上的一句名言:如来智慧深广海,唯佛与佛方能知。意为只有到佛境界才能真实地认识如来智慧。灵峰大师本是"古佛再来"(印光大师语意),故对《西方合论》的如来智慧认知明白。我们先了解一下灵峰大师。

根据《净土十要》资料,灵峰,又名智旭,字藕益,姓钟,吴县人。其父持白衣大悲咒,梦大士送子而生旭。年少时,以圣学为己任,著书阐佛。后读云栖《竹窗随笔》开悟,焚其前著。读《地藏本愿经》,发心世志,日诵佛名。二十四岁,听一法师讲经,用心参究,已而豁然。遇疾殆而转,结坛七日,说偈曰:今以决定心,求生极乐土。乘我本誓船,广度沉沦众。我以至诚心,深心回向心。三宝无边德,加被智旭等。折服使不退,摄受令增长。其后,历住温陵、漳州等地,归老于灵峰。有人设问,如何为念佛门中向上一路等语,并希和尚将亲见如来境界快说一番,"震动大千世界"。智旭答言:"自应谛信是心作佛,是心是佛。若念念与佛无间,何劳更问阿谁?净土极则事,无念外之佛,为念所念;无佛外之念,能念于佛。若舍现前弥陀,别言自性弥陀;舍西方净土,别言唯心净土。照古照今,非内分外,何止震动大千世界?"又开示曰:"念佛三昧,名为三昧中王。一句阿弥陀佛,该罗八教,圆摄五宗。念得阿弥陀佛熟,三藏十二部极则教理,都在里许;一千七百公案,向上机关,亦在里许;三千威仪,八万细行,三聚净戒,亦在里许。如真能念佛,即大布施,大持戒,大忍辱,大禅定,大精进,大般若。"顺治十二年正月二十一日晨起,病良已。午刻,跏坐绳床,向西举手而逝,年五十七岁。其代表作为《弥陀要解》。被尊为净宗十一祖。印光大师(视为大势至应身,尊为净宗十五祖),曾评该著即使古佛再来,亦不能增减一字。

以上简介,我们可知灵峰大师在净土宗史上的地位及论述。他的最突出的贡献是为净土修炼者选定必修课目《净土十要》,而在选定《西方合论》时,对袁中郎本人的如来境界作了充分赞扬,并且写了一篇前言与《评点西方合论序》,对合论进行了精妙绝伦的评点,在序后署名时,加了"拜述"二字。纵观"十要"中其他"九要",灵峰大师均有所称叹,但都不及他老人家对《西方合论》的极圆极顿、至高至上的评述。现摘其要点予以介绍:

一、对袁中郎评价。"袁宏道身为横扫千军之儒英,又为跳踉井干之禅擘,乃能百尺竿头,得一退步(十方世界现全身),合西方言教而论断之,使上两般人(偏执悟门,矜自力,轻视念佛者与偏执名理清言,轻蔑念佛)不能不屈骄折傲,俯从而窥。才一俯窥,心胆俱寒,肺腑尽夺。非依阿弥神力,未易有此也。"这段话起码有三层含义:1. 袁中郎既是儒学之英特(横扫千军)领军,又是佛禅之巨擘,亦即首屈一指。2.《西方合论》依仗阿弥陀佛威神才能完成。3. 使偏执解门不重行门之修禅人与偏执名理清谈之觅"龙肝凤胆",视念佛食涎欲呕之儒者(即"两般人")俯从而窥,心悦折服,说明合论之摄受威力不可思议。

二、对《西方合论》精髓的揭示与评价。分四点看:1."唯大彻大悟人始可与谈念佛三昧"。2.《西方合论》十卷,字字从真实悟门流出,故绝无一字蹈袭,又无一字杜撰。透彻禅机、融贯教理无余。乃是多生熏习,非是偶然。中郎果是东坡,佛法乃大进。3. 中郎少年,风流洒落,亦为缁素所忽。试读彼《西方合论》,可复忽乎? 4. 重谋付梓,用广流通。普使法界有情,从此谛信念佛法门至圆至顿,高超与统摄一切禅教律,不复有泣岐之叹也。以上摘引说明,灵峰大师认为袁中郎大彻大悟,多生熏习,才能作此《西方合论》。《西方合论》倡导念佛法门,统摄大宗禅教律,囊括佛法玄奥,高超一切法门,千古不易之论,选为十要之"殿",至公至明,实属难得难信。其弟子成时在对评点序进行评点时,指出"稳趋无上觉路"是"阳春白雪之后,引商刻羽之歌",意为挽救时弊,方便接引,系契理契机、合乎时宜纠偏之著。这个评价是准确的。

心诚集句赞《西方合论》曰:住真实慧,植功德本。为众开法藏,广施功德宝。离欲深正念,净慧修梵行。善修习故,善摄受故,善成就故。(摘自《无量寿经》)

49. 合论妙极在何处

《西方合论》越读越欢喜,愈读愈得益。字字珠玑,令人百读不厌。这个文本何以有如此威力呢? 可以说三辈九品,人人得益。根深得深,根浅而升。依笔者当前习佛境界,先须明白一个"合"字,此字至少有奥妙四点:1."合"即整合禅教律,是千经万论的会集指归本;2."合"是三世诸佛的神魂宣示概要本;3."合"是著者信解行证、闻思修行的体悟会心本;4."合"是大慈爱与大智慧的合和示现本。

一、先说会集指归之"合"之必要。中郎生活的那个时代，佛经的翻译与注疏大体完成。《大藏经》汇集了大乘经书及注解六千余部、小乘经书六千余部，合计一万余部。一般修行者终生吟诵，难以卒读。此前已有宋延寿大师的《宗镜录》问世，人称小本大藏经。篇幅为一百卷，是所有佛经的提要。中郎钻研后，仍觉其繁难，为达"举一心为宗、达万法为镜"之目的，写了《宗镜摄录》，约十万字，惜乎失传。

中郎广学博览、博闻强记，他诵读了上千经书，过目不忘，融会贯通。为了方便四众弟子（出家在家男众女众），在道友平倩居士与愚庵和尚的启请下，作了一次万法指归、震古烁今的会集。读者花较短的时间，把约五万字的十卷十门的《西方合论》读懂读通，等于涉猎了全部经藏。仅以卷三部类门为例，以经中之经、经中之纬、纬中之经、纬中之纬为纲宗，所列经典达数十部之多。其中多次提到（各种不同版本）《无量寿经》、《清净平等觉经》、《阿弥陀经》、《宝积经》、《观无量寿经》、《鼓音声王经》、《华严经》、《法华经》、《楞严经》等，均为佛典之西方起教，是天中之天，人中之王。可见《西方合论》统摄广大而深厚。聚千经于一经，汇万论于一论，会集而指归，统一切法，摄一切义，不是英特之才、颖慧之士、超常之学、悟达之人者，不能写《西方合论》，既已写就，不可思议。

二、再说"合"是三世诸佛神魂的宣示概要本。将禅净密各宗而融合。"合论"将浩瀚深宏的佛经，以经纬二字予以分部分类，然后明确指出《无量寿经》、《观无量寿经》及《阿弥陀经》等是净宗最重要的经典，是修行之明灯、航运之导图，是十方三世诸佛行持成佛的共同法宝。中郎以大清净心、大柔和心、大方便心、大慈悲心，做了这种选择，实属绝无仅有。在"合论"十卷的广论中，反复宣示净土法门是佛学的最高峰，它至精至简，极圆极顿，重点强调念佛成佛，念力为法中王，念力不可思议。释迦怎么成佛？普贤、文殊怎么成佛？三世十方一切诸佛怎么成佛？"三世诸佛之所证，盖证此也。如来为一大事出现，盖为此也。三藏十二部，一切修多罗，盖诠此也。"（唐裴休语，《国学大要》，第85页）"此"指圆觉、妙觉，即如来，即佛，即观音，即佛母，即阿弥陀佛。中郎为了方便后学，指明念佛法门最方便、稳妥、便捷、简易，一声佛号，无须烦辞，是经中经，心中心、妙中妙、圆中圆、顿中顿，舍此不修，是真愚痴。他用最精炼之语言，概述佛祖四十九年说法全部奥义。又用极形象生动的文字将"诸法实相"解释透彻明白，惜乎修佛与研佛者研读它的人太少。

三、"合"是中郎信解行证、闻思修行的体悟会心本。在批判魔境、邪思、秽行时，在批判文人以儒滥禅及僧人以禅滥儒倾向时，他以自己的亲历、亲见、亲行现身说法，毫不掩饰己过。以勤修戒定慧、息灭贪嗔痴为例，他老兄过世，断了荤血，在食蔬三年时，写诗说悟。他侄儿（名登，伯修之子）病重不能复原时，他传教念佛法门，让侄儿往生，花开见佛，没有痛苦。华山履险时，夜半月朗，重登山顶，念《金刚经》中"六如"偈语。写诗吟赋，写疏作策，为文作序，为诗作引，无一不是以文字为佛事，无一不是以儒当佛事，借孔续释迦。他修持佛法很老实读经，很诚挚念佛，很实在真干。不离起居饮食，不离迎宾送客，不离行止坐卧。无论为官为民，为士为友，为子为父，当佛所行处而待，以佛乳法雨滋润。他以佛经为伴，与菩萨为伍。无一刻不舒心，无一刻不闲适，无一刻不畅达。他会看、会听、会想，无一不是如来，无一不是般若之智。于1599年底，完成《西方合论》后，他的学佛已达圆融无碍，性相两忘，理事不二的法妙之境。他的示现是集士子、名士、居士、宰官于一身的修佛演练,言教身教结合,禅净双修,止观同练,福慧相谐,他以释为灯,将儒道佛融合而论,因而达真实之利、真实之际、真实之慧,是开示悟入佛之知见。

四、"合"是大慈爱、大智慧的合和示现本。孔子教人以"仁",仁者爱人。孟子教人"恻隐",老子主张大道无亲常与善人,释迦教人慈悲为本。我们看一下顶级科学家爱因斯坦的论述,他说:爱是光,是地心引力,是生命的精髓,是宇宙唯一的人类无法随意驾驭的能量,爱没有限制,它是拯救这个世界生灵的唯一答案,是摧毁导致地球毁灭的仇恨、自私、贪婪的武器。(《给女儿的遗信》)毫无疑问,他所指的爱是天地人我与宇宙的大爱。这与儒道佛三家语言形式有异,实质一样。中郎的《西方合论》写作的本源是出于大慈大悲,从"唯欲方便初心"可以看出。其写作的大旨是诸佛"见一辈人天没溺浊海,能不恻然"? 又说"阿弥导师,广开香严之肆。释迦慈父,确指净域之门"。中郎在六十天内完成这么一部大事天书,示现其宿因深,依因性,顺众生,显果德,坚忍力,展真法,演练了宇宙大爱的精魂的能量不可思议。

心诚曰:中郎及《西方合论》重在一个"合"字,法音雷震,觉未觉故。雨甘露法,润众生故。如金刚杵,破邪执故。为世明灯,最胜福田。

50. 《西方合论》经典著

对佛法发展的历史走向,释迦牟尼在经书上说得一清二楚。万法因缘生,佛学亦不能外。释迦牟尼佛的法运约一万二千年,分三个时期:

第一时期,正法时期,其特点为,有讲经的,有听经的,有行持实干的,有持戒苦行的,学佛者心地清净,多数因戒律严持而成就,约一千年。

第二时期,像法时期,其特点为,有讲经的,也有听经的,持戒苦行大大减少,学佛者心地清净,多数人以禅定成就,约一千年。

第三时期,末法时期,佛法呈衰微趋势,讲经者大大减少,听经者也相应减少,持戒苦行更少,禅定成就者极微。愈向后,甚至连讲经的也微乎其微,听经的也少得可怜,持禅定成就者已很难很难(指四禅八定),绝大多数以净土成就,约一万年。最后一百年,所有经典消失,《无量寿经》(小本为《阿弥陀经》)存于世流通。最后一百年,还有一句六字弘名(四字弘名)流通。下一尊佛降世为弥勒菩萨,约相隔五亿七千万年,这中间,地藏王菩萨降世代佛说法。

袁中郎生活的年代是1568年到1610年,离佛法传入东土已一千五百年,离佛法在印度产生后,释迦牟尼佛灭度圆寂已超过两千年。故中郎生活年代是一个禅风荒诞怪异时期(狂禅)。这个时期离晋代远公开宗净土,孕育了近一千年,是净土发展走向成熟的时期。莲池、蕅益等大师分别对净土经典进行科注,并产生广远影响,从禅定、禅学过渡到净土兴盛,已成为佛法发展的必然走向。这个时代的天纵大才袁中郎出现了,上启圣志,下契机缘,他以对佛经千余部的熏习,以对禅宗倡导的参悟作根基,归心乐国,透彻禅机,融贯教理,使法界众生谛信念佛法门,至圆至顿,至简至捷,高超并统摄一切禅教律,于是《西方合论》诞生了,"千波竞起,万派横流",精光四射,"唯欲方便初心,尚期就正有道"。这一著作,妙极奇极。蕅益大师在评点此著作时,高度至极予以赞赏。因此,《西方合论》是净土宗理论走向成熟的标志。离袁中郎往生后四百余年(1610—2018年)的今天,当我们聆听中外弘法的老法师净空讲解《无量寿经》十几遍,专弘一部经、专念一句佛的缘起成因时,我们不得不佩服袁中郎此著"为众开法藏、广施功德宝"的肉眼、天眼、慧眼、法眼、佛眼的般若之智,不得不敬仰他为济度九法界众生的精思劳心与慈悲情怀。藏传密宗上师索达吉堪布多次提到袁中郎的《西方合论》功德,北京的黄念祖居士对其至高评议,认为他的彻悟超越苏东坡(苏著有禅门数偈),不是没有根据的。

承不承认《西方合论》是袁中郎佛学著作的代表,关涉到对他佛学的整体把握,则可能在禅净圆融、净土为主上产生迷惑。有学者认为他"先入参禅、后皈净土"再"回归禅学",不直言其归宗净土,这些观点有待讨论。承不承认他归结净土非常重要,关系到中郎学佛的与时俱进、契理契机,对后世将产生无与伦比的影响,也关涉到俗世与出世的佛学理论家及高僧鸿儒对他的评价是否准确的问题。

一、无可争议的事实是:中郎对自己佛学著作最看重《西方合论》,在引文中,坦率直言"深信净土","如贫儿得伏藏中金,喜不自释",其兄袁宗道(香光子)说合论"借念佛之警切,可以提醒参禅之心,借参门之洞微,可以坚固净土之信,实相两资,最为稳实"。其弟袁中道在《珂雪斋纪梦》中,说"幸宿生智慧猛利,又曾作西方论,赞叹如来不可思议度生之力、感得飞行自在,游诸刹土"。

二、多次自言"归心净土"、"深信净土"。一般言,古今中外的所有读者(含研究家)不会超过中郎对自己佛著的认识。他说"礼诵之暇,取龙树、天台、长者、永明等论,细心披读,忽尔疑豁","礼诵"与"疑豁"二词十分重要。前者表真诚、恭敬,后者表开悟。按灵峰大师评点,此悟为胆识"大悟",是恒真净土之言(《净土十要》,第451页)。关于净土与禅的关系,中郎引《大集经》云:"若人称念弥陀佛,号曰无上深妙禅。至心想像见佛时,即是不生不灭法。"(《净土十要》,第473页)

三、中郎往生后不久,大明泰昌元年(1620年),喝石老人在《西方合论标注跋》中,说"惊叹其禅土合源超绝乐邦诸典",赞其"撰述之精详,议论之卓越,是在明眼者自得之"。在其首行勘行时,书后有《旧跋》,说其著"破千古群疑"、"揭净土之心灯"。(《净土十要》,第557页)尔后,清代顺治年间的闽中菩萨戒弟子周之夔在《重刻西方合论序》中说"现宰官居士身,而弘同居同事摄矣。念佛至此,方为圆教,净土得此,方称唯心","净土在我目前,大愿当入一念"。至于净宗十一祖蕅益大师将其列为《净土十要》,无须再述。尔后的清末民初的佛学家张汝钊论其为"深信净土宗为佛法之最高峰"论据十分充分。当代密宗索达吉堪布在介绍袁中郎时,指出"他生前一直虔诚地修持净土法"。

四、《西方合论》反复强调了"心净土净、法尔如故","阿弥如来纯以摄一切人往生彼土","一佛号便为资本、欲验诚言,莫离十念","一句圣号,无须烦词,十念功成,顿起多劫"等净土核心观念,肯定"总之皆是法界性海,无作无为不思议力所现。非自非他,一切具足,故有如是殊胜方便。是谓捷中之捷,径中之径,舍此不修,是真愚痴"。蕅益大师对上述观点予以"千古不易之论"(《净土十要》,第463页)评点。

五、在赞叹净土法门无比殊胜的同时,提出了"禅宗亦须求净土"、"禅宗归净"的观念,并非由净归禅、由净土求禅。"天如或问曰:禅宗悟达之士,既曰见性成佛,焉肯复求净土? 答曰:悟达之士,政愿求生,汝但未悟,使汝既悟,净土之趋,万牛莫挽。""永明和尚,深怜痛哀,剖出心肝,主张净土。""永明既悟达摩直指之禅,又能致身于极乐上品,以此解禅者之执情,以此为末法之劝信,是真大有功于宗教者。岂特永明为然,如死心新禅师作劝修净土之文。"又如真歇了禅师作净土说云:"宗门大匠,已悟不空不有之法,秉志孜孜于净业者,以净业见佛,尤简易于宗门故。""乃佛乃祖,在教在禅,皆修净业,同归一源。入得此门,无量法门,悉皆能入。"(《西方合论》第二卷)中郎在后文中举了十四名禅门巨匠实例,说明"密修显化,发扬净土之旨,则不约而同","是故禅宗密修,不离净土,初心顿悟,未出童贞,入此门者,为坚固不退之门"。宋代永明禅师在谈禅净关系时,有二偈:无禅有净土,万修万人去。有禅无净土,十人九蹉跎。中峰禅师悟道曰:我心即弥陀,弥陀即我心;此方即净土,净土即此方。

综上所述,如此深信净土、胜赞净土、真行净土的袁中郎,禅净圆融、摄禅归净,达最高、最妙、最圆满、最殊胜的学佛境界。如果将他的佛境定为贯以禅宗而入净土又回归禅宗的论据不足,不符合中郎的学佛大宗旨,也不符合佛学理论家张汝钊认为他"深信净土宗为佛法之最高峰"、"一意回向净土"的妙圆之论,违背了四百余年来的高僧大德、禅门巨匠、鸿儒硕道对中郎佛学的认知。有学者声言"他对净土法门真的有些失望了"这个结论值得审辨。南京大学教授周群先生读懂了袁中郎,他认为袁摄禅归净、确立净土统摄一切、以净摄禅这个结论较为准确(《袁宏道评传》,第157—161页)。

心诚集句曰:一、一句佛号念熟,则"三藏十二部、一千七百公案、三千威仪、八万细行、三聚净戒都在里许"(黄念祖《谷响集》,第21页)。二、博采千经于一论,合论与佛经等价。发菩提心、执号念佛是净土的宗要,是大总持,是修持佛法的大根本,是十方三世一切诸佛成就之法,修持之法。念这句佛号即念一切诸佛名号,诵一切经教,修一切法门,得一切诸佛感应道交,即与众生自性真心相应合,得无量智慧、德能、相好,是不可思议的特别法门。洪名统摄万法,一门即是普门。全事即理,全妄归真。一即一切,一切即一。(根据净空老法师开示《静老说的话》摘录)

51. 科学证实法中王
——《西方合论》的核心观念被佐证

余在数年前,发表过一篇文章——《意三层与三层练》,谈太极拳修炼的意能层次。说明意识能量的巨大作用与不可思议。这与不练太极有关系吗? 有。太极拳的基本原理,诸如天人合一、阴阳相济、身心同练、性命双修、整体和谐,适用于一切人事物,强调意识能的调控、指挥、驱动作用,对于任何人处己、处事、处人有不可估量的价值,练太极与不练太极都必须十分重视。

不久前,梅墨生先生(武术家,内丹研究家,国家画院研究员)访问南美给余发来一篇文章,论述意识能量的级次,介绍美科学家霍金斯(诺奖获得者)对意识能量的研究成果,被称为惊人发现。此前,余已学过"水实验"的科学结论,宇宙的核心是大爱观念。也知道修斯博士用意念与观想治病的事实。信是信,但总有某些犹疑因子。读过意识能级次的介绍后,排除了犹疑,更加坚定了起先所信。

霍金斯数十年来对人体意识能振动频率进行实验研究,积累了大量数据。他根据意识的振动频率,将人类意识能分为十多个层次 。我把它简化一下,分五级:第一级为最高层次,开悟与正觉(指数为 700 到 1000),如佛祖、耶稣、老子等。第二级为很高层次,从理性宽谅、仁爱崇敬到平和喜悦再到宁静极乐(指数为

400 到 600)。第三级为较高层次,从信任淡定以至主动乐观与宽容接纳(指数为 200 到 400)。第四级为中偏下层次,从勇气肯定降为骄傲刻薄,再降为贪欲渴求,恐惧焦虑(指数为 100 到 200)。第五级为最低层次,忧伤无助以至冷漠麻木绝望到羞耻、仇恨、蔑视(指数为 1 到 100)。可见指数 200 为中性,如果自私,邪念,报复,贪婪,冷漠,忧惧,怨恨,傲慢,对生命体有害。反之,淡定,信任,乐观,开朗,宽容,有益于生命体。如果温和,理智,仁爱,和蔼,尊敬,真诚,平和,安详,喜悦,宁静,极乐,则可影响一片一方一切人一切事,向正道正觉发展。正觉开悟层次,影响十方三界,以至遍法界虚空界,过去现在未来,造福千秋万代,具有恒久性,不可思议性,寂照神通,幽深玄远,不可说尽。

实验还证实,1—600 指数代表了人类绝大多数的心理体验与能量场强度。当意识能降到 200 以下时,不利于健康,缺乏生命活力,更加为环境所左右。而高于 200 则是正能量,增强身体。事实是绝大多数人处于 200 以下。如果达到 500,则拥有强大能量场,影响成千上万的人,这类人占人口比例千分之四。超过 600 就凤毛麟角了,达 700 的人更少,占人口比例约千万分之一。研究发现,影响意识能级的因素主要不是学历、地位、财富,这些受意识能级支配,关键因素是社会动机与心灵世界。霍金斯认为,同情、理解可增强一个人的意志力与生命力,可改变体内微观粒子的振动频率,提高身体健康。如果有大师引导,善知识指引,意识能可以攀升。如无,则顶多只能升五个点。高级能量意识可以改变一个人的价值取向,脱胎换骨,即度己度人,弘法利众。

我们从这一简略介绍中,更加坚定了对佛法的真理信仰,更加明确了袁中郎《西方合论》中所宣扬的佛理的永恒与智慧。试说几点:

一、意念的力量不可穷尽。意念的能量场十分强大,可改善本体,影响环境。中郎反复宣说,念力为万法之王,是一个颠扑不破的真理。

二、学习宇宙法则,学习身心同修、性命双修、天人合一,持戒保持警觉的最好途径是修"十善"与"六度",是提高意识能的有效途径。这是对中郎诵经写经、持号念佛的科学佐证。

三、意识能高于500的著作极少,如遇到是巨大的福气与缘分,古言近朱者赤近墨者黑,又言与君一席话,胜读十年书是极有道理的。袁中郎遇大善知识,具智慧眼,现光明身,写出的《西方合论》,其能量指数高达700以上,我们应十分珍惜,反复吟诵,信解行证,提高我们的意识能。

四、一人学佛,全家得福。学佛一人,造福十方。学佛者佛陀加持,所言佛祖保佑,是意识能量场的强大影响力的另一种说法。

五、相随心转,境随识变。学佛者心能转境,不学者心被境摄是一个客观事实。中郎合论中,批判"谬引唯心,同无为之外道。执言皆是,趋五欲之魔城"。又说:"蝉翅薄习,宝所斯遥,丘山丛垢,净乐何从。"(《西方合论》序)这个理念,被意识能量场试验证实。

六、勤修戒定慧,息灭贪嗔痴,有利于提高意识能,有利于本体健康,有利于克服自身疾病,有利于排除病毒,提高自身免疫力。

七、修心重于修身。巨大的能量跳跃,可改变命运,过快乐人健康人生活,出现超常的能级。此境界出现,便是开悟正觉,宁静致远,平和喜悦,仁爱真诚,理性宽容。即佛门主张的清净平等觉,无上正等正觉。有八万四千法门修持,总有一法门适合自己。

袁中郎反复认准并论证了念佛法门，只有读懂他的论述，且依教奉行，才能得大智慧，具大总持。

心诚集句曰：西方人求知识，东方人求智慧。心清智必高，心染识必愚。信圣贤言，得大好处，不信吃大亏。欲得高能量，必从内在求。汝若向外觅，是人行邪道。

52. 正名中郎理应该

历史与现实的袁中郎有点冤，他被看偏、看低、看浅、看小了。表现在一冤，俗世文学界断章取义认为他嘲风弄月，登山玩水，流连文酒之场，沉酣骚雅之业，消极遁世，不关心世道。然而清初竟然将他的很多著作列为禁书，似乎太关心政事，诽与禁，都是看偏了。二冤，出世佛道界认为他不过一个居士，有些狂狷，非严戒律、破樊笼、了生死之高僧，这是低看了。三冤，中国文化史学界认为他不过是一个有文学成就的作家而已，把他的名次等第排列不前，据悉新闻界有策划人认为"公安派"、袁中郎知名度不高，不够到《百家讲坛》上去宣传，这是浅看了。四冤，在语言文字领域，他的著作翻译讲解少，选文少，选入教材重视程度不够，这是小看了。

四百年来这种冤情，被不少知名人士呼吁过、论证过。最有代表性的是思想家、文学家鲁迅先生，他说，"要论袁中郎，当看他趋向之大体"，"他还有更重要的一面在"。这里我想起了鲁迅先生对曹操的评价：说到曹操，人们总是想到戏剧舞台上的白脸，其实他至少是一个英雄。这是一针见血地为曹操翻"奸臣"、"汉贼"之案，为合理评价曹操指明方向。可见目光敏锐，语言精准。同理，鲁迅对袁中郎的"更重要一面"的提示，是我们研究探讨和评价袁中郎人生与佛学的指针。

孔子曰:"名不正,则言不顺。"为袁中郎正名十分必要。

一、他在俗世文学界,是一个关心世道的作家。"世人道我昏聩聩,口不能言指山翠",我们不能被他的"新诗日日千余言,诗中无一忧民字"所迷惑。他是不可言而不言,得其时而必言。在其陕中主考时,现保存的"一策三问"(《笺校》,第 1510—1512 页)对朝政时弊开出了救世良药,可看得一清二楚,这一点终于被人们所接受。

二、他是一位佛学大师,亦称禅学大师,他的佛著与佛经齐位。世俗对出世的评价,较高者认为他是人类思想解放的启蒙家,这已难能可贵。出世认为:学佛成就分两大方面,解悟与证悟。解悟指对佛法的认识,证悟指对佛法的实践。解悟之成就穷尽根源,穷其理体。证悟之成就是大彻大悟,佛果无碍。中郎是一个已走出十法界圆融无碍的在家净宗居士,其佛理闪耀遍法界、虚空界,可列为宇宙众生的导师之行、殊胜之道。您如能细读《西方合论》、《德山麈谭》等,摄取并比较佛门最有代表性的经典《无量寿经》、《华严经》、《法华经》、《圆觉经》等,您对余此论不会怀疑。所庆幸的是明末净土宗第十一代祖师蕅益大师慧眼识珠,至极评介,说他聪明绝顶,胆识超群,并把《西方合论》列入《净土十要》,作为学佛者的必读课诵。蕅益大师何许人也? 被净宗十五代祖师印光大师称为"古佛"再来,既是佛所论,我们称袁中郎为佛菩萨再来,决不为过。按经典所示,众生应以宰官、文士、居士得度,菩萨(觉悟者)就以宰官、文士、居士现身而度众。随众生心,应所知量。从钱伯城先生强调的一段话可知:"如游鳞纵壑,倦鸟还山","败却铁网,打破铜枷,走出刀山剑树,进入清凉佛土,快活不可言,不可言!"(《笺校》,第 1803 页)这些都说明中郎之佛著与佛经齐位,他的境界是心净土净,常处极乐世界境界。清初发愿重印《西方合论》的闽中周之夔曾《序》中郎之书是"假广长舌相",且人手一编,日披数次。

三、在中国文化史界应怎么看袁中郎才公平正直呢? 当代学者余秋雨先生认为:综合考评历代文化人物,他把苏东坡排名第一(暂不说排名是否得当)。按佛门舆论认为袁中郎是苏东坡转世。"中郎之为子瞻无疑"(《康熙公安县志》卷十一)。余先生排此序名时,或许只重视俗世做官为民、诗文书画、后世影响,而并没重视佛理专著与修身明心,拘囿于"从众心理"。如果把《西方合论》放在那历史文化的天平上,袁似乎使韩、柳、欧、苏也失去了一些重量。余想这是鲁迅真言"更重要的一面"的深蕴。如此说来袁中郎在中国文化史上的地位从世与出世综合评判应排列向前,决不为过。

四、必须指出:袁中郎是汉语言文字巨匠。中国古代文言文是我们祖先的智慧符号系统,是我们祖先最伟大的发明。随着语言的不断变化,而文言文的稳定性则保存了我们祖先的智慧。学习文言文的浓缩性、蕴含性、艰深性、优美性、韵律性可使我们同历代儒释道大家对话,获得修身养性齐家治国平天下的大智大慧,这为世界任何国家与民族所不及。袁中郎以他的天纵大才、贞静明妙、虚彻灵通,将文言文的描绘力、论述力、摄受力、感化力发扬到了极致。我们形容古文的优美时,常用"千锤百炼"、"一字不易",而袁中郎是率性而言,挥笔而洒,如河出潼关,如风过三峡,如泉水奔涌,如瀑布直下,一切自由自在。为什么有那样美妙,只因自然胸中而蕴,灵性所主,才音韵绝妙,解化寰宇。如若举例,俯拾皆是。读者从拙著中的摘引里可一斑窥豹。

余近日读赵伯陶先生新编选《袁宏道集》中《后记》,耳目一新,精神一振。现摘录如下:"青青翠竹,真如有相;郁郁黄花,般若无边。三袁赫赫,融儒释道。六尘扰扰,立德功言。"又言:"在官则清、勤、慎,退公则诗、文、禅。为人则开口见胆,处世则望岫息心。不为物转,不以己悲。其思致莫可蠡测,其学问安得管窥。公和情神,中郎才具,盛名不朽,良非偶然。若与斯人并世,执鞭晏子,是所忻慕!"一位当代学者愿侍从执鞭,可见评价之真,中郎有幸。

心诚曰:读中郎佛著,可解缠去缚,可广开心胸,可吞吐天地,可开智启慧。

53. 汉传佛教一丰碑
——总介袁中郎与《西方合论》

提要:本文根据净土十一祖灵峰(又名蕅益、智旭)大师所点评的《净土十要》(于海波点校)及相关论著,阐明袁中郎所著《西方合论》的时代因缘及信解行证的无量法义,以期引起当世佛学家高度重视,提示出世修持佛法者不可轻视。对于佛学研究界一些似是而非的观念作了初步辨疑与探讨,对世与出世的修法诵经求解脱者有重要警醒意义。真正解证《西方合论》,可以大彻大悟。笔者在"三袁"故里生活与工作五十年,其中二十年离其出生地仅一里之地。专题研究袁中郎人生与学佛十余年,所编著的《袁中郎学佛》由东方文化出版公司出版,分六部分:一、根深干壮花果茂,介绍袁中郎兄弟诞生的文化背景与历史根源;二、"公安派"文化与性灵说;三、一出惊天"大戏",介绍灵峰、成时、印光等十位高僧大德及多中外佛学家对《西方合论》这座佛法金矿的赞叹与开掘性研讨;四、一座高广如须弥的金山——《西方合论》,介绍其灵明洞察特点与金轮法义,概说其特色,阐释合论在袁中郎佛著中的地位及在历史上现实中的影响;五、异义释疑,对历代佛理研究中出现的曲解予以辨识;六、结语未结,《西方合论》与佛经齐位,是净土天书,袁中郎与佛等身。

一、根深干壮花果茂

湖北省公安县这块土地十分奇崛。所谓"头枕荆山,脚踏洞庭",边襟长江百余里,西通三峡;南有黄山(俗称小黄山)镇湘鄂,紫气东来。虎渡河带十河贯全境,九曲回肠;淤泥湖衬百湖,点点星光。山有仙名,水有龙灵。到处可见"山之青青,水之晶晶,树之森森"。用物华天宝非陈词。据台湾学者张觉民先生考证,至少自黄帝始就有先民在此生息繁衍。尔后历朝历代,人才辈出,车胤囊萤苦读、学成报国有遗迹,刘备在此发迹进西川,登宝座前有旧址。周瑜点将台,岳飞宿营处。仅明代万历年间,俊才密集。此地出过"八大乡绅"(后文所述三袁即其中有三),八人中进士,名满天下,地方廉吏,京都高官,其中邹文盛任户部尚书,逝后皇帝赐葬处题写过此"文官须下轿,武官要下马",否则治不敬之罪。至于现代著名专家,以杨振宁导师王竹溪为首,几乎可站一走廊。

还有更为奇伟的事,此处茅穗里出过一个赫赫大名的佛教人物,即天台宗创始人智者大师。智者在此地走出,湘州果愿寺出家后,事事奇特,被尊为东方的释迦牟尼佛。对于他的卓越成就,四百多年前的袁中郎在《圣母塔院疏》、《普光寺疏》等著作中有极其精辟的论述:"中国之有智者,犹西土之有释迦也。以藏通别圆判一代时教而意尽,以空假中三观发明真谛而禅那启,以十疑释西方净土之旨而往生决。夫四字尽四十九年之微言,马鸣、龙树所未发也。三观直指心宗,摄无量义海,则惠安,生什所未诠也。约十六观门,而皆归之第一义,则永明、天衣诸大师所共祖述也。

蕞尔小邑,生此大圣。"(《笺校》,第1193页)。这一段文字极其重要,说明袁中郎对智者大师的佛学著作有深入学习与参究,不然不会有如此简要精当的概述。起因在"余友崔生,去塔五里",合众佛子之力,"以青铜八十千",装修一院塔,"供一佛母",启请袁中郎写一段文字以记。那就说此乃即兴而作,可见他对智者著作早已烂熟于心,于是一挥而就。这段文字可证明中郎对佛学的整体把握,成竹于胸,足见天台智者对袁中郎的浸润影响之深。

奇伟之中还有奇伟。这便是袁中郎三兄弟、三宰官、三居士都对儒道之学涵养深蓄,先后中进士,做高官,共同笃信佛学,以佛理"我心净土,自性弥陀"、"我心是佛,我心作佛"为南针,创立了"性灵说",奠定了"公安派"文化精神。

二、"公安派"文化与性灵说

中国文学史上,在明末万历年间出现的"三袁公安派"文学潮流是一个奇特的现象。与历史上"三曹"、"三苏"比,他们是三兄弟,民间有"一母三进士,两北两天官"之议。老大袁宗道(名伯修),万历十四年会试第一,中进士后,官翰林,任过东宫讲读。老二袁宏道(名中郎),十五六岁结社城南,被推为社长,年长者听其约束,二十五岁中进士,任过吴县令(今苏州市)、京都高官。老三袁中道(名小修),四十七岁中进士,任过太学博士、礼部主事等职。他们所倡导的"主性灵、尚妙悟"是一代思想解放的鲜明旗帜,"独抒性灵,不拘一格"是文学革新的响亮口号。袁中郎被誉为文坛巨子,是"公安派"的文化精神的领袖、主帅。他们的文学成就与思想倡导影响后世数百年。

其中最大的特点是三兄弟都笃信佛法,皈依佛教,依教奉行,持戒修炼,既有信解,又有行证。袁宗道法名香光子,袁中郎法名石头、空空,袁小修法名柴紫、上升。三人同为中国汉传佛教史上的著名居士。当代藏传佛教大法师索达吉堪布在宣讲《藏传净土法》时说：汉地有一位叫袁宏道的居士，他生前一直虔诚地修持净土法。北京的黄念祖居士任过北京广播电台台长，退休后近十年为《无量寿经》（夏莲居会集本）注解百万余言（另有白话解），眼下已销行数百万册，他曾论过袁中郎是了生死、脱轮回的大彻大悟、明心见性者。民国年间的张汝钊居士是一位佛学家，说他是禅净双修、定慧俱足的出格豪杰。又说他志行高洁、思想纯正，不愧为明一代士大夫学佛之代表。还说对于中郎的净宗作品《西方合论》，蕅益大师曾有很公平的评语：唯大彻大悟人，始可与谈念佛三昧。还引了著名居士汪大绅所评，说他觉心悲心，广大悲切，归心净土，真是奇特。（《笺校》，第 1774—1777 页）

"公安派"文化精神是儒道佛思想精髓的结晶，它的最有生命力的主张是强调"独抒性灵"，它的目的是出新、出奇、出真。一个"独"字，倡导性灵的个体性；而"性灵"则是主张表现主体识见、人生体验、真情实感，捕捉深度情趣；"抒"，则是反对模拟、蹈袭、雷同重复，防止旧理、旧法堵塞性灵，主张随时应机、不拘一格，别出心裁。（参看尹恭弘著《公安派的文化精神》，第 452 页）

从上引可知，"公安派文化精神"的核心是"性灵"。然"性灵"究竟是什么呢？袁中郎达性灵没有呢？须知性灵即灵性，即真如，即法性，即真心，即佛性，即法性，即如来藏，即自性，即弥陀等几十个名相。袁中郎强调的这个"性灵说"是"多生熏习、非偶然也"（灵峰语）。语关世与出世，遍法界、虚空界，彻照俗谛真谛。达一辞万法，舒卷自如，十方三界，纵横无碍之境。即袁中郎本人所论：一灵真性，亘古亘今。真神真性，天地之所不能载也，净秽之所不能遗也，万念之所不能缘也，智识之所不能入也，岂区区形骸所能对待者哉？（《与仙人论性书》）这所概论的就是"灵性"，是

"性灵说"之本源。

三、一出惊天大戏

袁中郎礼佛修持、钻研千部佛经后，对于他们家族的兴旺、门庭光耀的根因说了一句话：吾家兴盛于此。这个"此"指他祖父袁大化的一个故事。他们先祖定居公安县长安里后，垦荒种植，耕读传家，到他祖父这一代，已发家致富，显名百里方圆。明代嘉靖年间，连年水患，袁大化以慈悲为怀、喜善乐施，将家里积存的两千担稻谷与白银两千两全部用来周济灾民，事后将借据化为灰烬。灾民感恩不尽，称活菩萨降世。同时，他将家境贫困、不能维持生计、家住谷升里的寒士龚大器接来家中供养，让其苦读。后来龚大器果然于嘉靖三十五年（1556 年）考中进士，并任过河南布政史等高官。为了对中郎祖父感恩，他将教养涵深的清纯明珠许配其子，后来这位清女便是三袁之母，"一母三进士"由此母而生。袁中郎深研佛法后，对当年他的祖父大布施之举有了理性认识。佛门认为，布施分财布施、法布施、无畏布施，财布施得富果，法布施得智果，无畏布施得寿康果。他祖父一举三布施，且"三轮体空"，即布施什么，谁布施，谁接受布施，全部不放在心上。这就是中郎所言"兴盛于此"的奥义。

余所言一出惊天大戏，是一个方便说。前接"兴盛于此"，后启中郎佛学名作。作一比喻，其总导演是灵峰大师，领衔主演是袁中郎，联合主演是袁宗道、袁小修，配角有成时等九人，连印光大师也参与了配演。这出大戏的名称叫《西方合论》。这出戏的演出时间已延续四百余年，久演不衰，现仍在演出。下面我们简略介绍：

（一）灵峰大师的导言："袁宏道身为横扫千军之儒英，又为跳踉井干之禅擘"，"合西方言教而论断之"，使修行人有偏知者

"才一俯窥心胆俱寒,肺腑俱夺。匪仗阿弥神力,未易有此也"。又说,"袁中郎少年颖悟,坐断一时禅宿舌头","后复深入法界,归心乐国,述为《西方合论》十卷,字字从真实悟门流出,故绝无一字蹈袭,又无一字杜撰","普使一切法界有情,从此谛信念佛法门至圆至顿,高超一切禅教律,统摄一切禅教律"。灵峰及其弟子成时,对《西方合论》作了全面精当评点,其中经典性语言有:透彻融贯高超妙,十方世界现全身。"法界宝鉴真实语","大慈大悲大智慧",出于净宗弊极年,阐教救时于今烈。《净土十要》收一要,"卷当第十志殿也"。"志殿"何义? 即压轴大戏。(《净土十要》,第433—436页)简言之,此评登峰造极。

(二)袁宗道(香光子)评介:石头居士,少志参禅,根性猛利。十年之内,洞有所入。机锋迅利,语言圆转。不蹈祖师语句,直从胸臆流出。采金口之所宣扬,菩萨之所阐明,诸大善知识之所发挥,附己意。其论以不思议第一义为宗,以悟为导。以十二时中,持佛名号,一心不乱,念念相续为行持。以六度万行为助因,以深信因果为入门。此论甫成,而同参发心持戒念佛者,遂得五人。(《西方合论原序》)灵峰大师评点此序时,分别多次用了"确确"、"尤确"、"妙"、"说尽今时丑态"、"唤醒邪禅,如震大雷"、"字字血泪"等语。原序中写了一个故事,一位禅人起先高视阔步,狂解佛语,藐视合论,后听香光子详明介绍合论本旨后,此人悲泪交集,说"若不遇子,几以赚过一生。子生我矣",恳请合论,作礼而去。灵峰大师评点此禅人"亦伶俐可敬"。

(三)袁小修(法名柴紫、上升)纪梦。袁中郎往生后四年(明万历四十二年),其胞弟袁小修有《珂雪斋纪梦》问世。三袁文化研究家、国家一级作家李寿和根据索达吉的论述,给余著写序时认为:佛界是将纪梦作为一个往生极乐世界的典型案例看待的,这就更有意义了。并说自己多次被此妙文倾倒。灵峰大师亲传弟子成时对纪梦作了如下评点:果然功德无比(指中郎合论)。在《跋》中,说"试观其中,字字与教乘相合",应永远弘扬。

(四)《旧跋》为净业弟子明善作,说合论一出后,知净土诸经,的与《华严》《法华》不分优劣,可破千古群疑。伏愿见闻此论者,广破邪疑,直开正信,揭净土之心灯,照尘劫而无尽。(《净土十要》,第556页)

(五)菩萨戒弟子闽中周之夔《重刻西方合论序》中说:十方三世佛,阿弥陀佛第一。诸佛所摄受之净土,西方极乐世界为第一。念佛求生净土、功行观门无穷,而执持名号,一心不乱为第一。楚公安袁石公先生讳宏道者,所著《西方合论》,会通异同,决释疑滞,阐发宏奥,直指趣归。佛经而祖纬之,兄举而弟扬之。净土得此,方称唯心。达理之士应人手一编,日披数次。上摘引中,周先生还将中郎与马鸣、龙树、云栖等大师并论,认为合论是阿弥陀佛悲切加持,以急需而假广长舌相于袁氏之书。对此著凡劝念一声,静阅一刻,演说一字,流通一处,皆功德寿命之无量。(《净土十要》,第676页)

(六)印光大师多次将《净土十要》与《净土五经》相提并论。光绪二十一年,印光大师读到《西方合论》第十卷第四时,补书一段千余字文字,以昭圣迹,意在呼应合论中"宝池华相,福德所招"观念,以期"断惑证真、了生脱死,直至复己本具佛性,圆满无上菩提"。(《净土十要》,第551页)

(七)民国中期,张汝钊(印光弟子,法名弘量、慧超)写了一篇长达万言的文章《袁中郎的佛学思想》,收入《袁宏道集笺校》卷三。文中,对李卓吾、陶石篑、袁伯修、灵峰、汪大绅等对《西方合论》的净土甚深主旨及玄妙法义,作了充分赞叹。

（八）当代国内有不少专家,对《西方合论》从佛学理论角度作了深入探讨。尽管其境界有待达中郎至高至上之出世层面,但其从学问重视程度是值得充分肯定的。比如南京大学周群教授所著《袁宏道评传》中,在谈到《西方合论》时,指出其根本的特色是"以净土为旨归而融摄众说",并说其特点有二:"摄禅归净"与"以《华严经》为构架"。并指出灵峰大师高度推赞《西方合论》。说《十要》精选甚严,连智者大师的影响甚巨的《观经疏》与四明知礼的《妙宗钞》乃至莲池大师的《弥陀疏钞》均未列入,仅此可见该论在净土法门中的地位与影响。再如著《晚明风骨袁宏道传》的作家曾纪鑫认为:《西方合论》的成就与价值,台湾圣严法师说它"气势磅礴,涵盖广大"。同样引灵峰大师的经典评论,说中郎胸襟开阔,没有门户之见。该论对当时佛教各派取合理吸收之势,融各宗义理于一体。

（九）法籍华人学者倪平博士执教于法国高等院校,他的研究方向为袁中郎的哲学与文学,他根据《西方合论》等佛著,提出以袁中郎为主帅的"公安派"文化精魂神魄是人类思想解放的早期启蒙。这个观点难能可贵。

（十）藏传佛教密宗上师索达吉堪布在《藏传净土法》中,谈到袁中郎离世后四年与其弟袁小修梦中奇会,说他生前造《西方合论》,广赞如来不可思议度生之力,感得飞行自在,凡诸佛说法之处,都能前往听法。并告诫其弟严持净戒。灵峰弟子成时在评点《纪梦》时,用了"功德果然如此"、"决定论"、"晤言者此也",说"字字与教言相合","真语实语,允可流通"。

从上述简介中,我们明确了袁中郎所演说的《西方合论》是一出惊天地、泣鬼神"大戏",已热演四百余年,波及时空没有限制,还将更热闹演下去。因它是袁中郎甚深微妙佛理的集中与成熟的标志,是三兄弟佛法信解行证的聚焦点,是佛教处末法九千年以净土成就的纲宗,菩萨之肝胆,万行之枢纽所集。因而是汉传净土理论的一个精光独耀的里程碑。

四、一座高广如须弥的金矿——《西方合论》

说是金矿,喻指《西方合论》贵重、宝性;说它高广如须弥,喻指所论直指心宗,摄一切法,统全义海,遍彻十方三世。

那么它究竟是哪些福与慧、因与缘合和而诞生呢?

(一)袁中郎说:余十年学道,遂简尘劳,归心净土。礼诵之暇,细心披阅,忽尔疑豁。如贫儿得伏藏中金,喜不自释。会愚庵和尚与平倩居士谋余哀集西方诸论,余乃述古德要语,附以己见,勒成一书,命曰《西方合论》,始于己亥十月二十三日,成于十二月二十二日。这段合论前引子透露了三点信息:1. 袁中郎在二十二岁至三十二岁的十年内,一方面苦读,博取进士功名,尔后出任吴县县令、京都得京兆教官,礼诵佛经,取诸大菩萨所言,细心披阅,融会大悟,法喜充满。可见十年猛利,一门深入,长期熏修,终于大有成就,符合孔子教言"三十而立"圣人。2. 由于一个和尚与一个大居士的启请,他才以古德要语为据,加上自己领悟,写作时间两个月。中国文化史上,《道德经》怎么诞生?老子弟子关尹子启请,这个学生深知老师得其大道,让老师用著作换取出关牒文。关尹子有大功劳。同理,愚庵与平倩二人深知中郎大彻,故启请功德无量。3. 中郎写作这篇金论,是出于"今之学者,贪、嗔邪见,炽然如火,而欲为人解缚,何其惑也"。简言是为救学道时弊,振净界纲纪,是为"方便初心",是让正法久住,续佛慧命,弘法利众,这是发愿慈悲,正大光明。以中郎天纵大才、少年英特,天下名士,一代俊才来写《西方合论》,千载难逢,万劫稀有。

(二)《西方合论》除以摄禅归净、《华严》构架特点外,还有俗谛、真谛相结合而表法，即"佛法在世间，不离世间觉，离世学菩提，恰如觅兔角"（《六祖坛经》），亦即"有禅有净土，犹如戴角虎，此世人天师，下世作佛祖"。据笔者统计，《西方合论》引经论二百部，涉猎佛名、高僧大德名、中外历史文化名人二百余例，选取生动生活事例、自然现象、物质现象的喻比、类比四百余例，选用佛言祖语、至理名言二百余条。对邪师邪法的怪论堕语批判二百余处，由他本人会归合和的经典语汇二百余条。整体论述分十大门，每一大门分若干小门，多数又分十小门，每小门又分更小的门，可谓重重无尽，圆明具德，一多相即，小大相容，广狭自在，延促同时，事理相融，性相不二，依正庄严，因果同一。论述了诸佛刹土极乐第一、三世诸佛阿弥第一、无量法门念佛第一的主旨。现以第九卷修持门为例。引言中有"欲得心净除非秽灭"、"不拌一忍，空累多生"、"如法而修，免堕魔胃"等妙语，灵峰大师评点为"法界宝鉴"。大门下分十小门：净悟、净信、净观、净念、净忏、净愿、净戒、净处、净侣、不定净。全门以"净"字为中心，含义无量。每小门后又分更小的十门。以净念为例，分摄心念、勇猛念、深心念、观想念、息心念、悲啼念、发愤念、一切念、参究念、实相念。以实相念释为例，"谓不以有心念，不以无心念，不以非有无心念故，是为上品念佛门，若如是念佛者，现生必得见佛"。在谈勇猛念时，设俗喻道："如好色人，闻淫女所在，高岩深涧，磷途虎窟，必往不怯。"第九门中每一小门可以说言简意赅，穷尽理体。如果我们将其中一小门搞懂，也会"天池一滴，味具百川"、"帝网千珠，光显众影"、"一裔遍鼎味，是中有全藏"。

　　（三）《西方合论》全著的主旨是对念佛法门的深入探讨，说尽此法门"无上深甚微妙"。"烛三界之长夜，揭亿生之覆盆。"讲明此法门宿因为正因正愿正行，如万象依空，山川依地，谷依种子,花果依仁。强调自性行持,自性精进。此中微妙,非是作得,非不作得。反复阐明,一句圣号,无复烦词,十念功成,顿超多劫。如万窍怒号,如幽谷洞明,法界性海,无作无为,不可思议,无念为宗,不念而念,念而不念。是捷中之捷,径中之径。全论十卷,卷卷论及此法门,从刹土比较论,从缘起根因论,从分部别类论,从教相论,从理谛论,从称性论,从往生论,从见网论,从修持论,从义异所释论。论论围绕净土要旨,念佛法门,万善同归,一乘了义。

(四)《西方合论》的另一特点是:密说显演,契理契机。"如来垂教,指法有显密,立意有广略,乘时有先后,当机有深浅,非上根圆智,其孰能大通之。"(唐裴休《圆觉经疏序》)所言密说显演,指说法善巧方便、恰到妙处。所谓契理契机,指说法既合于佛旨大道、与经教契合,又适于众生根机,使闻见法者获真实之际、之利、之慧。以此来衡量《西方合论》每一门、每一节、每一句都是如此。故灵峰大师赞叹"字字从真实悟门流出";袁伯修(香光子)赞叹"直从胸臆流出,活虎生龙,无一死语";明善写跋时,赞叹"揭净土之心灯,照尘劫而无尽"。清初闽中周之夔在重刻合论作序时,说袁氏具广长舌,说获睹是书,"俾袁氏之水月重朗,而莲池之花果普周","早一日证无生,长远续佛慧命"。谁具广长舌相? 只有明心见性、大开圆解的离妙觉佛果仅一级的大菩萨,他们具有五眼六通,法力无边。

(五)言简义丰,理明事备。一般修佛者很难找到千经百论,即便遇到了也很难一部部透彻诵读而握其要旨。袁中郎以不到五万字篇幅,合论诸佛无量法门,一一法门具足无量妙义,一一妙义发挥诸佛无量妙理,以净土统摄,直指趣归。佛经祖纬,兄举弟扬。现宰官居士身,而弘同居同事。故大德提出"达理之士,宜人手一编,日披数次"。

　　笔者在小著《袁中郎学佛》中有点小小体悟:如果把袁中郎的所有著作喻为矿山,他的文学作品不过银矿,而佛学著作则是一座金矿。现在还必须加一句:其《西方合论》则是菩提高广的须弥金山。而一般读中郎著作之人大都与他有"仙凡之隔",人们多年所见"真龙一滴之雨,不得其源"(袁小修语)。

　　五、异义释疑

　　《西方合论》自 1599 年诞生后至今的四百一十余年间,世与出世的四众弟子、高僧大德乃至佛理学问家对其评价甚高,多次引起研讨与广泛行持。但程度不够,精专欠缺。原因在于俗界以他之文学掩其佛理参究,这是中郎生前早有预料的。而出世修学者面对浩如烟海、堆垒若山的经律论,一时难以顾及。加之中郎以天纵异才对儒道高深融贯而参悟佛理写出的《西方合论》,用典精谨严实,语言粹美密集,没有相当如灵峰等大师的古文涵养功底,不下大功夫难以读出法喜大味。思维上的偏狭与语言上的障碍,是使《西方合论》这座金山没有得到应有开掘之主观因素。从客观因素言,则至少有四点异义没有得到阐释,干扰了人们对《西方合论》的信与解。而"信为万法功德母",解为万法行持基。所谓四点异义是:(一)中郎往生情状,是病逝家中,还是宿于僧寺;(二)中郎往生境界是边地还是实报庄严土;(三)《西方合论》是摄禅归净还是摄净归禅;(四)是总摄还是分摄。我试作一点浅释:

　　(一)中郎往生情状。按袁小修详细记载,中郎于 1610 年九月初六逝于家中"以血下注不起,有如坐化者"。而《明史》与《净土圣贤录》记为:"移病归,抵家不数日,入荆州城,宿于僧寺,无疾而卒"(《净土十要》,第 561 页与第 659 页两篇袁中郎传,一详一略,记载相同)。一说家中一说僧寺,矛不矛盾呢? 不矛盾。不是再来人,写不出《西方合论》,既是再来人,则有此作为。按求同存异原则,中郎离世时,无疾而卒与有如坐化根本含义一致,即逝前头脑清醒,面色祥瑞,没有痛苦。则正是中郎生前向其侄子袁登"病痞将终"传授的"死亡的艺术"。他说:"汝但念佛,即得往生佛国。"对其女禅那离世也是传授此法,对其妻李安人亦是传授此法。他的往生是对净土念佛见佛的示现与实证。生前有劝转(写论写文,语佛说法),逝时有示转,逝后有证转,三转金轮,圆融性相,入不二门。

(二)中郎往生品位。根据袁小修纪梦,一般误以为他往生到极乐边地,事实是他往生实报庄严土,处八地以上品位,即大菩萨,法身大士上品。这不是猜测。他说,幸宿生根性猛利,又曾作《西方论》,赞叹如来不可思议度生之力,感得飞行自在,游诸刹土。诸佛说法,皆得往听,此实为胜。并说,法身大士住处甚美妙,吾以慧力游其间。中郎既是法身大士,又为何不言己是呢? 这里的玄妙在谦卑、恭下、谨慎,他是在向小修弘法,自己降等,倒驾慈航,这是普贤与文殊的智慧。经言普贤佛长子,文殊七佛师,此二大菩萨早已获妙觉果位成佛,后降为等觉果位,协助诸佛,示现佛弟子传法。其显焕炳著,妄尽还源。中郎言外有意,亦复如是。他生前崇拜智者,智者临终,亦不显本。我们不可拘泥于文字相与名词术语相。所谓极乐四土之别,也不过起心动念习气厚薄所感,破一品无明,证一分法身。而法性身就有报身、应身、化身,随众身心,应所知量,故成时评点纪梦时,有"果然功德无比"、"晤言者此也"、"决定论"等语。读者只需研诵《华严世界成就品》,即可得知无疑,不会拘束于梦,因此梦亦梦非梦。

(三)是摄禅归净还是摄净归禅。讨论此题非常重要。因为永明延寿大师教言:"有禅无净土,十人九蹉路,阴境若现前,瞥尔随他去。无禅有净土,万修万人去,但得见弥陀,何愁不开悟。"对于《西方合论》,是袁中郎禅净圆融、深信净土、摄禅归净的代表作,达定慧俱足、大开圆解境界,本当意见大体一致。但当代有的学者在谈到袁中郎佛学时,有的直言:说他"对净土真的失望了",又说他"褒禅抑净"。有的作家提出袁中郎经过天台浸润、修持净土、禅净双修,最后回归禅学。如果禅学指禅定之学,无可非议,因为八万四千法门,枢纽是修禅定。然净口持戒念弥陀,即是甚深微妙禅。禅宗与净宗各有侧重修持,目的不二。佛经教言,末法时期一万年,净土成就。末法早过一千年,尚有九千年。根据这个大体划分,我们可知袁中郎佛学摄禅归净的历史价值与现实意义。我推测,不少研究家可能对袁中郎后期是"摄禅归净"还是"摄净归禅"有一个心向纠结。

(四)是净土总摄还是分摄。有学者认为袁中郎于佛学并无深研,说"观其《西方合论》,仅能以念诵佛号,教人修行,可知与一般佛徒,相差无几"(《笺校》,第254页)。这段话的意思是,袁中郎的主张与阿公阿婆念佛差不多。钱伯城先生对于三袁文化著作的重新出版功不可没,基于对中郎佛著的轻看小识,或许因时势背景,在笺校《西方合论》时,仅以十选一。说其"并无深研"实是论据不足,与他本人所录著名学者意见相悖。中郎所摄净土念佛法门,总一切法,摄十方三世诸佛,聚八万四千法门之精光,得千经万论之要核。是总摄不是分摄,十地菩萨,地地念佛成佛。十法界要修佛成佛,必须忆佛念佛,一真法界众生也必须念佛,普贤、文殊、善财靠念佛成佛。究竟为什么念?如何念?中郎会集千部经论,把这个大事讲得清楚透彻,他以明心见性而论,以大慈大悲大智慧而论,以处佛境而论佛境。故灵峰大师说其"十方世界现全身"、"真语实语、法界宝鉴"。

这样，我们对于袁中郎的坚定不退转的摄禅归向净土的理念就有必要再重申几句。先须明确，禅宗与净土宗的主修目标一致，禅宗的主旨为直指人心，明心见性，是中国化的佛教。到唐代惠能六祖，《坛经》诞生，禅宗已走向成熟的巅峰，尔后，马祖创丛林，百丈制清规，《坛经》便成为修禅的指导理论。至宋呈衰微，到明末狂禅滥行，邪禅种种，邪师说法如恒河沙，坐禅有名欠实，参而不究，已逐步走向其反。袁中郎头脑清醒，早已洞察狂禅之病。曾以《坛经删》行于世，可见他精研过。净土宗又称莲宗，以信、愿、行为三纲，以稳、普、易、妙为特色，主张了生脱死，信阿弥陀佛的悲愿伟力，主张自他不二，指方立相，果觉因心，净念相继，都摄六根，三根普被，利钝全收，忆佛念佛，佛现当前，见性成佛，往生极乐。该宗的指导理论为《净土五经》，其中最核心经典为《无量寿经》(约五万字)和《弥陀经》(二千余字)。到末法时期最后一百年，各种经典消失，上两经存在，到最后之最后，上两经消失，六字或四字洪名存世度化众生。用这个标准诵读《西方合论》，可知其为摄禅归净，毫无疑义。袁中郎曾将所有经律论，以经中之经、经中之纬、纬中之经、纬中之纬四大部类予以罗列，其中经中之经，基本合于现代《净土五经》之说(见《西方合论》卷三)，此著写于四百多年前，可见目光之锐敏，胆识之高明，从自性流淌必亘古亘今。正因为此，袁伯修、小修、灵峰、成时、明慧、周之夔、张汝钊等高僧大德不谋而合将其归于净土理论，评价至极。我们细读《新编佛教辞典》关于袁中郎条目，注得清清楚楚。当代学者周群教授承袭这一体系，说它"摄禅归净"是第一大特点，这是准确把握。如果用不同语言意向"摄净归禅"则值得思辨明审。

六、结语未结

尽管《西方合论》是一部奇论天书，其价值广大可喻须弥金山,光泽十方三世,遍法界虚空界,可度当来下世诸有情及无情,然当代学人要读懂而获实益并非易事。至少三个条件:一须宿世福德、善根、因缘;二须扎实的古文功底;三须长期诵读经教所得佛学涵养。三者缺一不可。一个顶级的古文巨匠、一个横扫千军的儒英、一个跳踉井干的"禅擘",集宰官、文士、天才、菩萨心于一身,十年酿造所写出的这部著作,岂是结心尘口、粗见浮思所能读通? 欲一生超阿僧祇劫之果,十念摄亿万之程,悟者常须觉观,迷者勤加折服。合论中文辞精美,除引佛言祖语详要简明外,凡"附以己见"高度概括,言真语实,字字珠玑,云霞满纸,琳琅满目。读者一旦初懂,也会赞叹备至,爱不释手。然真正理解行持其中奥义,则必有困难。老子告诉以妙法,为难于其易,为大于其细。少则得。欲进入合论中的境界,必须仿袁中郎之原则、方法、技巧:一门深入,长期熏修。既诵经教,又重参究。正如《无量寿经》所言:如来智慧深广海,唯佛与佛方能知。人生难得佛难值,信慧闻法难上难。

中郎佛学著作非常丰富,据袁小修所记,有《金屑编》、《珊瑚林》(其节本为《德山塵谭》)、《宗镜摄录》、《坛经删》、《西方合论》等,还有散见于他的五十卷诗、文论、尺牍、游记、策疏中,因他"一以文字为佛事"(小修语),意思是他通过文字弘法利生。他通过文字般若进入观照般若,再升登实相般若,然后再以文字般若续佛慧命,这是一个了不起的示现菩萨行。从世与出世考察,《西方合论》是其代表作,也是净土理论的经典巨著。

综上所议,我们可以下一个简短结语:一、《西方合论》是汉传佛教发展史上的一座丰碑,是佛经律论藏中的一座金山,与佛经齐位,对现在未来度化众生有不可思议的摄受力和教化力。

二、袁中郎与佛等身。这是高僧大德们认为他超过苏东坡、"知者谓其识如王文成、胆如张江陵"（小修语）的原因。法籍倪平博士应邀在上海复旦大学演讲，认为要重新评价袁中郎在中国思想文化史上的地位与作用，此言精当。余上所写，小作尝试，挂一漏万，定有错漏，敬请斧正。

（本文发表于《三袁》文学季刊 2016 年 4、5 合期，选录时作了文字调整）

附录

1.《坛经删》钩沉

之一:《坛经节录引》法义

中郎的《坛经节录引》,是他于万历三十四年(1606 年)对《坛经》予以增删补缀的一篇重要文献,现引录并解释如下:

古今谭禅者,皆祖是经,数传之后,灯分派别,若不可诘,智者了之,唯是一法。(大意为:古今谭禅参禅者,都以《坛经》为宗纲,数代相传,派别产生。细询不可追问,智者晓了,不过根本一法而已。)

初祖曰:心如墙壁,可以入道。大鉴曰:本来无物,何用扫除。是即祖师门下金刚圈棘栗蓬之前麾也。(大意为:达摩祖师认为,心如墙壁如如不动可以入道。而六祖有偈子:本来无一物,何处惹尘埃。此二句为祖师门下的坚固得像金刚圈棘之上的指挥旗帜。)

一切五位三句,玄要料简,总不离是。(五位指禅宗的"正中偏、偏中正、正中来、偏中至、兼中到"五种思维模式。正中偏,正是阴,真如本体;偏是阳,生灭现象。正中偏,指平等中有差别。偏中正指差别中有平等。正中来,指修静功。偏中至,指动中修静功。兼中到,指以上兼具,自由自在。三句指禅宗的"涵盖乾坤、截断众流、随波逐流”的哲理性思考。第一句为普遍性，是前提；第二句为超越性，是特殊性；第三句为作用与联系。三句亦一心门、真如门、生灭门。料简指四种状态：夺人不夺境、夺境不夺人、人境俱夺、人境俱不夺。本句大意为：一切玄妙精粹的说法，总不能脱离正法。）

夫扃箧闭钥，以防盗也，而盗之窃箧也，唯恐钥之不坚。我以干橹御，而彼之即窃吾干橹以来。故曰为之符玺以防之，彼并吾符玺窃之。或铜或竹，或龟或鱼或科斗或虎爪，以示不可测，而伪滋甚，然终不得废符，唯智者善通其变，以救一时之诈，而所谓符乃益多。（大意为：生活中的箱笼装有贵重物品，为了防盗，用反闩用锁具，用槛栏防御，盗者总有办法。后来用符用玺以表信用，而盗者却可伪造。不论你用铜用竹，制成各种样式，或龟形鱼形蝌蚪形虎爪形，以防不可测量，而盗者伪造滋甚，尽管如此，符玺不可废除，只有智者通其变化，救一时之伪诈，因而符就更多。）

后来者见方圆之各异，黑白之各不相入，以为古法废尽，而不知本一符也。其用在可为信，不在符之同异也。（大意为：符之变化有方圆，颜色黑白不相同，误以为古法以废，其实根本还是符，作用在信，不在符之形状与颜色。）

孔子曰：殷因于夏，损益可知。今之读尊宿语录及提倡纲宗者，以为古人如是平常，后人如是奇特，疑谤取舍嚣然百出，而不知世道之机，实使之然，祖师无是也。（大意为：孔子说过，殷商沿用夏代礼法治国，增益与损减比较可知。现在那些读祖师先贤语录且弘扬纲宗的，认为古人平常今人奇特，于是有怀疑有诽谤有舍弃，瞎说百出，而不知世道是变化的，实际情况所促成，祖师法语决不执着。）

且世道何过，法立而敝生，敝更而法移，法与敝自相乘除，要

之世道亦无是也。世不信,不得已而有符;道不信,不得已而有法,法岂有实哉?(大意为:世道没有过错,立正法而伪法生,伪法生正法随之改其伪,正法伪法相互作用,世道本身不是固定不变的。世人不讲诚信,万不得已而用符;世人不信道,不得已而立法,法岂有一成不变之理?)

《坛经》符之始也,中颇有赝者。夫披沙而见金,不若纯金之愈,故略删其赝与其俚而复者。要以天下有道,守在四夷,虽符亦无所用之矣。(大意为:《坛经》是符的起始,其中多有假冒的言辞与语段。与其沙里找金,不如纯金之明白晓畅。所以,删去其中的假冒伪法及俚鄙与重复者。如果天下有道,守在四边兵灾不起,虽有调兵遣将之兵符,亦无所用处。)

中郎这一不足五百字短章,意在说明《坛经》的意义与作用,他节录(删)《坛经》的原则与原因。扩展说明一切经论产生发展的因缘,修法者应遵循的正道法则。现分别解说:

一、《坛经》是悟道入道的法本,即一个"信"字。含信心与信用之意。符合可入道,不合不入道,因而有重要的作用与意义。好比古代调兵之"虎符",古代将在外,交通不便与资讯闭塞,国王调兵有一信证,此将接彼将之兵权,靠虎符各半之相符合,一丝不差,则信无可疑。比如《信陵君窃符救赵》就讲了这方面的故事。中郎认为:经论是修道的工具,如同他在《金屑编序》中言,是炼钢铁用的钳子与锤子。因实际情况是变化的,法本法理不变,但表述方式与理会与之适应。符在变,信的作用不变。《坛经》似符,帮助修行人悟道入道。

二、他对《坛经》进行节录的原因是其中颇有伪诈与鄙俗言辞及重复语句,义理与句读方面有不符合祖师之道之意处及含糊之处。他节录的原则是使其纯金化,含金量高而纯,更明确,更精粹。

三、如果天下有道，其符无用之所。如果修行人得道，《坛经》乃至一切法本均可一一放下。但现今修行人尚待悟道入道，法本不可轻舍，尽管须运用法本，"就正有道"，但不可执著法本，对《坛经》乃至对一切经论应如是。

心诚曰：能洞察能明彻一切佛经之道本者，方可《坛经删》，非上根利智者大通者莫能为。

之二：《六祖坛经》中郎订

就整体佛学宝库言，分经、律、论三大部分，即三大藏。藏者，宝藏也。真善美慧之极处殊胜，全在其中。

中国佛学宝库有三大来源：一为翻译著作；二为历代高僧学习翻译著作付诸实践后所写心得；三为创建性著作。翻译几千部，现保存在《大藏经》、《龙藏》（《龙藏》是乾隆时编的，有译经与高僧大德的心得，包括疏钞、注解与体会）中。本土诞生的最著名的经书是《六祖坛经》，最有影响力的经论（以净土理论言）是袁中郎的《西方合论》、幽溪的《圆中钞》、莲池的《弥陀疏钞》、蕅益的《弥陀要解》等。

先认识一下《六祖坛经》。按当代净空老法师意见，能大师明心见性、大彻大悟后，说了四十个字："何期自性，本自清净；何期自性，本无生灭；何期自性，本自具足；何期自性，本无动摇；何期自性，能生万法！"能大师是一个特殊的示现，他本人不识字，开大悟前，未曾读过一部经书，也没完整听过一部法，开悟后的四十字偈语，光耀千载。它的核心内容等于释迦牟尼四十九年所说一切法，与佛祖并驾齐驱，没有高下。佛所说一切法，用最简要、最精当概括出来，就是那四十字，故佛门认为，能大师开悟与释迦的开悟境界没有区别。

能大师名下，有四十三人得度，获分证即佛果位。《六祖坛经》由弟子法海执笔撰写，因能大师不识字，整理时间较长，有的念给能大师听过，有的则未念未听。能大师圆寂后，这个坛经便作为禅宗的指导法本流传。在转抄、流传过程中，难免有笔误、臆加、缺漏等。而传抄的时间经历了近九百年（中郎作《西方合论》为 1599 年，能大师圆寂为 713 年），待中郎研究佛经，纵览千余经论时，欢喜地看到《六祖坛经》，他仔细阅读，精思深解，发现当时的传抄本，总体殊胜绝妙，有本土特色，但瑕瑜互现，鱼目混珠，既有义理上的谬误，又有文字上的粗疏，还有句读上的诘屈之点。多蒙他的僧人好友反复启请，于是中郎模仿刘宋诗人谢灵运改定南本《大般涅槃经》（自称处士），对《六祖坛经》作了一次全面的增删补缀，使此经金光更亮、句读更朗、文辞更畅。因中郎是一代英特、文章大家，尔后此经便相对稳定性予以流传，中郎弟小修的纪念文里说得清楚明白。

中郎是一个深通佛理奥义的人，他在学《坛经》时，以师为师，礼敬有加。他对其中的文句作了精练化处理，举例说："吾有一物，无头无尾，无背无面，无名无字。""若言如来，若坐若卧，是行邪道。何故？无所从来，亦无所去，无生无灭，是如来清净禅，诸法空寂是如来清净坐。""心量广大，犹如虚空，没有边畔，亦无方圆大小，亦非青黄赤白，亦无上下长短，亦无嗔无喜，无是无非，无善无恶，没有头尾。"以上三段讲什么呢？讲的是自性本空，自性真空，灵性化空。句式之严整，语言之畅达，禅味之浓烈，与《西方合论》，与中郎文学作品，如出一辙。但是当他发现此经流传本中的缺漏与谬处后，一方面原谅学人的粗心，认为是整理者未曾通解通读《大藏经》；另一方面则当仁不让地担起对此经的修订工

作。尽管《西方合论》没有详细介绍其修订情况,但我们从两段重要文字可以窥见。现摘录如下:

一、"东方人造罪,念佛求生西方;西方人造罪,念佛求生何国。"所言六祖言非六祖言,应看作传言弟子记录。这段经文,中郎视为随语而堕的妄言,或者认为可引起学佛者随语而堕。因西方极乐世界是"诸上善人"所居,日日时时听法讲法,无恶趣之名,不可能"造罪"。

二、"西方去此十万八千亿土。《坛经》言十万八千者,是错以五天竺为极乐也。此语近是为六祖未阅大藏。闻人说西方,即以为五天竺者有之"(《西方合论》卷八),这段文字实指整理者中有人并未透彻读过《大藏经》,故有此误解曲意。

从义理言,中郎的《坛经节录引》(《笺校》,第1117页)一文极能说明:"中颇有赝者。夫披沙而见金,不若纯金之愈,故略删其赝与其俚而复者。"读者不妨再读。

至于文辞优美用语生动等文学性方面,比比皆是,我们不妨抄录一段:"佛法在世间,不离世间觉,离世学菩提,恰如觅兔角。"有根据没有?有。《西方合论》中几次用"兔角"表示虚妄。这种句式风格我们在中郎所作诗中,可说俯拾即是。

之三:非同小可"坛经删"

中郎胞弟袁小修在《中郎先生行状》一文中,介绍中郎著作的最后一句话是:"有批点韩、柳、欧、苏四大家集、《宗镜摄录》、《西方论》、《坛经删》皆行于世。"这一句话非常重要。证明中郎的佛学著作是整体性的统摄。本书继续侧重谈《坛经删》(又名《坛经节录》)。

唐代是中国历史文化发展的鼎盛时期。它的鼎盛表现最辉煌的是精神文化的影响。唐代出现了两部巅峰性的著作,一部是唐太宗命魏徵等编撰的《群书治要》,它是古代君臣治国的施政指南,开创大唐盛世三百年,又是当今学人国学入门之径,是传统文化的精粹。净空法师说:《群书治要》,这是世法里头最精华的东西,它可以告诉你如何管理国家、企业、公司、家庭。另一部就是《六祖坛经》,星云法师认为,它是探索中国文化的必读典籍之一。自唐以来,受人重视受人推崇,是我国精神文化的瑰宝,佛学圣典。想当年,毛泽东同志南征北战以至巡视大江大河期间,常带之书就有《六祖坛经》。台湾当代学者唐耀说,学其精魂而觉日月无光,乾坤失色乎? 高鉴会心,而悟短长同显岩谷同明乎?"精读坛经,可以悟通。"(《六祖坛经注释序》)这个评价非常准确。

《六祖坛经》言简义丰,理明事备,具足诸佛无量法门,一一法门,又具足无量妙义。一一妙义,又发挥诸佛无量妙理。毫无疑问,现在我们见到的版本是经过了袁中郎删订的善本。我在这里想说明中郎何以如此重视《坛经》。从佛学佛法的整体层面,了解并探讨修订《坛经》的意义。四百年前的文章妙手袁小修的一个"删"字与"行于世",足以证明袁中郎对《六祖坛经》的重视及影响。"删"字的含义很丰富,不只是删节,它有会集,订正,使其言简义明、语畅理圆等含义。

我们探讨的重点问题是:中郎为什么那么重视《六祖坛经》,以至于让他头脑兴奋起来对"坛经"进行删订?

一、《六祖坛经》是本土诞生唯一的一部可与日月争辉的修禅宝典。达摩祖师东来传法,"不立文字,直指人心",传的是什么法? 佛祖拈花,迦叶一笑之法,即心悟之法,一念可开悟,若识自性,一悟可至佛地。此法最尊最上最第一。虽是"不立文字",《坛经》还是立了文字，这矛盾不矛盾呢？不矛盾，因为"立文字"是为了不立文字，不执著文字，立了文字帮助修行者开悟，还要放下文字。为了明白这个道理，我们讲一个小故事：法达禅师七岁出家，后经传教诵《法华经》（经文丰厚，一天只能念一遍）三千遍（大约十年）但并没开悟，前去顶礼六祖，头不著地。六祖呵斥道："顶礼头不著地，何如不顶礼！你心中自负，究竟有什么蕴积胸中？"法达说，我诵读《法华经》已三千遍了。六祖说，你念一万遍，能领悟经中大意而不自以为超胜于人，即与我位齐。你今诵千遍而自负，一点都不知过失。我告诉你：顶礼本为伏慢心，为何头不愿著地。心存我慢罪业生，丢失功福不可比。六祖问："你何名？"他答"我叫法达。"六祖说："法达呀，汝心何达？"接着六祖让法达讲法华要义，法达说自己根性暗钝，不知宗趣。六祖让法达背诵经文，背到第二品，六祖遍知彻知，开示说，此经以一大事因缘出世为宗，这是佛之知见，于相离相，于空离空，即是内外不迷。若悟此法，一念心开。法达说："我得解义，不必再诵经吗？"六祖说："经有何过？迷悟在人。口诵心行，即是转经，口诵心不行，即是被经转。心迷法华转，心悟转法华。"法达闻偈，不觉悲泣，言下大悟，离开时，顶礼规规矩矩头著地了。

　　二、六祖能大师是一个奇特的示现。释迦牟尼出身王子，十九岁出家，三十岁开悟，破了烦恼障，所知障，示现的是一个贵族知青求学证道的范例。惠能出身贫寒，二十四岁去黄梅五祖忍和尚那里，劈柴舂米做义工。八个月后，忍和尚果断决定，将衣钵传与惠能，这一决定使当时五祖徒众甚感意外。因为他们知见肤浅，不知内里。五祖传衣钵于六祖，有福德足、善根足、因缘足三大根因。因缘表相有三点。1.惠能（惠意指以法惠众，能意指能作佛事）初拜五祖，祖问："汝何方人，欲求何物。"对曰："弟子岭南百姓,远来礼师,惟求作佛。"当五祖言及岭南百姓荒蛮粗野时,惠能说:"人有南北,佛性无南北,岭南百姓与和尚外形有异,佛性无别。"这一对话,五祖心明眼亮,给予"根性大利"的评价。2. 五祖测验门徒,要求他们呈一偈,以传衣钵作许诺。首座神秀自以为可,非他莫属,作一偈,尾说:"时时勤拂拭,莫使染尘埃。"惠能听人所念,也作一偈,文尾说:"心中无一物,何处惹尘埃。"五祖洞察恒常,内心以为,神秀修有为法,没见性;惠能持无为法,已见性。3. 一天五祖暗访碓坊,见惠能腰缠石头舂米,说:"求道忘躯,应当如是,米熟了吗?"对曰:"米熟已久,犹欠筛在。""筛"者师也。于是五祖以杖击碓三下而去。惠能到底是大聪明人,于三更去忍和尚处听《金刚经》讲解。讲到五分之一,惠能便汇报了五句话四十字体会。忍和尚灵明洞彻,知道惠能识自本性见自本性,是人天师,是佛。当即传其衣钵,并授以南归避嫉妒之祸的办法。

对于能大师开悟的四十字,不可小看。前文已介绍了净空法师的评价。这四十字是当年佛祖四十九年说法的浓缩。

三、《六祖坛经》的佛法深奥无比,内容无量无边,其大无外,其小无内。读者如能认真吟诵,可以开悟,根利者大彻大悟,根浅者亦可小悟。即便小悟,亦可比悟前智慧增广十倍以上。经文中心强调的是开般若大慧,"般若无形相,智慧心即是"(第20页),"自心见性,皆成佛道"(第24页),"一念愚般若绝,一念智般若生"(第20页)。"智慧观照内外明彻,识自本心,见自本性。"这个理念太重要了,明确指明了学佛的大根大本与最终目标。我们姑且作些梳理,便于读者理解与行持。

从佛学整体言,是讲的性与相,理与事,因与果(还有科学与哲学)。我们暂且对《坛经》概述前六个字。1. 性与相:"无念为宗,无相为体,无住为本","自性能含万法,万法在诸自性","愚人智人,佛性本无差别","佛向性中求,莫向身外求"。"识自性众生。见自心佛性","我心自有佛,自性是真佛","常离法相,自由自在"。《坛经》中反复讲性与相,主要观点是明心见自性,见相要离相。2. 理与事。"念念自净其心,自修自行,见自己法身,见自心佛,自度自戒","定慧一体,定是慧体,慧是定用"。《坛经》中有很长篇幅,介绍能大师学佛证果的史实,每一事都因理而显。3. 因与果。"既云不用文字,人亦不合语言,只此语言便是文字之相。""即此"不立两字,亦是文字。"依法修行,无住相法施,汝等若悟,依此说,依此用,依此行,依此作,即不失本宗。""若有人问汝义,问有,将无对;问无,将有对;问凡,以圣对;问圣,以凡对;二道同问:'何名为暗?'答云:'明是因,暗是缘,明没则暗,以明显暗,以暗显明,来去相因,成中道义。'"(《六祖坛经》,第 95 页)余问悉皆如此。这段话殊胜奥妙。将因与果的循环往复展现在说事论理中,体现在六祖对门下四十三位开悟证果的训导、引度中,体现在对法外境三十六对中。三十六对讲的是因果的善用与妙用。这三十六对法是"无情五对,含天与地对,日与月对,明与暗对,阴与阳对,水与火对"。法相语言十二对,含"语与法对,有与无对,有色与无色对,有相与无相对,有漏与无漏对,色与空对,动与静对,清与浊对,凡与圣对,僧与俗对,老与少对,大与小对"。自性起用十九对,含"长与短对,邪与正对,痴与慧对,愚与智对,乱与定对,慈与毒对,戒与非对,直与曲对,实与虚对,险与平对,烦恼与菩提对,常与无常对,悲与害对,喜与嗔对,舍与悭对,进与退对,生与灭对,法身与色身对,化身与报身对"。(《六祖坛经》,第 92—93 页)

永嘉禅师是六祖的一个传法弟子,又名玄觉。拜会六祖门下。听一堂说法而开悟,准备离开。被六祖察知,问:"就走吗?"

答:"那住一宿吧。"果然,住一宿离开,人称"一宿觉"。后意会六祖禅意,作《证道歌》传于世。中有"梦里明明有六趣,觉后空空无大千","五阴浮云空来去,三毒水泡虚出没"(五阴指色受想行识,三毒指贪嗔痴),"行亦禅,坐亦禅,语默动静体安然"等。深圳蓝晟选编《国学大要》时,将《证道歌》列为佛门五经典之一。

四、《坛经》再好,不过"闭钥"与"符玺"而已,是求道合道的工具。中郎在《坛经节录引》中,说:"世不信,不得已而有符;道不信,不得已而有法,法岂有实哉?《坛经》符之始也,中颇有赝者。"符是古代取信的凭证,调兵用时称兵符,如虎符。中郎以符喻《坛经》的意义。因其中多有混杂与假冒,他不得不"删",目的在于使其纯金化。这个任务只有明心见性者方可完成。

心诚浅见:前言三个根因,使中郎看重《六祖坛经》,才对它校订整理。用他自己的话说是:"披沙而见金,不若纯金之愈,故略删其赝与其俚而复者。"(《坛经节录引》)

2. 剪裁妙处非刀尺

请看灵峰大师究竟如何评点香光子(中郎胞兄袁宗道)《西方合论原序》,对于后人参究彻悟佛法有何启示。

香光子说:至于进修法门,于无修证中修证,于无等级中等级。千差万别,虽位至等觉,尚未知如来举足下足之处(**正见正论,灵峰评语以括号标示,下同**)。一切皆遮者,只因人心执滞教相,随语生解(**此学而不思之病**)。说心说性,说顿说渐,问渠本命元辰,依旧茫然无措。所谓数他家宝,几无分文。其或有真实修行之人(**此思而不学之病**),不见佛性,辛苦行持,如盲无导,只获人天之果,不生如来之家。以佛知见,净治余习。不取寂证,是谓佛种（**悟后正好看经，正好修行，可见悟道是初步，看经修行是悟后功夫**），（**看经修行，皆可以净除习气**）。见人修净土，则曰即心是净。言参禅，则尊之九天之上；言念佛，则蹂之九地之下。全不知参禅、念佛，同是出苦海之桥梁，越有界之宝筏（**灵评：公论**）。达摩西来，立此宗门，云二百年后，明道者多，行道者少；说理者多，通理者少（**圣口授记，果然不差**）。既见诸佛，还同往生。何以高视祖师，轻言净侣（**灵评：妙**）。悟门已入，休歇太早，智不入微，道难胜习。一念不净，即是生死之根（**灵评：可谓寒心丧胆**）。无事道人，识得烦恼如幻，恣情以肆烦恼；识得修行本空，辄任意以坏修行（**灵评：说尽今时丑态**）。以火性为气魄，以我慢为承当，以谲诈为机用，以诳语为方便，以放恣为游戏，以秽言为解黏（**灵评：痛切，只恐不知**）。轻狂傲慢，贡高恣睢。口无择言，身无择行，日以圆滑之语，大破因果之门（**灵评：字字血泪**）。无形之因念甚小，有形之果报甚大。一念之微，识田持之，历千万劫，终不遗失（**真实语**）。不与阿弥作子，却为阎罗之囚；不与净业为朋，却以阿旁为伍（**灵评：唤醒邪禅，如震大雷**）。故知念佛一门，于居士尤为吃紧，业力虽重，仰借佛力，免于沉沦。纵使志在参禅，不妨兼以念佛（**灵评：尤妙**）。石头居士，悟不修行，必堕魔境，佛魔之分，只在顷刻。博观经论，始知此门原摄一乘，悟与未悟，皆宜修习（**灵评：确确**）。持佛名号，一心不乱，念念相续为行持。共欲流通，以解宗教之惑（**灵评：的可解惑**）。所以今日，不惮苦口，病夫知医，浪子怜客。生死事大，莫久迟疑。于是禅人悲泪交集。自言若不遇子，几以空见赚过，子生我矣。（**灵评：此禅人亦伶俐可敬。**）

　　以上摘引，可知宗道讲了一个禅人起先迷惑狂妄经他点化而改弦易辙、启请合论的故事。这个点化重点在于介绍合论的作用：借参门之洞彻，坚固净土之信。中郎采金口之宣扬，菩萨之所阐明,诸大善知识之发挥,以第一义为宗,以悟为导,以持佛名号为行持等论述之妙绝。

灵峰大师评点此序文,有精准之提示:一、在"毫发有差、天地悬隔","宗门之人,上之未必能超于上品上生,而下之已堕三途"的后面,题了"广长舌"三字。依《佛学大辞典》解释,"舌广而长,柔软细滑,展之则复面而至于发际者"(三十二相条)。此为三十二相之一,一相足则相相足。具此相者在家为轮王,出家为无上觉也。可见灵峰大师对中郎见解评价之高。二、在其他几处题句中,有赞同之语,有称颂之辞,如"确确"、"妙"、"真实语"、"说出病根"、"公论";还有点拨之句,如"悟后正好看经,正好修行";又有警策之言,如"可谓寒心丧胆"、"字字血泪"、"唤醒邪禅,如震大雷"等。这说明灵峰大师对中郎胞兄极致评介《西方合论》读得仔细认真,表示了赞同态度。

心诚集句曰:遍地皆黄金,只要明眼人。见宝不识宝,即是睁眼瞽。佛理句句无价宝,不知不解何能晓? 开示悟入佛知见,识宝方可知其宝。

3. 《宗镜摄录》与永明

《宗镜录》为永明延寿大师领头所作,会集佛典摘要一百卷。中郎居于柳浪馆时,"逐句丹铅,稍汰其烦复,撮其精髓,命侍史抄出,因名为《宗镜摄录》"。"是书也,减去录中数万言,而全书毕具,爪甲粗删,血脉自如。今获行于世,其功德学人不浅,真快事也。龙胜有言:众生心性,有如利刀。用以切泥,泥无所成,刀日益损。"又说中郎"于贝叶内研究至理,是真善用其利刀者耳。今读此录,见其心机沉细。"(袁中道《宗镜摄录序》)从摘引这段文字中,我们看到中郎对《宗镜录》之关注,对其摄录的词约意赅深受僧众欢迎的重视。

下面简介永明(延寿)及所会集《宗镜录》。永明(904—975),钱塘(今杭州)人,年轻时任库吏,因动用库银购买动物放生,被判死刑。皇帝吩咐监斩官,如求情则杀,如视死如归则不杀。临刑监斩官问其言语,死刑犯哈哈大笑,说以一命换取千万众生命,值得。报告皇上,皇上知其情由,赦其无罪。皇上意欲其为地方官一定不贪,他却要求出家。出家后被聘为国师,曾召诸宗大德,编成《宗镜录》,以一心为宗,照万法为镜,调和融通禅、教及各宗教理,为中国佛教中期末一部总结性巨著。高丽国王见此书后,遣使赍书及礼品,派学僧三十六人来门下学法。该著主张禅教融通,提倡万善齐修,趋归净土。中郎在《西方合论》中说:"达摩为救执相之者,说罪福之皆虚。永明为破狂慧之徒,言万善之总是。"从中可见他的思想取向是与永明契合的。他给伯修的信中说:"《宗镜》乃顺事,如放下水舟,畅快无量。"又言"乃参禅之忌,祖师公案语录乃参禅之药"。但他认为该著卷帙浩繁,愈讲愈支,愈明愈晦,于是作摄录以方便修学(《袁中郎尺牍》,第13页)。这个摄录维护并简化了永明的禅净合和、归于净土的主旨。永明的《四料简》说:"有禅无净土,十人九蹉路,阴境现前时,瞥尔随他去。无禅有净土,万修万人去,如若见弥陀,何愁不开悟。"可见永明归于净土。

有研究家认为,中郎的禅著多机敏智趣、无系统理论,而《西方合论》既有旨趣,又很系统。禅著"一一提唱,略示鞭影"(袁中道语)而已。"鞭影"何意?略作说明。这一词汇来自佛祖当年说法讲的一个故事,大意是:有四种马,一种马,用铁鞭抽打才勉强前行,不打不行。一种马,用竹鞭抽前行,行一段,又须抽。一种马,并不抽打,不过扬鞭,马见鞭影,日行千里。还有一种马,用铁锥打也不行,只好屠宰。佛祖以此喻学佛者的根基,上上根者,吆喝一下或鞭影晃一下,即可勇猛精进,而中下根者,或鞭或打才可行进,虽示鞭影,不起作用。

中郎是万历三十一年(1603 年),在柳浪馆成书《宗镜摄录》的,书中大旨,外契永明《宗镜》主题,内承己之《西方合论》要核,我们仅从他的若干书信及袁中道《宗镜摄录序》(载《珂雪斋集》,第 518 页)才看出一些来龙去脉,惜乎后来失传,未免遗憾。

心诚引中郎语:"永明和尚,深怜痛哀,剖出心肝,主张净土。既以自修,又以化世,故其临终有种种殊胜相现,舍利鳞砌,径出极乐上品,乃至阎罗以为希有,图像礼敬……以此为末法之劝信,是真大有功于宗教者。"(《净土十要》第 467 页)

4. 浅介中郎养生健体观

中郎的养生健体观念丰富涵深,是高僧大德佛言祖语的提炼,并非人们所想之"迷信"。"佛"不指神仙,不指妖魔,佛指最圆满的觉者,次等的称菩萨,亦是觉者的意思。比我们常言的觉悟者高了档次,它包含福德与智慧。智慧别于聪明,智慧指大聪明。佛境指大彻大悟,灵明洞彻,湛寂恒常。佛经认为人人具有佛性,只是因烦恼纠结,粗见浮思,遮蔽了其灵明。如同明镜,尘垢积满,照彻不显;如同海水,波涛汹涌,天蓝不映。去尘镜必明,风平海天映。心(妄)是根,烦如尘,两者犹如镜上痕。佛门不消极而是精进,它主张修炼去心灵染污,使自灵彰显。袁中郎经过佛乳法雨浸润,持戒修定得智慧,对人类的本体、本心、本灵作了长久的探索,积累了丰富经验,对于俗世生活的人们的养生健体、益年

益寿、做人以德、做事以成有无与伦比的价值,现简介几点:

一、养生必从养心起。中郎认为:念力是一切法之王。佛门的养心档次高,难度大,理谛深。它至少包含:1. 相随心转,境随识变。身体的任一毛病都与心地相关。财色名食睡为外因,贪嗔痴慢疑(指怀疑真言)为内因,怨恨恼怒烦为缘起。只有前十个字,只是潜毒,不起现行。后五字参与,产生病毒细胞,干扰心清心正心灵,如果空气中病毒介入,内应外合,病毒繁衍,扩张,非生病不可。病的程度与上述十五字的综合负能量相适宜。故佛门主张修炼清净心,可防止病毒入内。修炼慈悲心,有利于排除病毒。高僧们生活简单,多数人过午不食,而年过"米"寿(八十八岁)平常,近与过"茶"寿(一百零八岁)亦不为怪。世俗人们有家有室,有工作,有压力,可吸取的是:看淡看薄财与色,名与利,恰到好处,适可而止,少欲知足。佛门并不主张男人不婚,女人不嫁。僧人们所示现的是"舍身求法",众中之尊,受戒苦行,做出榜样,身教在先,言教在后。但当今世人的普遍毛病是过分贪财、贪色,在财与物满足后,开始贪色纵欲,损精枯髓,没有遏止,何以养生保体? 练拳白练,修身瞎修。显然,佛门这些主张对于抑制世风邪气、张扬正道极有价值。2. 量大福大。中郎量大,胆气大,常处乐境。俗谚曰:心广体壮。人逢喜事精神爽。佛门认为:心量多大,福气多大。心量狭小,福气甚薄。快乐到乐天、乐地、乐人、乐事、乐晴乐雨,乐观至极,营养最好,达禅悦为食之境。如果乐失必苦恼多,疾患生,健康下降,乃至病魔纠缠。病魔不可怕,"本从一念生,还从一念灭"(苏东坡语)。一念乐,上天堂;一念恼,下地狱。一念嗔,怪蟒之形。一念贪,苦海之质。

二、生活简朴是最健康的饮食。佛门有三戒、五戒等。主张素食,戒酒、戒毒品。根因在利于"精进"(六度修持之一)。如果一个人整天考虑如何吃出味道，山珍吃了还要吃海味，家养吃了吃野味，此酒喝了求彼酒，中国名酒不行喝欧美，穿这个名牌不行要穿那个高档，这个人的贪心只会增长，清心被毁掉，他还能精进吗？何为精？不杂不乱。何为进？不退不滞。佛门并不是要求人们做苦行僧，做叫花子。对于世俗言，只是主张"欠缺"，以抑制私欲膨胀，节省时间，以利进取。有人把"酒肉穿肠过，佛祖留心中"作搪塞，肆意胡吃海喝，前一句做到了，后一句呢，忘之九霄。结果呢？年纪轻轻，大腹便便，隐患在肚。病从口入，多数人的病是吃出来的。

针对此一通病，佛门修炼者以素食示范。中郎食蔬断荤腥有诗可证。根据研究资料，素食可降低血压，预防中风，强化免疫系统，提高平均寿命十五年。素食可保护五脏六腑，保护牙齿。减少动物排泄物及生产肉品所耗石化燃料对环境的污染，遏止全球暖化。素食还可挽救世道人心，止杀止淫。联合国教科文组织公布的统计资料表明，每年有 3700 亿个动物被斩杀、毒杀。许多珍稀物种已不复存在，人们的口贪给自然环境造成了破坏。佛门所言素食对人体所需营养并无妨碍。这是因为我心清净，没有分别，食淡大味，咀嚼菜根，其味无穷。中郎在《德山麈谭》里说，胃好吃任何东西都有味。普通饮食，天厨妙供；饫甘餍肥，烂肠毒药。

三、和合观念保健体。佛理认为：和养万年生机。自身心与身和，就心言，真妄和合。就身言，内外和，有六合。内外不和，饮食不调，"四大"不谐必生病。就家言，家人和。就居言，邻舍和。就国言，上下和，君臣和，军民和，各行各业和。人与自然和，与天地和，与万物和，乃至国际和。和中还要合，合作互助，舍己为人，豁达大度，必健康长寿。机关算计，尔虞我诈，损人利己，必灾必病,害人害己。

四、布施救助,利于健康。中郎在柳浪馆侧设放生池,做官所得俸禄大部分供奉僧人朋友。佛门主张"毫不利己,专门利人",好事多做,随缘实施。与世俗献爱救助正行比,佛门布施极彻底。财布施的果报得财,法布施得智慧,无畏布施得健康长寿。内财布施功德最大,即利用自己时间、知识与精力,为有缘者解除烦恼,排解忧虑,救死扶伤,给人信心,给人快乐,给人智慧,给人力量。所言无畏布施内容丰富,除解救动物生命外,帮助人解决生老病死之苦,化解纠纷、冲突、矛盾,减轻与避免冲突、争斗中互损。佛门主张在行善积德中,不计得失,不计名誉。

五、中郎主张:善护口业,不讥他过。善护身业,不犯戒律。善护意业,清净不染。此为"三护"观念。口业指"祸从口出",说是说非,挑拨离间,瞎说乱说,妄语诳言,甜言蜜语,虚假言词,传谣造谣,诅咒谩骂等,统称口业。口业乱性坏心,对应心、肺、肝受损。善护身业,指守规矩,守法律。善护意业,指保持清净平等觉。此三业,意在先,意善口善行善,意恶口恶行恶。佛门讲"三护"时,并不是要人都做好好先生,对恶言恶行充耳不闻。佛门主张善人、恶人均是我师,善令我学,恶令我警。"我佛慈悲也惩恶"。正言正行身正必健康,邪言邪行心邪身歪必生病。

六、对行止坐卧、男精女血进行了深入探讨,很有价值。简介六点:1. 常处"定"中。中郎多次强调"那伽在定中,没有不定时"。那伽梵语,意指龙象,喻佛修炼家。定分小、中、大三境。共同点是净定,不执著、不妄想,乃至不起心动念,强调心如古井。2. 行止坐卧有各种姿势训练。以坐言,有单盘(银盘)、双盘(金盘)、狮子坐等。以卧言,有尸形卧、大字卧、天字卧、一字卧、睡佛卧、右侧曲肱卧等。3. 中郎多次跟小修讲远离女色。佛门强调控制淫欲,男子保精,女子养血,"炼精化气"。佛门根据不同对象提出要求,对出家人言,要求"断淫",不正淫、不邪淫、不意淫、不手淫、不梦淫,促成因戒生定,高层者达"漏尽通"境界。对在家人言,主张不纵淫、不强淫、不邪淫,适可而止。主张保精、养精、蓄精,通过内心清净、一心不乱妙招,将精气导入丹田,运行三脉七轮,还精补脑,丹田发热,心肾相交(喻语为水火相济),精神蓬勃。对在家女子言,除主张日常心气平和外,尤其强调妊娠与哺乳期,养心血,不可动怒、怨、烦。否则产生毒乳、毒血,严重者毒死婴儿,次些的婴儿终身受害。4. 呼吸之间藏宇宙生命大奥。佛经认为,性命只在呼吸间。有高人作过统计,若对一个人以百岁算,呼吸总次数为八亿四千万次。生命是以呼吸次数递减到零而结束的。因而主张体会一呼一吸之间的奥秘、延缓呼吸频率而自然健体、延年益寿。这和道家修炼家提出的胎息、龟息相吻合。太极祖师要求动作与呼吸相应合,总要求是深、长、缓、匀、细,这是有根据的。佛门特别强调将调心、调息、调身结合起来,立身中正,气沉丹田,以促身心平和,以戒达定,其中调息起于心,制于身,是关键。5. 痰生之后多数不可吐,往往吐掉饮食精华,"甘露玉液"。印光祖师说:如以吐痰当架子摆,久久成病。(若肯舌中过滤)咽了则久无痰,是以痰杀痰妙法。(见《印光大师全集》,第96页)6. 养眼养神。佛门佛像,闭目多数,有养修深意,反观内听,开发内求。或半闭或留一线,均有养神养心之意。其眼观鼻、鼻观心、右顾左盼则观肩,富于养生。这里的理性深度与实训广度,非常宽宏。

心诚曰:中郎主张的佛门的养生健体观念,从他的很多诗文中可看出。其中,《广庄·养生主》一文极有代表性。以现代语讲,合乎生理科学,有不可思议的价值,并非一般人所言"迷信"、

"玄乎","脱离实际"。

5.《西方合论》所引用的经论

　　《西方合论》所引华梵典籍非常丰富,自言"莫非广引灵文,众生何以取则"? 从袁中郎信手信腕、顺手拈来摘引经典,可知他对经典揣摩默识,融会贯通。我们不得不佩服他以天纵大才,勤学深思,大开圆解。下面请让我以《西方合论》行文为序,逐一摘录:

　　一、《楞伽》

　　二、《大云经》

　　三、《维摩经》

　　四、《法华经》

　　五、《起信论》

　　六、《涅槃经》

　　七、《央掘经》

　　八、《梵网经》

　　九、《仁王经》

　　十、《妙宗》

　　十一、《大经》

　　十二、《般舟三昧经》(以上为第一卷)

　　十三、《新华严经合论》(李玄通著)

　　十四、《本经》(指《无量寿经》)

　　十五、《一向出生菩萨经》

　　十六、《华严经普贤行愿品》

　　十七、《智论》

　　十八、《或问》

十九、《往生论》

二十、《净土说》(真歇了禅师作。以上为第二卷)

二一、《说文》

二二、《论语》

二三、《无量清净平等觉经》

二四、《无量寿经》

二五、《阿弥陀经》

二六、《无量寿庄严经》

二七、《宝积经》

二八、《无量寿如来会》

二九、《大阿弥陀经》

三十、《佛说阿弥陀经》

三一、《称赞净土佛摄受经》

三二、《观无量寿经》

三三、《鼓音声王经》

三四、《后出阿弥陀佛偈经》

三五、《鼓音》

三六、《偈经》

三七、《华严经》

三八、《法华经》

三九、《楞严经》

四十、《宝积经》

四一、《般舟三昧经》

四二、《观佛三昧经》

四三、《大积经贤护品》

四四、《十住断结经》

四五、《如来不思议境界经》

四六、《随愿往生经》

四七、《称扬诸佛功德经》

四八、《大云经》

四九、《入楞伽经》

五十、《大悲经》

五一、《华严毗卢遮那品》

五二、《光明觉品》

五三、《贤首品》

五四、《十无尽藏品》

五五、《兜率偈赞品》

五六、《十回向品》

五七、《十地品》

五八、《佛不思议法品》

五九、《入法界品》

六十、《名经》

六一、《涅槃经》

六二、《大悲经》

六三、《坐禅三昧经》

六四、《增一阿含经》

六五、《文殊般若经》

六六、《大集经》

六七、《法华三昧观经》

六八、《那先经》(以上为第三卷)

六九、《观经》

七十、永嘉豁达之言(即《证道歌》)

七一、《无量寿经》

七二、《观经钞》

七三、《大本》(即《华严经》)

七四、《思益经》

七五、《长者论》

七六、《楞伽经》

七七、《钞》(疑为《楞伽经钞》)

七八、《天台观经疏》

七九、《观经》(疑为《观无量寿经》)

八十、《通赞》

八一、《弥陀经》(以上为第四卷)

八二、《净土境观要门》

八三、荆溪语录

八四、《宗镜录》

八五、《正法念处经》

八六、《般舟三昧经》

八七、《般若经》

八八、经云

八九、《法句经》

九十、《群疑论》

九一、《十疑论》

九二、长芦语录

九三、偈云

九四、永明语录

九五、天如语录

九六、《婆沙论》

九七、《宝性论》

九八、《摩诃般若经》

九九、《智度论》

一〇〇、《佛藏经》(以上为第五卷)

一〇一、《妙中钞》

一〇二、温陵禅师语录

一〇三、《起信论》

一〇四、《智度论》

一〇五、《天亲菩萨五念门》

一〇六、《净名经》

一〇七、先德语录(以上为第六卷)

一〇八、古德语录

一〇九、《般若经》

一一〇、《十疑论》

一一一、《弥勒上生经》

一一二、《智度论》

一一三、经中语

一一四、《般若经》

一一五、释迦语录

一一六、长者《决疑论》

一一七、《宗镜录》

一一八、《起信论》

一一九、《唯识》

一二〇、长者《合论》

一二一、先达语(以上为第七卷)

一二二、苏子瞻语录

一四九、孔子曰

一五〇、《观经上品》

一五一、《观经疏》

一五二、《观经钞》

一五三、《智度论》

一五四、无为子语录

一五五、《十六观经》

一五六、经云（应为《无量寿经》）

一五七、龙树曰（应为《华严经》）

一五八、经曰（应为《清净平等觉经》。以上为第九卷）

一五九、《小本疏钞》

一六〇、《智度论》

一六一、《声王经》

一六二、《海东疏》

一六三、《法华》

一六四、《净名》

一六五、《金光明》

一六六、《本生经》

一六七、《小本》（指《阿弥陀经》）

一六八、《大本》（指《华严经》）

一六九、《大论》（指《大智度论》）

一七〇、《无量寿偈》

一七一、《声王经》

一七二、《观经》

一七三、魏译（曹魏时唐僧铠所译寿经）

一七四、经云（指《无量寿经》）

一七五、唐译(指唐代菩提流志译《无量寿如来会》)

一七六、宋译(指赵宋法贤译《佛说大乘无量寿经》)

一七七、王氏本(指王龙舒会集本《佛说大阿弥陀经》)

一七八、大经(指《华严经》)

一七九、观经

一八〇、《净名经》(以上为第十卷)

说明:我们将《西方合论》与黄念祖《净土大经解》常引经论作一比较:解文 60 万字,引经论 191 部。合论 5 万字,引经论约 200 部(次)。中郎所言广引灵文,包括梵典经文与华典经文,有的重要经典引用达十次以上,比如《无量寿经》、《华严经》、《观经》等,有的只说"经云",有的是在引文内又有引,不一一录出。余常说引经二百部,即是此意。《合论》10 卷,约 5 万字,平均 1 万字引经 40 部次,这种会集与圆融,熟诵与妙用,古今中外,堪称一绝。我们不得不敬佩他学佛的真诚、慈悲与智慧。

6. 学佛、佛学天渊别

有读者见我以前小作书名《袁中郎学佛》,心生疑窦。问:"为何不名《袁中郎佛学》?"余曰:"学佛"与"佛学",虽有联系,但有天渊之别。听者疑惑不解,余便根据净空法师讲经大义,一一道来。

佛学是一个普遍的说法。把佛理佛法当作一个知识系统去研究、去探讨,当作世间科学知识的一个分类,一个学科,想从中了解其历史渊源、发展脉络、理论系统、变化规律等。搞佛学尽管可以影响研究者的思维与人生走向,但其钻研目的是追求学问等级知识,以博取学位名称、授课资料、谈写元素、丰富思维等为宗旨,脱逃不了名闻利养、贪嗔痴慢、五欲六尘、自私自利等名缰利锁。就绝大多数人言,并不真正以佛理指导生活,学佛并去做佛。

学佛则不同。学佛尽管也把佛理佛法弄懂弄清楚弄明白作为基础,但是学佛者最重要的特点是用佛理佛法指导并修正思想、言论、行为,放下名闻利养,放下贪嗔痴慢,放下自私自利,放下五欲六尘,以佛的经教化为自己的灵魂和血肉,追求清净、平等、正觉,度己度人,弘法利众,解脱名缰利锁,破除我相我执我见,过快乐、幸福、完满的人生,获究竟圆满的佛果,信佛,做佛。

分别解说,学佛与佛学有三点不同:

一、信不信佛。学佛者首先真信佛,细检袁中郎诗文,他是真信阿弥陀佛为佛中之王,光中极尊。真信阿弥陀佛以无量劫的修行创建的西方极乐世界是遍法界、虚空界的纯净纯善净土。真信忆佛念佛是最重要、最殊胜的法门,忆佛念佛,佛现当前,依靠阿弥陀佛本愿威神的加持,得殊胜微妙之效,成佛做佛。研究佛学的人尽管也口若悬河,滔滔不绝,说佛理、讲法义,但总是信中含假,或半信半疑,或口是心非。佛法玄妙理义只停留在口头中、笔头里,难见于言与行。一者非用意破我执而参究开大悟,一者用妄念执我而研究,顶多开小悟,差别很大。

二、愿不愿作佛。学佛者真心切愿作佛,死心塌地作佛。为此,修六度万行,修十善业,即破除贪嗔痴,勤修戒定慧。发大愿、深愿,以真心、深心、直心,以大慈悲心、大清净心、大广大心、大方便心、大柔和心对世界、对生活、对万物、对人我。而搞佛学的人,绝大多数杀盗淫妄不绝,贪嗔痴慢不减,妄语两舌绮语恶语不断。他们最要害的问题是不能按佛的教导持"戒"。"戒"有三大戒(杀盗淫)对应仁、义、礼,五重戒(杀盗淫妄酒)对应于仁义礼智信,乃至八戒十戒落实于日常生活,有多少分量"戒",就有多少"定","定"得如何,生慧如何。细检袁中郎诗文记录的言行,他不仅自己注重"戒"的行为,还反复告诫其子弟持戒要严。

三、是真干实干还是不干虚干。学佛学得真,首要在真干。袁中郎"一以文字为佛事",处处是道场,语语皆佛法。他修大定,得法味,得大慧,他按佛门"净业三福"行事。净业三福是三世诸佛成佛之道,他是走的这个道路。我们在《西方合论》等佛著中,可以看到他信解行证,做得完完满满。以"劝进行者"言,就是弘法利生。佛门专修人士得合论后,感激涕零,如获至宝,说"舍此空过一生"。可见其摄受力之深远。而搞佛学的人,往往是自满自足,或度己亦难,又谈何以度人? 理论与实践分离,言是言,行是行,或半行,或假行。袁中郎把佛理佛法融入自己血肉,时时处处事事人人以佛理的博大情怀、智慧深远作指导,故做官为民,做事为人,做县令得二百年无此令之赞誉,说明白一点,是清廉自律,为民献身。这是以佛为人、为文、为官的境界。其终极目标为了做佛,具无量智与寿。

总之,学佛与佛学最重要的差别是境界不同、途径不同、福报不同。在觉性、悟性、灵性上天差地别。学佛者看破(修观)、放下(修止)得的是灵性高智,无我无心而真我真心,般若无知而无所不知。佛学者看不破,放不下,尽管得了知识,也得了少量智慧,但凡夫有知,有所不知,出不了轮回,得不到无量智慧与无量寿。原因何在? 学佛者自心清净,一闻千悟,自识本性,智慧大开;佛学者有垢有染,情执太重,烦恼重重,岂能大悟。

心诚曰:学佛与佛学尽管有关联,在解证上有共同处(彻解层次不同),但在目标、行证上更有天渊差异。

7. 智者佛理中郎弘

智者(538—597)佛学对中郎的学佛与佛著影响深且广。他在《西方合论》卷首中提到龙树、天台、长者、永明等论,细心披阅,忽尔疑豁。智者是天台祖师,他在合论第六卷中,对天台三观评价很高。他在谈观门时,列举了《圆觉》、《楞严》、《华严》诸方等经,说:"古今学者,广设多门。唯台宗三观,最为直捷。"又说:"修行径路,无逾于此。西方宗旨,自有十六正观。然一一观中,具含此三义。故天台诠经,直以三谛摄彼十六。"这段文字是肯定天台智者以"三观直指心宗,摄无量义海",以"约十六观门而皆归之第一义,则永明、天衣诸大师所共祖述也"。

智者佛学对中郎影响最集中表现在《西方合论》第十卷的思路与行文上。智者大师《十疑论》是他的经典著,"以十疑释西方净土之旨而往生决"。我将智者"十疑"的内容罗列如下:1. 因何求生净土;2. 心净则佛土净,求生净土岂不违理? 3. 一切诸佛土平等,为何偏求生净土? 4. 为何偏念阿弥陀佛? 5. 凡夫恶业深重,烦恼未除,何以往生? 6. 凡夫邪见三毒常起,如何超三界生彼国而不退? 7. 弥勒下次成佛,尚且住兜率天,我们何必生西方? 8. 众生造无量业,云何十念成就? 9. 西方去此十万亿刹,凡夫劣弱,如何可达? 10. 女人与根缺者如何往生? 下面,我们罗列中郎《西方合论》第十卷释异门的内容:1. 刹土远近释;2. 身城大小释;3. 寿量多少释;4. 华轮大小释;5. 日月有无释;6. 二乘有无释;7. 妇女有无释;8. 发心大小释;9. 疑城胎生释;10. 五逆往生释。从比较中可知中郎吸收了天台十疑的内涵,同时提炼组合,本当诸师所发,已无余蕴,但诸经中,随时立教,逗根说义,时有差别。于是他博采诸论,会归一处。他对异义概括阐释更加集中与明确。

为了让读者更加清楚智者佛理对中郎的影响,我提纲挈领浅述一下:我们可用一、二、三、四、五、六、十、十六这些数字帮助记忆:

一、一门深研《法华经》，此经为佛祖涅槃前用了八年所讲，是《般若》一千六百卷后的一个成佛经论，诵读稍缓，一天一遍。智者出家前，随母亲听此经而欢喜，出家后，虔诚诵持，有感而应。后来主持天台，在大定中竟然又去佛祖那里听了一堂课，出定后告诉弟子，说佛祖讲法华经会还没结束。弟子们倍感惊异，这是怎么一回事呢？

与"一念三千、一念万年"相关。时空观念与我们的分别、执著相关，当我们明心见性后，就没有时空障碍。智者所言一念三千是天台祖师的教理精义，三千世间指十法界（六道与四圣）各具十法界，十法界互具成百法界，每一法界各具众生、国土、五阴三种世间，百法界总计三千世间，即宇宙万物的总体。《摩诃止观》说，此三千在一念心。并言一念与三千世间非前后（时）纵横（空）关系。智者将佛理显密相融，通宗通教，将佛法的一即一切、一切即一、心外无法、法外无心、一切法从心想生等基本理念作了最精当的表述，对后世产生了深远的影响。

二、止观双修、定慧双修、福慧双修。止指行，观指解；止是放下，观是看破；止是修定修福，观是修慧。止观定慧双修与一念三千相通相融。

三、三谛圆融。谛指真理，又称真谛。智者的三谛圆融，包括三个说法：一为空、假、中三观系列，立一切法为空，灭一切法为假，统一切法为中。两端不着，不执著中道为圆融。二是空、中、有之说。三是真谛、俗谛、中之说。佛祖说：

不有中有，不无中无。不色中色，不空中空。
非有为有，非无为无。非色为色，非空为空。
空即是空，色即是色。色无定色，色即是空。

空无定空,空即是色。知空不空,知色不色。

名为照了,始达妙音。(《西游记》第543页)

四、四字判教,指藏、通、别、圆。藏教,小乘佛法。通教,小乘一半,大乘一半。别教,大乘佛法。圆教,究竟圆满的大乘佛法。各教中,对十信、十行、十住、十回问、十地的级次解释不同,如藏教七信位只相当于通教第一信位,如此类推。

五、五时分科。佛祖说法49年,讲经三百余会。智者大师将其分为二七时(定中讲《华严》)、阿含时(8年,讲人天乘,相当于小学)、方等时(12年,讲小乘,相当于中学)、般若时(22年,讲大乘,相当于大学)、法华时(8年,讲成佛,相当于研究所),最后讲《涅槃经》、《遗教经》,临终嘱咐。

六、六即佛,六妙门,六病六治。

智者将虚空法界佛分六种:理即佛(众生与佛不二)、名即佛(名义是佛,实质非佛)、观行即佛(修持真干,有待进入佛境)、相似即佛(指十法界中高品,比菩萨高一级,仍属外凡)、分证即佛(法性身,连起心动念也没有,尚存余习,因习气厚薄分四十一级次,达无功用道之境,不修而修,不证而证,神通与道力与究竟佛不二)、究竟圆满佛(又称妙觉位,此境无以言说,妙不可言,即如来正果)。

六妙门是智者主张修持的一种观门,影响很大。又称数息观、特息念。分数息、随息、止息、观息、还息、净息六步,通过调心调息,将世与出世结合,前三修定,后三修慧,故称六妙门。

六病六治,是智者的生命活动观与病理观的概括。智者在《摩诃止观》中提出:病有六种,治有六法。

1. 四大不调,指内部地(肌骨)、水(血液)、火(体温)、风

(气)等。

2. 饮食不调。

3. 坐禅不调(不得其窍)。

4. 鬼神纠缠(心行不善引起)。

5. 天魔干扰。

6. 恶业种种,造成业障病。

一、二种病找医生,三、四、五种,找法师,第六种,找自己,忏悔不再犯。

十、《十疑论》与《十乘理观》。前面已介绍"十疑",下面简介十乘理观:

1. 不思议境观;2. 发真菩提心观;3. 善巧安心观;4. 断烦恼观;5. 识通塞观(正与邪辨);6. 道品调适观(含 37 品,不出戒定慧三学);7. 对治助开观(开解脱门帮助正观);8. 知位次观;9. 安忍观;10. 离法爱观(破法执)。十乘理观的主旨在第一观。

十六观有二说,只介绍普遍一说。即日观、水观、地观、宝树观、宝池观、宝楼观及华座、像、真身、观音、大势至、普想、杂想、上中下三辈生等。智者主张三观(空假中)一心,一念具足,从而得念佛三昧。十六观以观导修,对治过患,引发无漏智。终极目标为忆佛念佛,佛现当前,见佛成佛。

心诚曰:智者佛理宏博渊深,涉及佛祖四十九年说法的全部。所著天台三大部、五小部是巨著,如若研读,终其一生也许很难彻知。而中郎在《西方合论》中灵活运用,又在《圣母塔院疏》中予以高度概括,精准总结,可见其深度接受合理吸取,总评为"东土释迦","蕞尔小邑,生此大圣",足以证明与智者通灵,继承并弘扬了智者佛学,很值得探讨。

8. 袁中郎学佛年谱

袁中郎学佛年谱分五个阶段：

一、启蒙养正、扎根初愿阶段(1568—1589年)

二、研习悟禅、解行相应阶段(1589—1595年)

三、渐悟顿证、圆融佛果阶段(1595—1599年)

四、弘法利众、随缘妙用阶段(1599—1609年)

五、普施法雨、示现涅槃阶段(1509—1610年)

一、启蒙养正、扎根初愿阶段(1568—1589年)

1568年(明隆庆二年戊辰)，十二月初六，即祖母梦月入怀的第二天，袁中郎出生于湖北省公安县长安村桂花台荷叶山房。其祖父大化慷慨乐施，灾荒之年，捐数千金活人，后将借据焚烧。父士瑜，自称七泽渔人，秀才，著《四书解义海蠡编》行世。母龚氏(嘉靖三十五年进士龚大器之女)温淑聪慧、良善厚德，生三男一女，中郎排行第二，于中郎六岁时离世。

1571年(隆庆五年辛未)，四岁，受母德教五年(胎教十月)慧根利质，已能出口成对。

1583年(万历十一年癸未)，与其弟中道同读斗湖堤。常祭祀寺庙，礼敬诸佛，受钟磬法幡熏习，多与僧人交往。年十五六岁，结社城南，被推为社长，年长者听其约束。

1584年(万历十二年甲申)十七岁赴荆州应童子试，中秀才，创作《古荆篇》、《青骢马》等。

1585年(万历十三年乙酉)，十八岁，作《初夏同惟学惟长舅尊游二圣禅林检藏有述》四首(《笺校》，第4页)，中有"世远枯松赞佛名"，"稻畦栽就觉身轻"，"昏黑谈经人不去。知君学佛意初浓"，"六朝遗事残钟外，千佛生涯晓籁中，我亦冥心求圣果，十年梦落虎溪东"等立愿学佛之语。诗中二圣寺在长江南公安县城东，所祀二圣，一为青叶髻如来，一为娄至德如来。虎溪在江西庐山东林寺前，流泉匝寺下，入于溪。晋代高僧慧远（净宗初祖）首建东林念佛院，送客至溪，虎则号鸣。史载初祖座下一百二十三名僧个个成就。中郎所言"稻畦"帔，即水田衣，又名袈裟，无尘衣，逍遥服。从这些诗里窥知，中郎与佛结缘、与净土宗神交已久了。

1587 年（万历十五年丁亥），20 岁，熟师万莹卒。生女取名禅那。尔后在《圣母塔院疏》（第 1193 页）中，赞天台智者时，有"以空假中三观发明真谛而禅那启"之名句，中郎以禅那二字给女儿命名，可见心中有佛，胸臆存禅。

1588 年（万历十六年戊子），21 岁，中举。

二、研习悟禅、解行相应阶段（1589—1595 年）

1589 年（万历十七年己丑），22 岁。与兄袁宗道惬意参究性命之学，作《雀劳利歌》（《笺校》第 18 页），中有"大雀悲小雀悸"，"宇曰不如归，鸪曰行不得"，尔后又有"紫蟹最堪怜"之《忆蟹》诗，表明其悲悯雀禽鱼蟹、似通鸟语，有欲拯群萌众生之情怀。

1590 年（万历十八年庚寅），23 岁，访李贽后作《感兴》四首（第 26 页），中有"扰扰色界里，具足清净人。何方超梦幻，无法过贪嗔，曹丘一溪水，了然智慧津"。曹丘指六祖惠能，因其在岭南曹溪建坛，讲经说法，又以曹溪相称。色界为三界（欲界、色界、无色界）之一，不贪不嗔不痴，方为清净。中郎因对群经了然于胸，故能形于诗言。

本年著佛理禅悟《金屑编》，一共七十二则，每则结构类似，以引古（公案）、拈古、颂古（创作）三部分构成，系韵文形式。

1591年（万历十九年辛卯），24岁，作《送峨嵋僧清源，时源清有檀香佛，刻镂甚精》（第44页）等诗，清源僧启请檀香佛，刻镂甚精，中郎赞叹他"师行遍天下，无乃是神足，竦身入梵宫，镂此旃檀佛"。另作《别无念》八首（第45页），《题常觉和尚卷》一首。无念系麻城龙湖芝佛院住持，对李贽执弟子礼，常觉是无念之徒。中郎诗中说："手提顶骨数珠，腰悬生铁戒足，走遍南阎浮提，要与英雄相识。"

1592年（万历二十年壬辰），25岁。举进士，家居公安城中石浦，兄弟三人朝夕聚首，以谭禅赋诗为乐。《归来》（第60页）中说"石浦河边小结庐"、"可比维摩方丈地"。维摩是与佛祖同时等位的在家居士，佛祖弟子听维摩讲经时，与见佛祖礼节相同。《维摩经》系佛经中重要经典。

又作《戏别唐客诗》三首（第63页，《敝箧集》之二）。唐生江西人，行医。在中郎故里车台湖结庐而居，此生雅善滑稽，谈空谈玄，妙语连珠，启请中郎诗，中郎信手而书。

1593年（万历二十一年癸巳），26岁，与其兄其弟游楚中诸胜，再次拜访龙湖，作《龙谭》（第68—78页）等十八首。中有"爱得芝佛好眉宇，六时僧众礼和南"，"忽忆龙湖老比丘"等句。"和南"是礼敬诵词，与"南无"同意。

1594年（万历二十二年甲午），27岁，与无念和尚一伴游二圣寺，作二圣寺相关诗（第79页）三首。中有"自从智者去，宝珠曾游此"、"长者即维摩，和尚似鹙子"、"一百五日逢寒食，三十二相礼如来"、"石火电光只如此，白杨何事起愁哀"等句。鹙子指佛弟子舍利弗，其母美极，眼如鹙（鹙鹭），生子名。其生相美好、智慧无碍、辩才无碍。《夏日郑伯学园亭》（第82页）中，有"兀坐无俦侣,观空绝想尘,床头《高士传》,花下上皇人"。另作《偶题》(第84页)等,中有"宦情三不可,禅理百无知"、"昨来益自喜,信口野狐禅"等句。"三不可"为马鸣菩萨之告诫:读经听法,不可执著语言文字相,不可执著名词术语相,不可执著自我心缘相。

下半年秋,前往北京候选,作《过古寺》(第95页)、《宿僧房》、《异僧》(第96页)等,中有"醉语兼禅语,都非第二机"、"莲台三品叶,佛果一时花"、"咒语听似鸟,梵字写如藤,托钵施仙饭,支床面佛灯,一身犹不用,何处有三乘"等句。以莲花喻修行有微妙含义,"三乘"指四圣法界之声闻、缘觉、菩萨境界。中郎从法相上礼敬诸佛,从法性上赞叹如来。

与其交朋从游宴乐畅叙者有汤显祖、董其昌等,皆天下名士,一时俊彦。

三、渐悟顿证、圆融佛果阶段(1595—1599年)

1595年(万历二十三年乙未)。28岁,谒选为吴县县令。二月离京南行,过镇江,作《鹤林寺和尚》(第111页),有"禅观今果足,文字往因余"、"自怜婴世网,敢复事空虚"句。又作《同江进之登金山》(第112页),中有"鼋过吞人影,潮来念佛经"句。又作《登焦山》(第114页)、《戏题》两首(第115页)。中有"白首闭关身自苦,花开花落也春秋"、"花枝渐渐红,春色渐渐亏"、"功德黑暗女,一步不相离"、"一作刀笔吏,通身埋故纸"、"奔走疲马牛,跪拜羞奴婢"等句。中郎认为"作吴令其苦万万倍","上官如云,过客如雨,簿书如山,钱谷如海,朝夕趋承检点,常恐不及",其厌官慕出世之心,溢于言表。所谓黑暗女与光明女相反,前文《广庄》篇中《脱俗忘情养生道》有介绍。

1596年(万历二十四年丙申),29岁,吴县任上,得知庶祖母詹氏病重思孙,借孝养为名,三月初三具文辞职,未准。作《乞归不得》(第 118 页),中有"但凭因果在,陨血誓来生"语。作《斋居戏题》(第 120 页)等,中有"检药神方少,疏经悟语多"、"有名终是累,无用可还虚"、"对镜聊观梦幻身"等语。

本年六月旱魔为患,与江进之等登吴县西北阳山,乞灵白龙祠下,为百姓求雨而得。可见其遵循普贤十大愿中之"恒顺众生"。

九月,陶石篑兄弟二人访宏道于病榻,畅谈三日,后七日游洞庭两山。见西山一峰斗入湖,名石公山,宏道从此即以石公为号。

年尾,辞官获准,仍住县衙。

本年,写游记十八篇,写诗五十首,作《叙小修诗》杂著十余篇,尺牍近七十篇。

尺牍《小修》(第 250 页)中赞扬潘雪松讲学,"有眼如天,有胸如日,有口如河,若得此人学道,所就甚不可量,成佛作祖,反掌间耳。"

尺牍《曹鲁川》(第 253 页)论禅学,谈佛理。提出"佛之圆不在出家与不出家"、"进不碍退,退不碍进,事事无碍"高境法义,并说"通乎此,可立地成佛","此"指华严境界,《华严经》"以事事无碍为极"。(第 265 页)此理与佛共识,一语囊括玄奥,摄全义海,证明中郎佛果已入成熟。惜乎钱伯城先生在此文笺注中,拘于世俗,失于偏狭浮泛。

1597 年(万历二十五年丁酉),30 岁,作《述怀》诗(第 152 页),有"丘壑驰驱甚,玄虚色相多"。在无锡作《江进之》(第 258 页)、《聂化南》(第 262 页)等,信文中说:"不过寻闲淡之方丈,远闻阁之佳人,写山水之奇胜","已将进士二字抛却东洋大海","作世间大自在人"。"败却铁网,打破铜枷,走出刀山剑树,跳入清凉国土,快活不可言。"简言,他已看破五浊恶世,放下三毒烦恼。

本年所编之《解脱集》之一、二诗中,《仲春十八宿上天竺》(第350页)在杭州作,有"万人齐仰瞻,菩萨今何在？欲寻真大士,当入众生界"、"若以色见我,是人行邪道,饶他紫金身,只是泥与草"、"终日忙波波,忘却自家宝"等句。在《天目书所见》(第377页)中,有"菩萨与凡庸,不知谁正倒,牛马若率真,形貌亦自好"。本集以僧人为题的诗有《云上人》(第382页)等十篇,中有"师瞇多少时,证得观自在,不受喧寂尘,跳出声闻界"。在《遍虚》(第406页)中,有"剃却颠毛剩却身,衲衣袍帽不沾尘。告君古佛无多子,着了边傍亦是人"等句。

所编《解脱集》之三、之四、游记、尺牍、杂著中,深入探究佛理的著作有《记药师殿》(第465页)、《碧晖上人修净室引》(第468页)、《祇园寺碑文》(第469页)、《与仙人论性书》(第488页)、《纪梦》(第473页)、《纪怪》(第474页)、《纪真》(第476页)、《与方子论净土》(第476页)等。

所编《广陵集》中,有《观音庵为一心隐斋上人题》(第526页)、《千佛堂为玉轮上人题》(第527页)、《般若台为无怀上人作》(第527页)、《石公解嘲诗》(第552页)、《侵晓见闺人礼忏》(第554页),中有"宴息六度万行场,敷演水月空花戏。观音妙法最难思,山僧功德不可议"、"梵音唱彻声清远,卧阁何人梦不醒"等句。

1598—1599年(万历二十六年戊戌至二十七年己亥),31、32岁。

成《瓶花斋集》之一、之二、之三。在《赠黄平倩编修》(第625页)、《和韵赠黄平倩》(第636页)中,有"诗有余师禅有友,前希李白后东坡"、"一帙《维摩》三斗酒,孤灯寒雨亦欢欢"等句。黄平倩即黄辉,进士出身,曾任皇长子讲官,"心口爽快,好佛,茹斋持诵若老僧",是受宏道影响的诗人、公安派作家。他与愚庵和尚共同启请中郎作《西方合论》,功不可没。

1598 年冬在北京,中郎作《广庄》,运用佛法对庄子(《内篇》)进行扩展探讨,系佛理融通道学之作。对李元善(中郎妻弟)云:"寒天无事,小修著《导庄》,弟著《广庄》,各七篇,导者导其流,是疏非疏也。广者推广其意,自为一《庄》,如左氏之《春秋》,《易经之太玄》也。"(第 796 页笺)

1599 年(己亥)任国学助教。十月二十三至十二月二十二,在北京写成佛法代表作《西方合论》(十卷)(《笺校》第 1637 页仅录其一卷)此著与佛经齐位。引文中自云"十年学道","忽尔疑豁","深信净土","喜不自释","述古德要语,附以己见","方便初心,尚期就正有道"。这表明合论宗旨在于禅净和合,摄禅归净,发大慈悲心,弘法利众。历来被高僧大德誉为"议论卓越"、"撰述精详"、"明眼自得",是"法施之恩"。

四、弘法利众、随缘妙用阶段(1599—1609 年)

1600 年(万历庚子),33 岁。成《瓶花斋集》之四至之十。

1599 年在北京作的《答吴观我编修》(第 788 页)是一篇重要的妙用佛理书信。文中以达摩"心如墙壁,可以入道"为据,提出"眼浮在面,心居肉团,为根是同"佛理。"道若可入,是门非道。若言入门,是从门入,岂是家珍?"

1600 年,著有《潇碧堂集》之一。在公安有关法华庵的诗十一首(第 836—838 页)中,描绘了僧人们持戒自律、修六度行的清苦生活与高远志向。同时,反对僧人枯坐寂僵,写道:"我愿作书鱼,死即藏经埋,胜彼火炕子,以身殉粉娃。"(第 839 页)"本欲死心无可死,烂红堆里话清虚。"(第 831 页)这是禅净双修、以净摄禅的理念。

本年秋，入庐山，作相关东林寺、老僧、文殊诗十余首，中有"山僧如石瘦，莲堂空几楹"（第859页）、"闲山闲水都休却，付与瞻风衲子看"（第862页）、"竹林寺里寻常去，乞得西僧梵本看"（第862页）、"芙蓉万尺花如铁，秋窗画洒红霞屑"（第863页）等句。

1601—1602年（万历二十九年辛丑至万历三十年壬寅），34至35岁。

筑柳浪馆山居公安斗湖堤。辑有《潇碧堂集》之三、之四。其中《放言效白》（第900页）等诗十余首（白指白居易，唐代诗人），中有"虚舟荡远波，从天作升坠"、"有身只作他人看，无事休将造物争"诗句。白居易亦诗亦佛，系唐代著名居士。中郎本年访当阳玉泉山，作相关诗十余首，其中《智者洞用平倩韵》表明对天台宗祖师智者大师的景仰。"其下有龙渊，潜通印度天"，"就石为君枕，迷津指我船，向来神怪事，勿为小儒传"（第932页）。智者洞在当阳，是智者静修处，石理甚坚，中若夏屋，洞下有井，与江水为盛衰。

在《余蔬食三年矣，偶因口馋，遂复动荤，辄耳有作，不独解嘲，兼亦志愧云尔》中，有"爱持空钵嚼花寒，白水青盐也自安"、"偶逢白社新开酿，又学山公倒着冠"。由此可见，中郎学佛理实结合，活活泼泼。

1603—1606年（万历三十一年癸卯—万历三十四年丙午），36至39岁。

1603年，成《宗镜摄录》。1604年，游德山、桃源，作《珊瑚林》，《德山麈谭》为其节本。编有《潇碧堂集》之五至二十。其中，含诗284首，叙文19篇，游记11篇，碑文7篇，志9篇。疏28篇，杂录11篇，尺牍50篇及佛理专著《德山麈谭》。在这些丰厚的著作中，直接或间接写寺庙、僧人、经书、寺僧募册的占了一大半。其中重要的有《圣母塔院疏》（第 1193 页）、《普光寺疏》（第 1207 页）、《菩提寺疏》（第 1208 页）、《识通禅册后》（第 1224 页）等。在与好友、僧人、达官、名士的通信中，帮助解缠去缚，劝导忆佛念佛，求生净土，开示佛法，指导修行，描写佛心，展演佛智，举事亲切，言近旨远，乘时有先后，当机有深浅，胆识过人，辩才无碍。

1607—1609 年（万历三十五年年丁未至万历戊申、己酉），40 至 42 岁。

1607 年，成《破砚斋集》之一、之二。作兴德寺纪游、与客谈仙诗（第 1325 页）中有"乐邦有宅憨为主，仙路无程醉是因"、"溪光时载郭，杯影忽沉僧"、"杜康将佛事，庄叟作魔惩"等句。

在北京作《万寿寺观文皇旧钟》（第 1337 页），中有"外书佛母万真言，内写《杂花》八千轴。《金刚般若》七千字，几叶钟唇填不足"、"几时谏鼓似钟悬，尽拔苍生出沟渎"等句。

1606—1607 年，成《觞政》、《墨畦》。1606 年在公安作《雷太史诗序》（第 1527 页），说"何思嗜仙，余嗜佛"，并言"子瞻当踞诸禅首席"。

1608 年，著《破砚斋集》之三。

1609 年，成《华嵩游草之一、之二》，著《场屋后记》，著《疏策论》。在陕西主考前后，作《和者乐之所由生》（第 1522—1526 页），提出"和者，人心畅适之一念，通圣凡而具足者也"，"观海水者见其澎湃浩荡，遂以为天下无水，而不知近而求之，檐滴蹄涔皆水也。圣人于人，大小有间焉，而畅适之一念岂有间哉？"天下事岂有舍和而建立者？这是运用《华严经》"一即一切、一切即一"的妙理，谈水、谈万物、谈世事、谈音乐。"极小同大，忘绝境界；极大同小,不见边表;有即是无,无即是有"(僧璨《信心铭》)。

1610 年(万历三十八年庚戌),42 岁,成《未编稿—杂著》。

此间作《题碧空禅人诵法华经引》(第 1572 页),"余每读法华经,即不能终卷","碧空法师为余乡人,博综诸经,如水传器,慈圣高其行,赐紫衣,令讲是经于银山铁壁。余以上人谈义,知其胸中能转《法华》者,故因诸高僧之请,而以所疑《法华》者求证"。其文中心理念是:心迷《法华》转,心悟转《法华》(《六祖坛经》第 59 页)。指出《法华经》宗旨是"诸佛以此开示悟入",不说而说,说而不说。

五、普施法雨、示现涅槃阶段(1609—1610 年)

1610 年庚戌,升吏部考功司员外郎,吏部验封司郎中,三月从京都告假南归,与中道遍游襄中名胜,回公安后因水患,定居沙市,筑砚北楼,楼前造一小楼,直通江中,名卷雪(取苏东坡"卷起千堆雪"之诗意)。每日坐三炷香,收息静养。八月中秋后,旧病复发。九月初五与侄谈时艺。初六,血下注不起,"去若坐化者",预知时至,头脑清醒,忆佛念佛,见佛作佛。

纵观中郎一生行状,证明袁小修总括之语精准:"梦醒相禅,不离参求","一以文字为佛事"(第 1692 页)。亦即他本人表白:"以儒为佛事,借孔续瞿坛。"(第 1404 页)瞿坛即释迦牟尼佛。

9. 参考文献

[1] 袁宏道著,钱伯城笺校《袁宏道集笺校》

[2] 袁宗道著《白苏斋类集》

[3] 袁小修著《珂雪斋文集》

[4] 南怀瑾著《金刚经说什么》

［5］黄念祖《无量寿经》注解

［6］贤首著《修华严奥旨妄尽还源观》

［7］蕅益著《弥陀经要解》

［8］济群著《心经讲解》

［9］《六祖坛经》

［10］净空法师著《极乐世界二十九种庄严》

［11］净空法师著《无量寿经讲记》

［12］《印祖八日谈》

［13］黄念祖著《净土大经科注》（白话版）

［14］黄念祖著《心声录》

［15］《道德经》白话全译

［16］索达吉堪布著《藏传净土法》

［17］索达吉堪布著《前行广释》

［18］丁福保编《佛教大辞典》

［19］《中国佛教大观》

［20］净空法师著《净土大经讲演录》

［21］净空法师著《华严经讲记》

［22］蓝晟选编《国学大要》

［23］王蒙著《庄子的享受》

［24］尹恭弘著《公安派的文化精神》

［25］周群著《袁宏道评传》

［26］李寿和著《三袁传》

［27］曾纪鑫著《晚明风骨袁宏道传》

后　记

一

　　距今近四百二十年（1599 年尾作至 2018 年），袁中郎殚精竭虑，鞠躬尽瘁，用那时通用的七寸羊毫，蘸上了一盘久用的端砚徽墨，墨水是现磨研出来的，在外方内圆砚盘里散发着清香。正如他的砚铭："赖尔不完，吾得与尔周旋。""仙人之瞳兮绿且方，化而为石秋水光。"他磨墨环转，他调墨，理顺笔，然后写四五个字。他的桌上与书柜里堆满三家典籍，有的版本已很古旧，多数是珍本，不少是孤本。有些经论，他已很熟，那些精词妙句在哪一页，他也记得清楚明白。历代高僧的注疏与要解，哪些赞成，哪些不赞成，他胸有成竹。他每天演绎着文房四宝，当他的思绪化为文字，点点滴滴时，白纸黑字，清晰明了时，他觉得佛祖在前，诸佛在侧，世尊与己心合为一体，于是，法雨慧风，接踵而至，法喜充满，常生欢喜心。这研墨运笔过程，他奉行圣贤之道，入了仙佛之殿，与菩萨为伍，与经论为侣。历经六十天，如同僧人们的传戒大典，几乎夜不倒单。疲惫时，不过打会儿盹。谁也不知道他如何畅游经论之海，驾驭大乘之舟，趁风帆，满载船，岂可空行过宝山。面对一千部经典，他必须综合，选择，概括，摘要，会集，幸好天纵大才，般若缘深，灵根夙植，记忆强旺，采金口之所宣扬，得心应手，凭菩萨之所阐明，运用自如。借诸大善知识之所发挥，出神入化。他附以己见，顺理成章。千波竞起，万派横流，诘其汇归，皆同一源。他彻知深解第一义,在八万四千法门中,专拣持诵名号为最殊胜。摄一法而总持万法,掌一门即入一切门。他悟了大宗玄奥,他行了六度机缘,他证了如来深胜微妙,与诸佛对话,与天地通灵,与历代大德讨论。这是一个不平凡的六十天,是法界虚空法音雷震、雨甘露花的六十天,是其心包太虚、量周沙界的六十天,是菩提高广如须弥、持金刚杵破邪执的六十天,是点为世明灯、照最胜福田的六十天,是众魔外道不可动、殊胜吉祥无量觉的六十天。我们无法用语言表述他当时的身心状态,只好借用经论提供的范例:威光赫奕,如凝金聚,光绝巍巍,宝刹庄严,入大寂定,住奇特法。这一刻是《西方合论》杀青之日,如愿以偿。他外受愚庵老和尚与平倩居士之启请,内则"唯欲方便初心,尚期就正有道"。合论之作为扬虚名? 为捞取供养? 不是。此前,他已博取进士,诗文广播,任过吴县令,被当朝宰相赞誉"两百年无此令"。尔后,与天下名士陶望龄兄弟、江盈科、黄平倩等深交、深谈、广游,无一日不舒适,无一日不诗文。有功名声望,有圣贤底蕴,有佛乳滋养,有经论孕育,有俗世、出世感悟,他是真度己了,他深愿度人。怎么度? 以儒为佛事,借孔续释迦。世人只有经过文字般若的桥梁,才能进入观照般若而达实相般若。合论即是文字般若,即是和合融会之论,禅净圆融,经律论圆融,儒道释圆融,宗门教下圆融,显密圆融,世与出世圆融,度人与度己之圆融,善根福德因缘之圆融。佛不度无缘者,谁有缘即可度谁。过去、现在与未来概莫能外。

二

余本人间一凡夫,迷惑颠倒数十年。所幸十多年前,湖北圆坛居士介绍,说是藏传密宗传人索达吉堪布在给五明佛学院汉地学员讲法时,不止一次提到明代文学家袁中郎(法名空空,石头居士)深信净土,写广有影响的《西方合论》,因此功德而往生极乐。
余一听说,精神一振,心生欢喜。因余在中郎故里已生活近半个
世纪,有二十年时间工作地点仅隔中郎出生地桂花台及活动场所
荷叶山坊、杜园、柞林潭、车台湖等处一箭之地左右,曾听老人们
零星地讲述过中郎及兄弟与父母的故事,虽没见其人,如闻其声,
如临其境,心向往之。于是,迫不及待,去翻检《袁宏道集笺校》,
余很失望,十卷仅录一卷。于是只好启请圆坛从网上《大藏经》调
出而下载,每页 2000 字,计 25 页,前有其兄袁宗道所写《原序》,
后有其弟袁小修《珂雪斋纪梦》,始知三兄弟佛理聚合处即《西方
合论》,所谓佛经而祖纬之,兄举而弟扬之,名不虚传。余依靠这
一有所错漏的简体下载文本,反复吟诵,得到了不可思议之法喜。
于是希愿本乡本土之文人学士、黎民百姓,认识这位荆楚大地上
的大贤大圣,吟诵并修持其所揭示所展演的智慧与德能。余用浅
显的文笔、低层的境界逐日编著性地写下了洋洋洒洒二十万言,
得到了县文联、县三袁文化研究院领导的支持与关心。这便是四
年前呈现于读者面前的《袁中郎学佛》。

三

余曾想:只要有几个十几个几十个读者基本读过,且有所收
益(无论深浅、大小、多少),余之辛劳没有白费。因为当今爱读书
的人不多,爱读经论的人很少,而接受中郎佛法理念的人更少,接
受了又发愿信解行证的人少之更少。一谈袁中郎,有人对我说,
他只活了四十三岁,这是以年龄无视他的价值。还有人说,他是
文学家我承认,他是思想家与理论家,我不承认。其实这一点,中
郎生前早就预言过:世人以我之文学掩盖我之禅学。有误会,有
曲解,有偏执,有邪想。《公安县志》康熙版,说中郎系宋苏东坡精

灵转世,当今学人认为是无稽之谈。所幸近日读赵伯陶先生(中国古籍整理牵头人之一)新编选《〈袁宏道集〉后记》:"公安性灵,原本人情。四大皆空,何来五蕴。三界所有,唯是一心。"又说:"心有所寄,绿水青山。将心用心,因何钻他故纸?骑驴觅驴,未必着粪佛头。"还说:"若与斯人并世,执鞭晏子,是所忻慕。"这是当代一个学者的真心佩服与真实评介,说出了余之心向。更有所幸,是有几位知名人士,他们认真通读了《袁中郎学佛》,给予了真实的评价与充分的肯定。法籍华人汉学博士、三袁研究家倪平先生读过此稿后,誉为民间佛学研究者有自己的视角与独到的见解,值得学院派学者参考。有读者详细地叙述了他们所诵读获得的知识的扩充与智慧的开启。有一位七十高龄的老居士,一日一篇,百日读完,向余发了三十篇短信,有感悟,有疑问,有鼓励,有行持。在中郎祖父于大灾之年倾家荡产布施不留痕迹义举感召下,不宽裕而慷慨,并动员富商出资参与无畏布施,以缓解与感化世人把自己的节日变成动物劫难的日趋严重的现状。这对于改善人们的心态,优化自然环境、协调天、我、人关系显然具有不可估量的意义。

四

袁中郎学佛的境界何其高广,不可思议;学佛所通达的智慧,何其深宏,不可思议。惜乎世人知之甚少与甚浅。原因有二:文言文障碍与自身业障。袁中郎乃汉语言文字巨匠,他是集语言艺术之大成者。他超西汉两司马,越唐宋八大家,因为这些人有的不曾学佛,两司马,历史原因是佛教从东汉明帝启请。有的虽学佛参禅,如韩与苏,但没从根本大事上解决。袁中郎又是儒道佛传统精魂神魄的融会大居士,与宗门教下的高僧大德并驾齐驱。

他大彻大悟，学佛做佛。这一结论，我们可从净宗十一祖（也有九祖之说法）灵峰大师及其弟子成时对《西方合论》的精粹评点看得一清二楚。县收藏家协会负责人李明柱先生给余购《净土十要》相赠，增加了余研究之信心与力量。余如获至宝，细心披阅。方知明末清初的僧团领袖对袁中郎的评价超乎一般人想象，"大慈大悲大智慧，法界宝鉴真实语"是其主脉。尔后民国年间佛学家、印光大师弟子张汝钊（法名弘量），再后当代藏地大法师索达吉、北京金刚上师兼净土传人夏莲居弟子黄念祖等，他们高度地评介了袁中郎对佛教经论的圆融圆解与卓绝贡献。

　　鉴于上述原因，余不得不重新诵读合论，揣摩默识。才初浅认识到袁中郎《西方合论》精髓所在，与净土大经完全相应，与万卷《大藏经》完全相应，与三世诸佛完全相应，与马鸣、龙树、智者、慧能、永明完全相应。他反复强调的、显演与密说的是自性、真心、清净平等觉、无上正等正觉、无量寿、无量光、无量觉、常寂光、妙觉。而阿弥陀佛是这些名相总代表，光中极尊，佛中之王。念此名号，即念宇宙最强音，即念自性真灵。三根普被，利钝全收。极稳极便，至简至捷。自性不是自然现象，不是物质现象，不是精神现象。但能生能现三种现象。三种现象是其所生所现。"如来智慧深广海，唯佛与佛方能知"，穷尽根源，太玄太奥。袁中郎以神来之笔描述道："毛孔骨节，无处非佛，谓之形妙；贪嗔慈忍，无念非佛，谓之神妙。"（《笺校》，第488页）当凡夫们决心向这个原点精进时，他将得到不可思议的快乐、健康与幸福。因为众生本来是佛，众生与佛不二。当余按照中郎所教寻求一灵真性、诵持佛号、无念而念、念而不念时，余所得之法喜无以言表。于是，余将己之小体悟再次写了出来，累计下来，又写了个近五十篇，名之曰：《〈西方合论〉初探》。经修订印成电脑打印稿十余本，供三袁研究院领导审读提提意见，主要是度化自己。如有因缘读者读到这些文字，想看庐山真面目，把合论找到，诵读继而行持，信解行且证，则必定获得大于余、胜于余之心得。

五

余想起佛祖当年针对邪不胜正讲的一个小故事：有一座大森林，四十里见方，全是伊兰毒树，其臭无比，人闻花食果，发狂而死。森林中，长有一棵旃檀小树，当它成材后，可化解这座大森林的毒花恶果，旃檀之妙香覆盖森林，绰绰有余，其妙香可改变千里环境。佛祖以伊兰林之毒比喻众生三毒（贪、嗔、痴）三障（迷、造业、受报），以旃檀妙香喻众生念佛之心。一人学佛，全家得福。信心坚实，必健康长寿。旃檀的种子何在？可在合论里取，种在您心田里。

为了帮助读者在《西方合论》里取得福田的旃檀之种，余将诵读《西方合论》及中郎其他佛著后，逐步积累的上述两本小册子百余篇心得，呈送三袁文化研究院院首李寿和、李瑞平、张遵明、鄢先军以及唐国庆、王才兴、呙林鹏等审读。他们颇具见识，一直鼎力相助。余接受专家提议，缩小篇幅，删去重复，筛选其中五十余篇，重新组合命名为《袁中郎佛学与〈西方合论〉初探》，寄往南京大学出版社，得到了荣卫红编辑及相关专家的支持，特别是南京大学中国思想家研究中心教授、博导、《袁宏道评传》著者周群先生热情地为拙著写了序言。他们论主旨、报审准、校文稿、发订单，终于付梓印行。在组编及筹集资费过程中，得到了县文联主席李瑞平、副主席侯丽的关心。还得到了出生三袁故里的县保安服务公司总经理袁锋、三木广告有限公司顾问邱德森、北京大学教授徐东升、中国地质大学教授陈刚、南京石油管理局开发处处长郭敬安、广州军区某部将军付绍银，以及公安一中、二中校长杨宗荣、刘红雁等先生的支持。以上便是奉献于读者面前的《袁中郎佛学与〈西方合论〉初探》的写作与出版由来。拙著必有错漏，敬请赐教。

编著者　翁心诚

2018 年"龙抬头"日